카페라테 효과

커 피 · 한 · 잔과 · 바꾸는 · 행복한 · 노후의 · 비밀

카페라테 효과

CAFFE LATTE
EFFECT

전영수 지음

| 프롤로그 |

커피 한 잔과 바꾸는
행복한 노후의 비밀

"에이~, 벌써부터 준비할 필요가 있나요. 나중에 안정되고 여유 생기면 그때 해도 되지 않겠어요? 아직 시간도 많은데…."

노후 준비, 참 어렵고 힘든 문제입니다. 고령화니 은퇴니 노후 이슈가 부각된 지 오래인데 여전히 "안정된 후에 시작할 것"이란 반응이 많네요. 이미 30대인데 지금은 현실에 매진할 때라며 아직 먼 일처럼 여기는 이들도 적지 않죠. 의외로 느긋한 대응에 놀랄 따름입니다.

물론 그럴 수도 있습니다. 노후 준비를 가로막는 높은 현실의 장벽도 그렇지만 무엇보다 감이 떨어지니 말입니다. 노후를 안 겪어봤으니 알 수 없는 노릇일 수밖에요. 그러니 100세까지 사는 법에는 관심이 있되 노후 준비에는 소홀한 것입니다.

이쯤에서 힌트 나갑니다. 먼저 이웃 나라 일본 얘기입니다. 일본은 노인대국이죠. 지금 일본이 난리입니다. 급속한 고령화로 노인 빈곤층이 늘어나면서 노후 불안이 점점 커지고 있습니다. 경제성장은 멈추고 돈줄이 막힌 와중에 수명은 길어지고 사회안전망까지 깨지면서

'노후=절망'이라는 풍경이 일상적이 되었습니다. 문제는 그러한 일본의 노후 기반조차 한국보다는 월등히 낫다는 점입니다. 일본은 세계 1위 채권국답게 천문학적인 국부를 바탕으로 1층 국민연금, 2층 후생·공제연금, 3층 기업연금이라는 다중 연금구조를 갖추고 있습니다.

이런 일본에서마저 '은퇴=빈곤'이라는 등식은 이미 상식에 가깝습니다. 책상머리 분석 전망을 깨뜨린 고령화 속도와 그로 말미암은 폭넓은 파급 악재 때문이죠. 결국 챙겨줄 노인은 많은데 떠받칠 청년은 줄어드는 상황에서 일본 정부도 "노후는 스스로 책임지라"며 자기책임론을 들고 나왔습니다. 세금은 더 내고, 연금 수령액은 더 줄이자는 게 유일한 방안일 정도죠.

행복으로 가는 지름길, 카페라테 효과와 복리 마법

자, 한국은 어떻습니까. 에둘러 말할 필요가 없네요. 우리에겐 천천히 준비할 상황도 여유도 없습니다. 급하지 않다는 건 판단 오류입니다. 우리 사회의 고령화 속도와 대비 상황을 보면 일본보다 훨씬 열악하고 절망적인 상태입니다. 아직 닥치지 않았을 뿐, 불행한 인생 후반전의 거대한 파고가 언제 몰려올지 모릅니다. 거인의 어깨 위에서 내려다본 은퇴 준비는 그 정도로 아슬아슬합니다.

사실 '은퇴 준비'는 참으로 답답한 주제입니다. 알고 있지만 실천하지 못하는 현실적 압박이 그만큼 무겁기 때문이죠. 솔직히 하루하루 살아내기도 벅찬 마당에 웬 노후 준비랍니까. 언제 잘릴지 모르는 고용 불안 속에서 앞날을 대비한다는 건 어불성설입니다. 무엇보다 그럴 돈도 없죠. 빠듯하게 벌어봤자 나가는 게 더 많으니 노후까지 생각하지 않아도 충분히 죽을 맛입니다. 그저 기적을 바랄 수밖에요. 어딘가 돈 많이 주는 직장에서 이직 제안이 오거나 조금 묻어둔 주식이 대박 나기를 기다리는 거죠. 물론 당첨 확률이 거의 없다는 것도 압니다. 그래도 어쩝니까. 아니면 살아갈 맛조차 없는데 말입니다.

이것이 슬프고 갑갑한 우리 현실입니다. 하지만 더 큰 문제는 그렇다고 손 놓고 있기엔 우리가 살아갈 인생이 너무 길다는 것이지요. 당장 힘들다고 노후 준비를 포기해선 안 되는 이유가 여기에 있습니다.

노후 준비는 피한다고 피해 갈 수 있는 문제가 아닙니다. 걱정만 한다고 해결되는 건 더욱 아니죠. 그렇다면 방법은 하나뿐입니다. 의연하게 받아들이는 게 최선이 아닐까요. 이대로라면 평균수명 100세가 내일모레입니다. 수명 연장이 재앙이냐 축복이냐는 지금의 결심과 행동에 달렸습니다. 방치해봐야 뒷감당은 고스란히 자신의 몫입니다.

이쯤에서 작지만 꽤 쏠쏠한 노후 준비 요령을 알려드립니다. 우선 중요한 것은 마음자세입니다. 첫 단추만 잘 끼우면 나머지 단추는 술술 끼워지듯 긍정적이고 전향적인 첫걸음을 내디뎌야 합니다. 다음은 길고 오래가는 전략을 수립해야 합니다. 노후 준비는 마치 동행친구처럼 인생이 끝날 때까지 계속해야 합니다. 은퇴한다고 해서 바로 노후 준비를 멈추고 향유 모드로 들어가면 곤란합니다. 본선 무대는 이제부터 시작이기 때문입니다.

하지만 뭐니뭐니해도 가장 현실적인 문제는 돈일 겁니다. 당장 먹고살아야 할 호구지책의 돈과 훗날을 위해 묻어둬야 할 유비무환의 돈이 서로 충돌하는 갈등구조를 해소해야 하니까요. 그래도 방법은 있습니다. "여윳돈이 없어서 노후 준비를 못 한다"는 푸념을 줄이는 데도 효과만점인 처방전입니다. 자산 운용의 핵심 이론이기도 한데, 그 답은 '카페라테 효과'에 올라타라는 겁니다.

카페라테 효과는 습관처럼 마시는 커피 한 잔 값(4,000원)을 아껴 미리 노후에 대비할 때 얻는 효과를 말하죠. 비록 지금은 작은 눈송이(푼돈)지만 이를 높은 언덕(복리)에서 굴려 눈덩이(노후자금)로 키우자는 전략입니다. 워런 버핏도 이 복리의 마법으로 세계 최고의 투자자가 되었죠. 꼭 커피가 아니어도 좋습니다. 담배든 뭐든 불필요한 소비를 줄이는 겁니다. 하루 4,000원만 아끼면 30년 후엔 얼추 2억 원이 된다는데 고민할 이유가 없죠. 물론 운용 조건이 좀 까다롭지만 중요한 건 논리구조입니다. 무시해도 좋을 푼돈이 종잣돈으로 변하고 이게 훌륭한 노후자금이 된다는 건 절대명제입니다.

30대부터 노후 대비 프로젝트를 가동하라

이 책에서는 행복한 노후 준비의 3대 뼈대라 할 만한 돈(자산소득)과 직업(근로소득), 사람(인간관계)을 다루려고 합니다. 이 3가지는 모두 개인의 선택지란 점에서 정책 대응과는 직접 관련이 없죠. 그 이유는 간단합니다. 시류에 편승해 시시각각 변하고 일관성이 없는 정부 정책에 노후를 의탁하기보다 스스로 준비할 수 있는 대안이 훨씬 믿을 만하기 때문입니다.

특히 지금의 3040세대(30~40대)라면 '노후 생활=복지 의탁'은 절대 불가능한 일입니다. 차라리 기대하지 않는 게 속 편합니다. 되레 어설픈 노후 정책이 뒷덜미를 잡지 않으면 다행일 겁니다.

지금 우리나라는 가족이나 친지 등에게 받는 사적 이전소득이 노후

소득의 대부분을 차지합니다. 하지만 지금의 3040세대가 노인이 되면 상황은 다를 겁니다. 차라리 숙명이라 여기고 부모를 봉양하고 자녀를 양육하되 나중에 자녀들에게 용돈을 받겠다는 생각은 버리는 게 낫습니다.

그렇다면 방법은 스스로 일찍부터 준비하는 수밖에 없습니다. 그러려면 복리효과를 누릴 자산소득을 확보하고 '은퇴는 없다'는 감각으로 근로소득을 유지하는 게 필수죠. 또한 돈만 있다고 행복하지는 않습니다. 이때 필요한 게 인간관계입니다. 커뮤니케이션을 통해 노후의 고독과 소외감을 이겨내고 인간다운 삶을 평생 유지해야 합니다.

그래서 이 책에서는 30대부터 노후 준비를 할 수 있도록 내용을 구성했습니다. 여기서 소개하는 주식·부동산·평생직업·인간관계의 4대 프로젝트를 따라가면 행복한 노후에 이를 수 있습니다. 물론 20대부터 준비한다면 그 효과는 훨씬 강력할 겁니다. 장기투자의 밑그림인 복리효과는 일찍 시작해 오래 굴릴수록 기하급수로 커진다는 건 상식이니까요. 돈에만 복리 마법이 통한다고 생각해서는 안 됩니다. 돈이든, 일이든, 사람이든 모든 투자에는 복리 마법이 존재합니다.

노후 딜레마를 풀 힌트는 다 나왔습니다. 이제 실천만이 남았습니다. 잘못된 투자로 귀결될 수밖에 없는 은밀한 휘파람에 귀 기울이며 이리저리 휘둘리는 대신 처음엔 답답하고 힘들어도 훗날 놀라운 결과를 안겨주는 눈송이 굴리는 재미에 빠져보기를 권합니다. 아울러 일찍 평생직업을 찾지 못했다면 30대든 40대든 포기하지 말고 끝까지 찾고, 죽을 때까지 울고 웃으며 함께할 평생친구와도 만나기 바랍니다. 행복한 노후는 이런 작은 실천에서 시작되는 법입니다.

• 차례 •

| 프롤로그 | 커피 한 잔과 바꾸는 행복한 노후의 비밀 • 5

1장 30대가 꿈꾸는 '행복한 노후'의 비밀
2020년 대한민국에서 산다는 것 • 15
브레이크 고장 난 시한폭탄 특급열차 • 22
99%의 분노가 빈부 격차를 해소시킬까? • 30
저성장까지 얼마 남지 않은 시간 • 39
변하지 않고 변할 수 없는 국민연금의 원죄 • 46
늙거든 요트에 앉아 석양을 즐기자 • 52
카페라테 한 잔에 담긴 노후의 행복 주문 • 56
30대가 누리는 복리효과의 클라이맥스 • 62

2장 100세 시대를 위한 30대 워밍업
마음먹기에 달린 인생 2막의 청사진 • 71
돈으로 짚어보는 30대 은퇴 계획 • 76
30대 고민 해결 첫 단추는 끈질긴 정보력 • 82

위험해지는 30대를 위한 만약의 경제학 • 89
자녀 교육비 딜레마에 대한 냉정한 판단 • 96
부부가 나누는 베갯머리 대화의 힘 • 101
3층 연금설계라면 은퇴생활 기초 완성 • 107
노후 준비 초보라면 인덱스펀드 장착은 필수 • 113
30대 희망 아이콘 'ETF'의 성공 경제학 • 120
100세 시대를 위한 30대의 현실과 대안 • 125

30대 노후 대비 프로젝트 1_주식

주식을 준비하는 청춘 현역의 기본기 • 133
30대 위기관리 뼈대는 겁쟁이 투자법 • 141
주식과 펀드 사이의 헷갈리는 고민 해결법 • 147
부풀려진 주식 실패의 오해와 변명 • 153
숨겨진 주식 승자들의 진실과 비법 • 162
실패할 수밖에 없는 투자자와 주식 • 170
30대가 주식과 통하는 7가지 이유 • 180
주식을 이기는 쉽고 단순한 첫걸음 • 195
성공 마침표를 찍는 주식매매 노하우 • 205
30대에 권하는 100년짜리 주식 조건 • 214

30대 노후 대비 프로젝트 2_부동산

부동산과 노후의 불편한 퍼즐 • 227
부동산, 과연 누구 말을 믿을까 • 234
가격 전망의 날선 공방과 관전 포인트 • 239
고령국가가 알려주는 부동산 성공 힌트 • 246
부동산 첫걸음, 30대의 내 집 마련 전략 • 255

노후를 함께할 차기주자 찾는 방법 · 260
30대가 찾는 성공 물건의 5가지 공통분모 · 268
30대 부동산 승자를 위한 25가지 성공전략 · 279
30대가 눈여겨봐야 할 부동산 대권후보 · 290

5장 30대 노후 대비 프로젝트 3_**평생직업**

30대 최우선 노후 대책은 평생직업 찾기 · 301
30대는 '일'의 복리를 실천할 마지막 기회 · 308
자신 없다면 회사 문턱에 절하고 비벼라 · 315
프로페셔널이 꿈꾸는 행복 노후의 경제학 · 320
짐 싸는 30대가 명심해야 할 포인트 · 325
화려한 창업을 완성하는 30대 독기의 힘 · 329
직업을 업그레이드시키는 10가지 기술 · 333

6장 30대 노후 대비 프로젝트 4_**인간관계**

30대 당신에게 필요한 건 평생친구 5명 · 343
인맥의 힘을 끌어내는 30대의 사교 기술 · 352
사람이 돈을 불러오는 투자시장 비밀논리 · 357
젊을수록 돈은 좇기보다 쓰기가 관건 · 362
친구의 친구가 안겨주는 네트워크 파워 · 369
관계의 달인에게 듣는 인맥관리 십계명 · 376

30대가 꿈꾸는 '행복한 노후'의 비밀

2020년 대한민국에서 산다는 것

"하루도 힘든데 내일은 무슨…."

인생이 빡빡해졌다. 하루하루 살아내는 것만으로 버거워하는 이들이 부쩍 늘었다. 경제활동에 깊숙이 발을 담근 30, 40대들의 고민이 특히 심각하다. 이들에게 '밝은 내일'은 지켜내기 어려운 꿈에 가깝다. 상상조차 불가능할 정도로 피폐해진 삶을 살아가는 이들도 수두룩하다. 겉만 봐선 모른다. 겉으론 멀쩡해 보여도 타들어가는 속내를 감추고 있는 경우가 비일비재하다.

꿈의 샐러리맨이라는 대기업 간부도 마찬가지다. 겉으로야 화려해 보이고 부족한 게 없어 보이지만 실상은 그렇지 않은 경우가 많다. 여윳돈이라곤 전혀 없는 이가 태반이다. 정도 차이는 있겠지만 이게 바로 '샐러리맨의 비애'다. 온갖 몸부림을 쳐야 겨우겨우 하루를 버텨내는 대한민국 '직장인의 슬픔'이다. 하물며 이들에게 내일은 힘겹게 이겨내야 할 또 다른 오늘일 뿐이다.

같은 직장 두 얼굴의 노후 대비, 희망 vs 절망

에피소드 하나

2020년 12월 중순. 중견기업 팀장인 김종식(41세) 씨는 서류 정리 하랴, 업무 지시 하랴 정신없이 바쁜 시간을 보내고 있다. 자신이 자리를 비울 때 일어날 수 있는 상황에 대비해 서류를 챙기고 팀원들에게 대응책을 알려주기 위해서다. 그래도 마음만큼은 그 어느 때보다 설렌다. 며칠 뒤면 가족과 함께 연휴를 포함해 열흘간 일정으로 최근 급부상 중인 동남아 휴양지로 해외여행을 떠나기 때문이다.

이번 여행엔 또 다른 목적이 있다. 김 팀장은 정확히 4년 뒤 45세가 되면 은퇴할 계획이다. 이번 동남아행은 은퇴 생활지를 정하기 위한 일종의 답사 여행이기도 하다. 부동산도 봐두고 사업 아이템도 봐둘 작정이다. 사전에 연결된 지인들과의 만남도 예정돼 있다.

이런 김 팀장을 두고 주변의 반응은 '시샘 반 부러움 반'이다. 김 팀장네는 40대 은퇴를 결심해도 될 만큼 비교적 살림살이가 넉넉한 편이다. 30대 초반부터 일찌감치 노후 대비에 나선 덕분인데 주식·부동산·펀드 등 일찍부터 안 해본 투자가 없었다. 그중 궁합이 맞는 주식으로 매년 짭짤한 수익을 거뒀다. 적은 종잣돈으로 시작해 시간이 갈수록 잔고가 불어나 지금은 회사에서 '큰손'으로 불릴 정도다.

그의 얘기를 들어보자.

"막연히 불안했어요. 이대로 있다간 회사에서 잘리거나 아님 사글세에서 인생 종치는 게 아닌지 답답하더군요. 주변을 봐도 다들 그만그만했고요. 그래서 노후 대책 10개년 계획을 세우고 좀 무모하다 싶을 정도로 타임 스케줄을 지키려 노력했죠. 막상 결심하고 나니 못할 것도 없더군요. 다행히 운도 따랐고요. 노후 대책은 일찍 나설수록 유리하다는 걸 뼈저리게 실감했기에 후배들에게도 항상 그 점을 강조합니다."

에피소드 둘

김 팀장의 직속상사인 강민성 상무(47세)는 능력을 인정받아 일찌감치 샐러리맨의 꽃인 이사직을 따낸 인물이다. 성실하게 일하며 줄기차게 한 우물만 팠기에 전문지식도 상당하다. 하지만 그는 요즘 가시방석에 앉은 것처럼 느껴진다. 위에선 누르고 밑에선 치고 올라와 불안하기 짝이 없는 하루하루를 보내고 있기 때문이다.

그런 강 상무이기에 당당하게 연말휴가를 떠나는 김 팀장이 내심 부러울 따름이다. 자기 같으면 그렇지 않아도 바쁜 연말에 열흘이나 회사를 떠나겠다는 발상은 절대 하지 못하기 때문이다. 그동안 야근은 물론 주말까지 반납하고 회사에 충성해왔지만 냉혹한 현실 앞에선 아무 소용이 없었다. 그저 언제 잘릴지 몰라 노심초사할 뿐이다. 게다가 사장을 빼면 그가 유일한 최장 근속자가 아닌가.

강 상무의 고민은 나날이 깊어지고 있다. 최근 들어 해외 실적이 악화되고 신흥국의 경쟁 압박이 거세지면서 이리저리 휘둘리는 일이 늘어난 것과 비례한다. "사표 낼 때가 됐다"는 푸념 섞인 농담이 언제 현실이 될지 모른다는 생각에 밤잠을 잊은 지 오래다. 잠을 제대로 못 자니 무기력하게 하루를 보낼 수밖에 없다. 그 와중에 돈 들어갈 데는 점점 많아지고 있다. 연로하신 부모님 병원비에 두 자녀의 대학 등록

금과 결혼자금을 생각하면 지금의 돈줄로는 답이 없기 때문이다. 차라리 창업도 생각해봤지만 사업 실패로 신용불량자 신세로 전락한 친구들을 보면 엄두가 안 난다.

강 상무의 얘기를 들어보자.

"그저 답답하기만 합니다. 열심히 앞만 보며 달려왔는데 남은 건 하나도 없으니까요. 늘어난 건 눈칫밥이요, 줄어든 건 통장 잔고뿐이죠. 노후 걱정은 남의 일인 줄만 알았는데 정신 차리고 보니 어느새 내 앞에 닥친 문제가 됐죠. 젊었을 때부터 차근차근 준비했더라면 하는 후회만 남을 뿐입니다. 아내와 아이들한테도 미안하고요."

"노후 대책 없다"는 샐러리맨 오히려 더 증가

남의 얘기 같은가. 아니다. 사실은 주변에 널린 풍경이다. 대한민국 30대와 40대의 10년 후 모습은 지금과 크게 다르지 않을 것이다. 2020년이라고 삶의 질이 현격히 높아지리라는 기대는 버리는 게 낫다. 정부의 무능은 백약무효다. 복지담론이 제아무리 거세도 지금대로라면 지속성장과 배치될 수밖에 없다.

그러면 2020년 대한민국에서 산다는 건 어떤 의미일까. 노후 대책과 관련된 경제 상황을 확률적으로 살펴보자. 그 답은 둘 중 하나다. 삶의 질이 지금보다 '낫거나' 혹은 '못하거나'다. 정확히 50% 확률의 게임이다. 누구든 비켜갈 수 없는 길임은 물론이다.

중국 송나라 때 학자 주신중(朱新仲)은 인생을 잘 살려면 오계(五計)를 준비해야 한다고 했다. 먼저 살아가는 방도인 생계(生計)를 들 수 있다.

건강과 수신으로 자아의 완성을 이루는 신계(身計)도 필요하다. 가장으로서 소임을 다하는 가계(家計)도 중요하다. 여기에 노년을 대비하는 노계(老計)와 품위 있게 죽음을 맞을 수 있는 사계(死計) 역시 필수다. 이 중 신계만 빼면 모두 경제활동과 필연적으로 엮여 있다. 선인들 역시 나름대로 노후와 돈에 대해 고심했다는 방증이다.

하지만 현실은 녹록지 않다. 당장 먹고살기가 힘들어졌다. 주머니 사정은 그대로이거나 줄어드는데 나갈 돈구멍은 커지니 한숨소리만 높아질 뿐이다. 그러니 2020년은커녕 당장 1년 후를 생각하는 이도 별로 없다. 미래 계획을 세우기도 어렵거니와 세운다 한들 지키기도 어려워졌다.

그도 그럴 게 경제를 둘러싼 환경 자체가 유동적이고 불안해졌다. 세계화니 양극화니, 저성장이니 저금리니 풍요로운 노후 대책에 태클을 거는 악재는 나날이 증가세다. 개개인의 책임으로 돌릴 사안도 아니다. 아직은 극소수지만 막연하게나마 노후 계획을 세우고, 또 그 계획에 따라 차분히 행동하는 사람들이 대단해 보이는 이유다.

이들은 임박한 노후 생활의 위기와 기회를 누구보다 잘 안다. 적어도 최소한 내일의 불안을 피하려는 의도만큼은 흘러넘친다. 남들은 고단한 하루 탓에 쉽게 흘려버리는 '내일의 노후'를 이 사람들은 '오늘의 준비'로 대신한다. 노후 대책은 걱정하는 것만으론 해결할 수 없다. 노후 대비에서 작지만 의미 있는 첫걸음이란 그만큼 중요한 것이다.

대한민국 직장인의 노후 대책 현실을 적나라하게 보여주는 실태조사는 수없이 많다. 2012년 3월 한 설문조사에 따르면 노후 준비를 하지 못하고 있다는 응답자가 51.2%에 달했다(800명 대상, 매일경제신문). 다른 조사에서도 결과는 비슷했다. 적어도 50~60%에 이르는 사람들이 노후 준비에 무방비 상태라는 게 대한민국의 현실이다.

그렇다면 과거에는 어땠을까. 2006년 노후 준비 실태조사에서는 응답자의 44.9%가 'No'라고 대답했다(1,000명 대상, 대한상공회의소). 조사 대상이 다르긴 하지만 결과는 의미심장하다. 이는 시간이 갈수록 노후 준비가 안 되고 있다는 사실을 의미한다.

노후 준비를 하지 못하는 이유는 다양하다. 각종 조사결과를 종합해보면 20대는 청년실업과 취업난을 들었다. 사회초년생의 돈 벌 시기가 늦춰지니 재테크를 하고 싶어도 못한다는 항변이다. 30대는 결혼과 내 집 마련이 더 시급하다고 대답했다. 좀 여유가 있음 직한 40~50대는 자녀 사교육비와 세금 증가를 재테크 복병으로 꼽았다. 또한 노후자금 마련 수단으로는 저축·이자 소득이 여전히 많은 가운데 국민연금과 개인연금, 퇴직금, 부동산 등이 일반적이었다.

2020년은 고령사회와 관련해 대한민국이 넘어야 할 실험대라고 할 수 있다. 이 시기는 최빈사망연령(가장 많은 사람이 사망하는 연령)이 90세를 넘어서며 이른바 '호모 헌드레드(Homo Hundred)', 즉 100세 시대에 진입할 것으로 전망된다. 앞서 2017년에는 고령인구(65세 이상)가 712만 명을 넘어서 고령화사회에서 고령사회로 들어설 것이다. 그리고 2026년에는 초고령사회로 진입할 것이다. 사실상 통계수치로 보면 우리나라는 세계에서 가장 빠른 속도로 늙어가는 나라임이 틀림없다.

우리가 맞닥뜨릴 노후는 생각보다 길다. 하지만 노후 대비에 나설 시간은 짧다. 더구나 성공 확률은 노후 대비 시간이 짧을수록 더 불리해진다. 빨리 데뷔해 오래 준비하는 게 노후 대책의 핵심이다. 노후 대책은 '모 아니면 도'가 아니다. 준비만 잘하면 모까지는 안 돼도 적어도 개나 걸은 나올 수 있다. 젊을수록, 노후 계획이 확실할수록 멀리 뛸 수 있다.

대한민국은 지금 선택을 강요하고 있다. 선택은 자유다. 다만 지금의 선택이 우리가 맞이할 100세 시대의 밑그림이 될 것이다. 당신이 30대라면 최소 50~60년짜리 그랜드 모델을 그리는 셈이다. 다시 말해 지금 대한민국에 산다는 건 '희망과 절망의 경계선에 살고 있음'을 뜻한다.

브레이크 고장 난
시한폭탄 특급열차

고령화는 2가지 얼굴을 가졌다. 한 살이라도 더 살고 싶은 인류의 오랜 꿈이 실현되고 있다는 점만 생각하면 고령화는 분명 인류 최대의 축복이다. 그 옛날 진시황이 평생 찾아 헤매던 불로초를 먹는 것도 아닌데 인류의 수명은 부쩍 늘어만 가고 있으니 그야말로 '꿈이 이뤄지고 있다'고 할 만하다.

그 꿈 이면의 또 다른 얼굴은 '시한폭탄'이다. 수명 연장에 따른 노인인구 증가와 출산율 하락이 동시에 나타나는 고령화는 필연적으로 생산인구와 연금의 뇌관을 건드리게 돼 있다. 생산인구가 줄어들면 경제활동이 위축된다. 동시에 노인인구 증가와 함께 폭발적으로 늘어나는 연금 수요는 나라 살림을 심하게 압박한다.

결과는 뻔하다. 가난이다. 고령화는 조용하지만 거대한 재앙의 그림자다. 소리 없이 움직이는 빙산과 같다. 준비 없이 맞으면 타이타닉 호처럼 모든 게 파괴된다.

《고령화 쇼크》(박동석 지음)의 서문 중 한 대목이다. 당신은 어떤가. 실감하지 못하는가. 그럴 수 있다. 대한민국은 아직 고령국가가 아니기 때문이다. 그러니 그저 그런 페이퍼의 지적 정도로 넘어가는 게 인지상정이다.

문제는 앞으로다. 대한민국의 늙어가는 속도와 규모는 상상 그 이상이다. 몇 번만 '아직'을 반복하면 순식간에 '벌써'가 될 수밖에 없는 게 우리의 고령화 현실이다. 게다가 선진국 통계는 무의미하다. 대부분 천천히 늙어갔기 때문이다. 한국은 다르다. 고속성장으로 일거에 모든 게 바뀐 만큼 사회구조나 성장 기반, 인구 변화도 진폭이 대단히 좁고 깊다. 천천히 늙어간 선진국의 사례와 대응책만 연구해서는 조로(早老)의 한국에 적용하기 어렵다.

한국의 고령화는 빙산에 부딪힌 타이타닉 호 신세다. 침몰까지 '시간'은 좀 있지만 누구도 피해 가기 어려운 대형 악재다. 그 '시간'도 갈수록 초침이 빨라지는 형편이다. 처음엔 천천히 가라앉지만 절반 이상 잠기면 그다음은 순식간에 물속으로 잠겨버린다. 이런 점에서 보면 시한폭탄이 실렸지만 브레이크가 고장 난 특급열차와 더 비슷하다.

고령화, 조용하지만 거대한 재앙의 그림자

시간이 없다. 살자면 뭔가를 해야 한다. 정부로선 원천적인 수리방법을 찾아야 하고, 개인으로선 자발적인 탈출 루트를 확보할 필요가 있다. 그래야 피해를 줄이거나 없앨 수 있다. 그래서 두 얼굴을 가졌다는 고령화는 위기이자 기회요, 축복이자 재앙이다. 뇌관을 제거하면 삶의 질을 높이는 기회가 되지만 대응책 없이 뒷북만 치면 엄청난 후폭풍에 휘둘릴 뿐이다.

또 다른 책을 보자. 《늙어가는 대한민국》(이현승·김현진 공저)에서는 균형감이 상실된 한국의 고령화 문제를 두고 '물구나무섰다'고까지 표현했다. 급격히 진행된 고령화가 대한민국의 '지속성장'에 심대한 의문을 제기하기 때문이다. 물구나무는 잠깐은 버텨도 결국엔 넘어질 수밖에 없다. 한국처럼 고도비만의 체형에선 물구나무를 선 순간 즉시 붕괴다. 다이어트를 하든, 체력을 기르든 다가올 고령사회에 대한 촘촘하고 광범위한 준비만이 유효할 뿐이다.

고령화 충격은 핵폭탄에 비견된다. 견디기 어려운 고통이 평생 지속될 뿐 아니라 후세에까지 영향을 미치는 탓이다. 한국 사회의 문제점을 잘 그려낸 《고령화 쇼크》에서는 "재앙의 그림자는 벌써 발끝에서 가슴까지 드리워져 있다"며 "머잖아 이 그림자는 머리까지 완전히 뒤덮을 것이고 동시에 참지 못할 고통이 시작될 것"이라고 경고한다.

한국의 늙어가는 속도는 세계 최고 수준이다. 인구구조상의 가속도 때문이다. 유엔(UN) 자료를 보면 74개국 중 한국의 평균수명 연장 속도는 세계 8위다. 방글라데시나 이집트 등 워낙 평균수명이 짧은 개발도상국을 빼면 사실상 세계 최고다. 58년 개띠를 중심으로 한 베이비부머(1955~1963년 출생)가 고령그룹에 가세하기 시작하면 고령 속도는 한층 빨라질 게 불을 보듯 뻔하다.

한국의 평균수명은 2005~2010년에 걸쳐 평균 78.2세에 도달했다. 20년 전으로 시계를 되돌리면 당시엔 69.8세에 불과했다. 그때보다 8.4년을 더 살게 된 셈이다. 평균수명 80세 안팎은 선진국에서나 볼 수 있는 수준이다. 잘살기로 유명한 북유럽이나 장수국가로 유명한 일본 정도에서나 확인되는 수치다. 이로써 한국은 미국(77.9세)보다 더 오래 살게 됐다. 2000년대 들어서는 1년에 거의 0.5세씩 수명이 늘어나는 추세다.

후속 세대의 수명 연장은 훨씬 늘어날 것으로 전망된다. 최근 통계에 따르면 한국인의 기대수명은 벌써 80.3세(2009년)다. 이는 2009년 출생자라면 그 정도 나이까지는 산다는 얘기다. 특히 여성(83.8세)은 남성(76.8세)보다 7년 이상 더 산다. 기획재정부에 따르면 2040년엔 90세(정확히는 89.38세)로 지금(80세)보다 또 10년이 늘어난다. 사실상 '100세 시대'에 들어서는 셈이다.

1956년 UN에서 정한 기준으로 볼 때 노인이란 65세 이상을 말하는데, 거의 60년이 지난 지금도 이 기준을 활용한다. 법률이나 제도의 적용 기준도 65세가 압도적으로 많다. 이 때문에 늙어가는 시간과 젊어지는 노인의 불균형, 즉 늙은 청춘이 양산되는 것이다. 이 기준으로 봤을 때 65세 이상 인구 비율은 고령사회를 판단하는 주요 지표다. 2010년 기준 한국의 노인인구는 11.0%다. 즉 10명 중 1명이 65세 이상이란 얘기다. 이 수치는 1980년의 3.8%에 비하면 큰 폭으로 증가한 것인데, 2050년에는 38.2%까지 치솟을 것으로 전망된다. 즉 10명 중 4명이 노인인 셈이다.

먼저 고령사회와 관련한 용어부터 정리해보자. UN 기준에 따르면 전체 인구 중 65세 이상 인구가 차지하는 비율이 7%가 넘는 사회를 '고령화사회'라고 하는데, 우리는 일찌감치 2000년에 진입했다. 또한 14% 이상이면 '고령사회'라고 하는데 2018년이면 도달할 것으로 전망된다(통계청에 따르면 2018년 14.3%로 예상된다). 즉 고령화사회에서 고령사회로 진입하는 데 18년이 걸릴 것이다. 이는 미국(73년)은 물론 일본(24년)보다 더 빠른 속도다. 65세 이상 인구가 차지하는 비율이 20%가 넘는 '초고령사회'는 2026년이면 20.8%로 간단히 넘어설 것으로 예상된다. 고령사회에서 초고령사회로 변신하는 데는 8년밖에 걸리지 않는다는 계산이다. 이 역시 일본(12년)보다 빠르다. 그나마 제반 여건을 감안하면 이 예측보다 더 빨리 늙어갈 것이란 전망마저 나오고 있다.

이 같은 급격한 고령화 이면엔 낮은 출산율이 있다. 고령화지수(65세 이상 인구÷0~14세 인구)가 높아진 건 분모인 0~14세 인구가 줄어들어 인구 피라미드의 역삼각형 현상이 심화됐기 때문이다. 이렇게 되면 노년층을 부양해야 할 젊은 층의 부담이 엄청나게 커진다. 2030년이면 생산 가능(15~64세) 인구 2.8명이 노인 1명을 부양해야 할 판이다.

2011년 한국의 합계출산율(여성 1명이 평생 낳을 것으로 예상되는 출생아 수)은 1.24명으로, 다행스럽게도 2년 연속 늘고 있다. 또한 늦은 결혼으로 20대 산모보다 30대 산모가 아이를 더 많이 낳았다. 2005년의 경우 1.08명이었으니 이는 좋은 징조임이 틀림없다. 다만 이 추세는 일시적일 확률이 높다. 2차 베이비부머인 1970년 초중반생이 결혼 적령기에 들어선 것이 출산율 증가의 배경이었는데, 이들 이후엔 다시 출산율이 떨어질 개연성이 있기 때문이다.

유럽경제위원회 보고서에 따르면 합계출산율이 2.1명이면 인구는 현상 유지다. 2.1명 이하면 '저출산국가'로, 1.3명 이하면 '초저출산국가'로 분류된다. 한국은 1983년 2.08명을 기록해 이미 저출산국가에 진입했다. 2001년부터는 초저출산국가에 이름을 올렸으며, 2005

년엔 1.08명까지 떨어져 충격을 안겼다. 한편 지속성장을 위한 적정 출산율은 최소 1.8명으로 분석된다.

국제 비교를 해보면 한국은 아이 울음소리가 가장 적은 국가 중 하나다. 2011년 기준 세계 222개 국가 중 한국의 합계출산율은 217위로 조사됐다(KDI). 한국보다 낮은 국가는 일본과 대만, 싱가포르 정도다. 이는 결혼 자체를 미루거나 하지 않으려는 미혼 인구가 늘어난 결과다. 출산율이 낮아지면서 젊은 인구 비중은 갈수록 감소세다. 특히 노인 부양의 예비 세대인 유소년 인구(0~14세)는 2005년 900만 명에서 2010년 780만 명으로 연평균 2.7%씩 줄고 있다. 추세를 보면 1955년 41.2%에서 2005년 19.1%, 2010년 16.1%로 떨어졌다.

인구 감소는 필연적으로 성장 활력의 추락을 부른다. 노동인구가 줄어드는데도 성장률을 유지하려면 새로운 성장 에너지원을 마련해 고도의 부가가치를 생산해내는 수밖에 없다. 그런데 이게 여간 어려운 일이 아니다. 멀리 갈 필요도 없이 일본이 이를 여실히 보여준다. 자료를 보면 노동력 감소로 2000년대 4%인 잠재성장률이 2020년 2%대, 2040년엔 1% 밑으로까지 떨어질 것으로 예측된다(KDI, KLI). 이미 물 건너간 지속성장이다.

말로만 비상사태, 위기감 없으니 절박감 적어

'살아갈 날은 많고 쟁여둘 건 적고….'
노후 고민을 한마디로 정리하면 이럴 것이다. 부유층에게 수명 연장은 둘도 없는 하늘의 축복이다. 그 반면 돈 없는 빈곤층에게 100세 시대는 고단한 삶의 연장일 뿐이다. 게다가 몸까지 불편하면 하루하루가 고통일 수밖에 없다. "재수 없으면 100살까지 살 것"이란 우스갯소리는 씁쓸하지만 엄연한 현실이다. 그나마 지금 은퇴를 맞았다면 천만다행이다. 아직은 덜 내고 더 받는 국민연금이 미약하게나마 작동 중이기 때문이다. 적어도 10~20년은 괜찮다.

하지만 30대를 중심으로 한 청년세대에게 필요한 건 긴장뿐이다. 지금의 30대가 은퇴할 즈음이면 평균수명 90세 이상은 기정사실이다. 지금처럼 50대 중반에 회사에서 짐을 싸야 한다면 적어도 30~40년은 일거리 없이 살아갈 방도를 찾아야 한다는 결론이다. 돈 벌 기회조차 줄어든 건 30대에게 설상가상의 참사다. 거시경제로는 저성장이고 개인 차원에선 조기퇴직이다. 이미 3040세대 샐러리맨 사이엔 언제든 옷 벗을 준비를 해두는 게 낫다는 공감대가 널리 퍼져 있다. 일하고 싶어도 못하는 사례는 수없이 많다. 말이 좋아 노동시장의 유연화지 구조조정은 이제 일상적인 풍경이다.

더욱 안타까운 건 상황 인식의 부재다. 파괴력이 엄청난 대형 태풍이 코앞에 닥쳤는데도 대비책은커녕 현실 인식조차 부족하다. 대부분의 사람이 강 건너 불구경하듯 멍하니 서 있을 뿐이다. 위기감이 없으니 절박감도 적다. 하기야 고령화란 게 아직은 아무도 밟지 않은 전인미답의 미래 이슈이니 위기의식이 희박할 수밖에 없다. 그러다 보니 몇몇 선진국이나 관련 연구자들만의 과제로 남는 것이다.

과거 한국의 노후 대책은 기업의 평생고용과 가족의 사적 부양으로 유지됐다. 하지만 이젠 평생직장이 사라졌다. 보험 역할을 해왔던 자녀들의 의식도 변했다. 그렇다고 정부에 기댈 문제도 아니다. 기댈 수 없을뿐더러 기댈 공간조차 없다. 애초부터 무리다. 경제학자나 사회복지학자나 모두 아집에 사로잡혀 편협한 논리만 확대재생산 한다. 노후를 정부에 기대는 건 처음부터 바라지 않는 게 속 편하다. 국민연금 등 사회안전망이 있다지만 실질적인 노후 대책으로는 턱없이 부족하다는 게 중론이다.

그렇다면 답은 간단하다. 자발적인 노후 대책 마련이다. 즉 노후 복지의 자기책임으로, 노후는 스스로 책임지겠다는 각오와 다짐이 필요하다. 지금 이 시간도 고령화 시한폭탄은 '째깍째깍' 초침을 잡아먹는다. 적어도 현역 시절 소득의 70%(소득대체율)로 30~40년 이상 버티도록 생애 전체의 로드맵을 짜야 한다.

유력한 방안은 평생의 소득 루트를 확보하는 것이다. 다시 말해 나이를 먹어도 지속될 수 있는 장기적인 소득원을 확보해야 한다. 막연한 불안감보단 다소 부족하더라도 계획을 세우고 한 걸음씩 나아가는 것이 중요하다. 계획 없는 생활은 허술한 노후 대비로 직결된다. 내진설계를 해둬야 지진이 와도 버틸 수 있는 법이다. 여러 예측을 종합해보면 고령화라는 대지진의 강도는 여태껏 보지 못한 메가톤급일 게 확실시된다. 준비가 없다면 눈뜨고 당할 수밖에 없다.

/
99%의 분노가
빈부 격차를 해소시킬까?
/

"재밌지만 서글픈 얘기 하나 들려드리죠."

소주 한잔을 들이킨 이 교수가 말을 뱉었다.

"얼마 전에 친구들 모임이 있었어요. 오래간만의 만남이어서 이번엔 또 어떤 얘기들이 나올까 잔뜩 기대하고 나갔죠. 대충 7~8명이 모였는데, 다들 자기 분야에서 한 자리씩 잡은 친구들이라 재미난 경험담이 쏟아졌어요. 누구는 주식에 묻어뒀더니 큰돈이 됐다고 자랑하고, 또 누구는 요즘 유행하는 상장지수펀드(ETF)나 주가연계증권(ELS)으로 재미를 봤다고 하더군요. 그래도 역시 가장 흥미를 끈 건 묵직한 부동산이었어요. 지금이야 좀 죽었지만 한때 떼돈을 번 친구가 자기 테크닉과 정보를 얘기할 땐 쥐죽은 듯 조용했죠. 역시 돈이다 싶더군요. 결국 일찍부터 어디에 투자하느냐에 따라 자산 규모가 천지차이로 벌어지더군요.

압권은 2차가 끝난 뒤였죠. 12시가 넘어 부랴부랴 택시를 잡을 때

였어요. 강남 사는 친구들은 큰 소리로 '대치동', '잠실' 등 행선지를 부르며 택시를 잡는데, 강북 사는 친구들은 그저 빈 택시가 오기만 기다리더군요. 아무래도 술자리에서부터 기가 눌린 모양이었어요. 그런데 갑자기 강북 사는 한 친구가 '중계동 50평' 하더니 택시를 잡아타는 거예요. 남아 있던 친구들 모두 뒤로 넘어갔죠. 하하하."

또 생각해도 우스웠는지 이 교수의 허탈한 웃음은 한동안 이어졌다. 그의 얘기는 계속됐다.

"어때요? 이쯤 되면 블랙코미디죠. 그만큼 한국 사회의 상대적 박탈감이 커진 거죠. 비슷한 재산 규모로 출발했던 친구들이지만 불과 몇 년 만에 지금은 그 격차가 엄청나게 벌어졌어요. 운 좋게 위쪽으로 잘 올라탔으면 다행이지만 그렇지 않다면 충격이 적지 않죠. 똑같이 집을 샀는데 누구는 2~3배로 오르고, 누구는 사자마자 폭락해 이자 갚느라 허덕인다면 얼마나 열 받겠습니까. 우리도 1%에 대항해 99% 점령시위라도 벌이든가 쿠데타라도 일으켜야 하는 게 아니냐는 말까지 나오고 있어요. 이게 단순히 신세 한탄이나 푸념만은 아닐 겁니다.

앞으로 중산층은 줄고 상위층과 하위층은 늘어날 겁니다. 호리병 모양처럼 말이죠. 이 흐름은 구조적인 대세여서 절대 피할 수 없어요. 그러니 지금 20~40대라면 더 영리해져야죠. 까딱하다간 순식간에 빈곤층으로 전락할 수밖에 없거든요. 그래도 아직 다닐 직장이 있고 커가는 자녀들 보면 살맛이 난다지만, 글쎄 그 행복이 얼마나 갈까요. 직장에서 잘리거나 병이라도 걸리면 멀쩡하던 중산층 가정도 금방 빈곤층으로 떨어지고 말 겁니다. 동사무소에 가서 생활보호자 신청하는 풍경도 절대 남의 얘기만은 아니죠."

빈부 격차 심화, 출발은 같아도 상황은 극과 극

술맛 깨는 소리처럼 들리겠지만 맞는 말이다. 이 교수가 말하려는 핵심은 '빈부 격차의 가속화'다. 애초부터 있었던 '부(富)의 대물림'은 말할 것도 없고 이젠 동일선상에서 출발하는 사람들마저 단기간에 격차가 확 벌어지는 시대다. 가진 자는 더 갖고, 없는 자는 더 잃는 시대가 온 것이다.

물론 빈부 격차가 어제오늘 일은 아니다. 인류가 존재하는 한 돈의 쏠림 현상은 어쩔 수 없는 일이다. '한강의 기적'을 부르짖던 풍요로운 시기에도 빈부 격차는 분명 존재했다. 다만 그 격차가 심하지 않았기에 크게 문제가 되진 않았다. 누구든 배가 고팠지만 아프지는 않았다.

그런데 이젠 달라졌다. 빈부 격차의 확대일로는 나날이 커지고 있다. 소득 분배의 불균형 정도를 나타내는 지니계수를 보자. 지니계수의 수치가 높을수록 소득 분배의 불평등이 심하다는 의미다. 한국의 지니계수는 계속 상승세로, 1990년대만 해도 0.28 수준이었던 게 지금(2011년)은 0.342까지 치솟았다. 이 정도면 빈부 격차가 꽤 심각한 수준이다. 0.35가 넘으면 부의 불평등이 극심한 나라로 분류되니 한국도 머잖아 이 오명에 합류할 것이다.

어떤 사람들은 미국이 우리보다 지니계수가 높다는 점을 들면서 우리가 미국보다는 낫지 않으냐고 말할지도 모른다. 하지만 미국의 빈부 격차가 일으키는 여러 갈등을 뜯어보면 한국의 지니계수도 웃을 일이 아닌 울 일이다. 미국은 돈이 있으면 천국이지만, 없으면 그대로 지옥 추락이다. 게다가 우리의 지니계수는 빈부 격차가 상대적으로 낮고, 보편적인 행복도가 높은 유럽보다 월등히 높다.

소득 양극화의 원인은 복합적인 원인 융합 탓이다. 다만 근본 원인으로 경기침체와 성장 하락을 빼놓을 수 없다. 이런 점에서 분배구조 개선보단 성장정책이 우선일 수 있다. 성장률이 1%포인트 높아지면 양극화가 0.57% 개선된다는 연구 결과도 있다(삼성경제연구소). 이에 대한 반론도 있다. 분배 개선 없는 성장 지속은 사상누각이란 지적이다. 지금의 상황에선 좀 덜 벌어도 좀 더 많은 이가 웃는 성장구조가 더 옳다고 보는 것이다.

그렇다면 빈곤을 타파할 수 있는 방법은 없을까. 중산층이 빈곤층으로 미끄러지지 않도록 막는 방안은 없는 것일까. 나날이 늘어나는 빈곤인구를 감안할 때 거의 유일한 해법은 고용 유지와 확대뿐이다. 또 빈곤층의 유일한 탈출구도 일자리다. 빈곤인구의 증가와 고용구조의 불안이 정확히 비례한다는 점에서 일자리를 확보하는 게 최선책이다.

그런데 이게 쉽지 않은 일이다. 정부는 일자리 마련에 총력을 걸고 있다지만 어떻게 된 게 늘어나는 건 고용약자의 상징인 비정규직의 '나쁜 일자리'뿐이다. 일하면 할수록 가난해지는 이상한 구조가 정착돼간다. 물론 '중산층 몰락'을 비롯한 양 극단의 대결 이슈가 과장된 면이 없는 건 아니다. 하지만 '풍요 속의 빈곤'은 엄연한 현실이다. 생활고로 말미암은 자살과 결식아동 증가 등 단지 돈이 없다는 이유로 인간성을 상실당한 서민층이 눈덩이처럼 불어나 있다.

게다가 지금보다 앞으로가 더 큰 문제다. 소득 양극화에 따른 빈부격차는 축소보다 확대될 가능성이 더 높다. 지니계수도 더 올라갈거니와 중산층에서 빈곤층으로 떨어지는 사람도 급증하게 된다. 어쩔 수 없다. 이는 인간을 버린 시장 만능의 자본주의가 존재하는 한 피하기 어려운 딜레마다. 당장 절대빈곤(소득이 최저생계비를 밑도는 가구)율은 2030년 17.32%에 이를 것(조세연구원)으로 추정된다. 2004년 3.6%에 불과했던 게 이렇듯 늘어나는 이유는 고령화와 이혼 급증, 정보 격차, 개방 가속화에 따른 경쟁 격화 등 격차 심화 요인이 줄줄이 대기 중이기 때문이다.

쿠데타 일으키기와 사다리 걷어차기의 승자는?

더불어 불만 누적에 따른 위화감이 확산되면서 사회 불안도 한층 깊어질 수 있다. 2008년의 금융위기와 남유럽 사태 이후 확산된 '99%의 점령시위'가 대표적이다. 그만큼 경제의 중심 허리인 건강한 중산층이 허물어지고 있다는 증거다. 이 와중에 공동선(善)은 온데간데없고 남의 탓만 하는 자포자기의 병리현상까지 출현하고 있다. 특히 빈곤층은 무기력증에 빠진 상태다. 해도 안 된다는 경험칙이 이들의 생존 의욕을 감쇄시킨다. 마치 집단우울 증세를 보이는 듯하다.

전문가들은 자포자기와 욕구불만이 커지면 사회적 저항세력이 될 수 있다고 경고한다. 정부에 대한 저항의식이 계급투쟁으로 이어질 수 있기 때문이다. 이른바 '증오가 들끓는 사회'가 돼버리는 것이다. 실제로 여느 사회에나 있는 일반적인 갈등과 대립 상태는 이미 넘어섰다. 빈곤층의 넋두리를 듣다 보면 공포나 전율을 느낄 만큼 강도가 세진 게 사실이다.

그 반면 넉넉하게 잡아 상위 10%에 속하는 '그들만의 성'은 더욱 견고해졌다. 상위층으로 점프하는 것이 더 어려워졌다는 뜻이다. 일례로 예전엔 개천에서도 용이 날 수 있었다. 능력 있고 노력만 하면 주류사회로 얼마든지 편입할 수 있었다. 모두가 '제 하기 나름'이었다.

그런데 더 이상은 아니다. 최근 들어 중세시대 신분제도만큼 강력한 계층 간 진입 장벽이 쳐지기 시작했기 때문이다. 신분 상승을 원해도 공정한 경쟁의 룰은커녕 참여 기회조차 박탈당할 여지가 한층 높아졌다. 그들만의 잔치에 초대되기란 낙타가 바늘구멍 통과하기보다 어려운 일이 됐다. 유일한 승차권은 돈뿐이다. 바꿔 말해 돈만 있으면 못할 게 없어졌다.

《사다리 걷어차기》(장하준 지음)에서는 가진 자의 위선적인 사고방식을 적나라하게 비난한다. 그들은 이미 사다리 꼭대기까지 올라왔기에 위에서 과실을 그대로 챙길 수 있다. 그런데 그 과실을 독점하고자 후발주자들을 단호하게 막아서고 떨어뜨리려고 한다. 그러자면 위에 앉아 사다리를 걷어차 넘어뜨리는 것만큼 효과적인 게 없다. 사다리가 없으니 그들의 부는 철옹성처럼 지켜질 터다.

이 책은 선진국과 개발도상국의 관계를 예로 들었다. 선진국들은 과거 후발 지위에서 지금과 같은 산업 발전을 이루고자 무수히 많은 제도와 정책을 활용해왔다. 그래놓고선 현재 개발도상국들에는 그와 유사한 제도와 정책들을 활용해서는 안 된다고 강요한다. 이는 경쟁의 사다리에 먼저 올라간 자들이 벌이는 야비한 사다리 걷어차기다.

넉넉한 노후를 살고 싶은 건 모든 사람의 꿈이다. 하지만 노후 대책 역시 빈부 격차와 갈등 심화라는 환경에서 벗어날 수 없다. 노후 양극화의 근본 원인이 30~40대 당시의 자산과 근로소득의 빈부 격차에서 비롯되기 때문이다. 그나마 경제활동을 하고 있을 때는 참을 수 있다. 좀 덜 쓰고 덜 즐기면 살아가는 데 큰 문제는 없기 때문이다.

은퇴 앞둔 시점에 자살자 급증 추세

심각한 것은 노동이 불가능해지는 은퇴 이후의 양극화다. 소득원이 사라진다는 것은 좀 덜 쓴다고 해결되는 문제가 아니다. "산 입에 거미줄 친다"는 말도 빈말이 아니다. 최근 은퇴를 앞둔 시점에 삶을 포기하는 사람이 많아진 건 이런 이유에서다. 돈 없는 은퇴는 사회문제로 왕왕 비화되는데, '노인 문제'가 그 절정이다. 그만큼 가족의 박대와 경제적 궁핍, 사회적 무관심이란 3중고를 안고 살아가는 노인층이 적지 않다. 가령 노인세대의 빈곤율은 45.1%(2010년)에 이른다. 이들에게 희망은 없다.

경제협력개발기구(OECD) 자료를 보면 한국의 자살률은 회원국 30개국 가운데 단연 으뜸이다(2010년). 자살률을 보면 인구 10만 명당 28.4명으로 OECD 평균(11.2명)의 2배를 훨씬 웃돈다. 문제는 자살자의 연령이다. 전체 자살자의 상당한 비중을 차지하는 것이 60대 이상으로 3건 중 1건이 황혼자살이다. 실제로 65~74세 노인 자살률은 81.8명으로 일본(17.9명)이나 미국(14.1명)보다 월등히 높다.

이젠 자살 연령도 낮아지는 추세다. 당장 40대 자살률이 급증했다. 자료에 따르면 2003~2005년 생명보험 가입자 중 자살자는 총 6,254명에 달했다(생명보험업계, 2006년). 연령별로는 40대(1,456명)가 가장 많아 50대(946명)와 60대(453명)를 합한 것과 비슷했다. 이는 극심한 경기침체 속에서 40대가 구조조정의 집중 타깃이 됐기 때문일 것이다. 청장년층이 느끼는 암울한 미래란 그만큼 비관적이란 얘기다. 평생직장이 사라지면서 이들 사이의 빈부 격차는 이미 현격히 벌어졌다. 자녀 유학이나 과외비용에 쏟아붓는 맹목적인 자녀 사랑도 재검토하자는 목소리가 높다. 이 자료가 2006년 통계이니 이후 경제 사정이 한층 열악해졌다는 점을 감안하면 실제 중년 자살률은 더 높을 것이다.

한편 준비된 은퇴생활도 늘어나고 있다. 외국의 전문가들은 은퇴 후 필요한 노후자금이 자신의 최종 소득이나 근로 기간 중 평균소득의 70%가 돼야 한다고 조언한다. 은퇴 전 월 평균소득이 400만 원이었다면 은퇴 후엔 매월 280만 원의 소득이 필요한 셈이다. 그래야 노후 생활의 품위 유지는 물론 기본적인 생활이 가능하다는 것이다. 원론적으로 이때 필요한 자금 280만 원 중 70~80%는 연금에서 나와야 한다. 나눠보면 국민연금(30~40%), 퇴직연금(20~30%), 개인연금(10~20%) 식이다.

은퇴 준비, 없으니 더 준비해야 하는 필수 과제

하지만 한국에서 국민연금은 턱없이 부족하다. 많이 내고 적게 받는(고부담·저급여) 지금의 30대 전후 세대라면 큰 의지가 안 되는 수준이다. 퇴직연금도 투자 환경 악화로 경제성을 장담할 수 없게 됐다. 믿을 건 개인연금뿐인데 이마저 아직은 일부만의 전유물에 불과하다. 결국 노후자금 마련은 개인의 자발적인 소득 확보에 의존할 수밖에 없다.

당위론으로 말하면 노후 생활은 정부 복지의 영역이 바람직하지만, 현실론으로 보자면 노후 준비는 개인 복지로 방치된 지 오래다. 탄탄한 노후 준비로 해외여행을 다니느냐, 생활비조차 없어 불편한 노구로 버티느냐는 결국 개인 결정에 달렸다. 복지제도가 좋아서 노후 생활을 국가에 위탁할 수 있으면 좋겠지만 이것 역시 당장은 불가능한 가정이다. 차라리 정부가 노후설계에 제동이나 걸지 않았으면 좋겠다는 사람이 있을 만큼 정부 정책은 '비호감'이다.

물론 미래의 현실보다 당장의 현실이 더 어려울 것이다. 내 집 갖기도 벅찬데다 커가는 자녀의 사교육비는 그 자체로 부담 덩어리다. 이런 마당에 은퇴 준비란 어불성설로 여겨질 수밖에 없다. 이것이 알면서도 대책을 마련할 수 없는 이유다. 하지만 그래도 지금 나서야 한다. 시간이 흐르면 지금보다 더 힘들어져서다. 계획과 전략 그리고 행동이 없으면 빈부 격차 확대의 희생양으로 전락할 수밖에 없다.

은퇴 준비를 위한 전략 수립은 가진 자의 여유로운 선택이 아니다. 없기에 더욱 준비해야 하는 필수불가결한 과제다. 은퇴는 끝이 아니다. 노후 대책에 출발점은 있어도 마침표는 없다. 은퇴 후 삶이 축복이냐 재앙이냐는 모두 본인 하기 나름에 달렸다.

저성장까지
얼마 남지 않은 시간

성장 신화는 끝났어요. 우린 변곡점에 서 있습니다. 지금껏 한국 사회는 성장과 팽창의 인플레 시대를 살아왔어요. 그런데 앞으로는 아닙니다. 경제 활력이 약해져 그만큼 살기가 어려워질 거예요. 경제구조가 과거와는 판이하게 바뀌고 있어서죠. 바로 디플레 시대의 개막이에요. 예를 들어볼까요. 디플레 사회에선 인간의 동물성이 강화됩니다. 본능에 충실해진다는 얘기예요. 한국의 섹스산업과 사교육시장을 한번 보세요. 이 둘은 매년 엄청나게 성장하고 있죠. 시장 규모가 각각 24조 원, 30조 원에 육박하고 있어요. 국내총생산(GDP)의 10%에 달하죠. 저성장 사회에서 살아남기 위한 사람들의 몸부림이 더욱 처절해지고 있음을 의미합니다.

오래전에 《디플레이션 속으로》의 저자 홍성국 씨와 대화를 나눈 적이 있다. 그에 따르면 한국에는 위기감이 가득하다. "지금까지가 호시절이었다면 앞으론 위기로 점철된 시대가 펼쳐질 것"이라는 게 그의 지론이었다. 그것은 바로 디플레 때문이다.

디플레란 물가가 떨어지면서 실업률은 오르고 개인소득은 감소하는 암울한 경제 현상을 말한다. 대표적인 예가 1929년부터 제2차 세계대전 직전까지 이어졌던 미국의 대공황 시대다. 1990년대 후반의 외환위기와 2008년 이후의 금융위기도 일종의 디플레다. 하지만 앞으로 펼쳐질 디플레는 전통적 의미 외에 고령화와 IT 기술 변수까지 포함된다. 그만큼 악재가 더 많다. 아무리 발버둥쳐도 피해 갈 수 없다.

호시절은 지금까지만, 앞으론 위기 도래

디플레는 통상적인 경기순환을 설명하는 '저금리→투자 증가→고용 증대→소비 증가'와는 정반대 흐름이다. 저물가·저금리·저투자 탓에 경제는 저성장을 반복한다. 이른바 '4저 시대의 도래'다. 여기에 경기순환은 한층 짧아진다. 최근엔 단기간에 경기곡선이 천장과 바닥을 오가며 급변한다. 실제로 한국 경제는 구조적인 디플레에 바짝 다가섰다.

디플레 특징은 여러 곳에서 발견된다. 성장률은 낮아지고 투자는 부진한데다 부채에 의존한 소비가 광범위하게 퍼져 있다. 과학기술의 발달에 따라 경기순환은 더 격렬해지고 짧아졌다. 투자 부진은 필연적으로 저금리를 고착화한다. 장기 성장률이 떨어지니 실업률은 높아진다. 또 주머니가 얇아지니 소비까지 감소한다. 궁극적으론 기업 수익이 악화된다. 한국 사회에 생존권 차원의 치열한 갈등이 펼쳐지는 것도 21세기형 디플레의 중대한 특징 가운데 하나다.

디플레의 종착지는 저성장이다. 현재 한국 경제는 저성장 딜레마에 빠져 있다. 정부와 재계가 미래를 지탱해줄 신(新)성장동력 마련에 사활을 걸고 있지만 상황은 마뜩잖다. 성장률을 갉아먹는 징후가 곳곳에서 발견되지만 근본적인 치유책 마련은 요원하다. 저성장의 덫에서 빠져나와야 하지만, 쓸데없는 분쟁과 갈등이 국력을 훼손하고 있다.

학계에서도 만성적인 저성장구조가 한국 경제의 고질병이라는 데 인식을 같이한다. 한국형 개발 모델과 경영 시스템이 붕괴됐다는 보고서도 적지 않다. "5년 후 또는 10년 후 무엇을 먹고살 것인가를 생각하면 식은땀이 난다"는 이건희 삼성 회장의 발언은 결코 예사스럽지 않다. 그의 개인 약점은 제쳐두고 기업의 CEO로서 내다본 앞날의 상황 인식은 주목할 만하다.

그간 우리는 성장시대를 살아왔다. 자고 일어나면 경제는 발전했다. 개발경제 이후 날개 단 듯 모든 성장그래프는 위로만 향했다. 실제로 한국 경제는 1987~1997년 연평균 8% 내외의 고속성장을 기록했다. 같은 기간 경제 규모는 무려 210%나 확대됐다. 그랬던 게 외환위기 이후 경제성장률이 5.8%로 떨어졌다. 2000년 이후엔 4%대까지 추락했다. 우선 생산에 필요한 공급 여력이 줄어들었다. 신규 투자 위축으로 자본 투입 증가폭도 크게 줄었다. 이는 선순환 고리 자체가 붕괴되고 있다는 의미다. 생산 현장의 성장 활력이 줄어들었기 때문이다.

내수 부진 또한 심각해졌다. 민간소비는 2000년 이후 연평균 2.8% 증가해 경제성장률(4.5%)을 밑돌았다. 최근엔 대출 버블이 터지고 자산 가격마저 떨어지며 내수 침체는 더욱 심화됐다. 인플레를 기대해 대출로 묻어뒀는데 금융위기 등으로 돈이 묶여 소비 여력 자체가 줄어든 것이다. 노동시장은 한층 열악해지는 추세다. 내수 소비가 줄어드니 구조조정이 증가하는 등 보수적인 경영이 유행하고 있다. 이대로라면 잠재성장률이 3%대 밑으로 떨어질 것이란 경고가 적지 않다.

디플레의 또 다른 심각성은 격차 심화에 있다. 이는 신자유주의의 세계화 트렌드와 함께 양극화를 극단적으로 조장한다. 국가와 개인 모두 소득과 자산의 쏠림 현상이 심해진다는 얘기다. 세계화란 곧 양극화로 이해되는 이유다. 게임의 룰도 변한다. 지금까지와는 전혀 다른 형태의 '경쟁의 법칙'이 적용된다. 적자생존과 승자독식이 유일한 심판 원칙이다. 돈을 이미 쥔 승자라면 더 많은 수익을 거두겠지만 없다면 영혼마저 팔아야 할 판이다.

저물가·저금리·저투자에서 저성장으로

저성장은 자산시장에도 큰 영향을 미친다. 그간 경제성장만을 경험해온 사람들은 특별한 재테크 노력이나 기술 없이도 최소한 정기예금의 수익률은 보장받았다. 외환위기 이전만 해도 예금금리는 두자릿수에 육박했다. 통장을 개설하는 것만으로 확정수익을 얻었다. 여기에 조금만 신경을 더 쓰면 시중금리 이상의 플러스알파도 어렵지 않았다. 빚을 내도 레버리지(Leverage, 매도가격-대출매수=수익 발생) 효과가 가능했던 까닭에 돈 벌 기회는 사실상 널려 있었다. 늘 대출이자보다 자산 가격 상승 규모와 속도가 더 가팔랐다.

이는 모두 인플레 시대였기에 가능한 현상이다. 인플레 시대엔 늘 과수요 상태였다. 공급이 적고 수요가 많으니 가격이 오를 수밖에 없다. 경제 현상을 지배하는 룰은 '희소성의 원칙'뿐이었다. 제품과 용역 가격은 물론 자산시장도 마찬가지였다.

하지만 저성장·저금리의 디플레 시대엔 과잉자원이 특정 집단 또는 일부 개인에게 몽땅 흘러든다. 독점의 심화다. 디플레가 길어지면 중산층은 쉽게 지친다. 근로소득과 자산소득이 함께 줄면서 추가적으로 소비마저 감소하는 악순환에 빠진다. 이 경우 위축된 중산층은 생존의 위기에 노출돼 합리적인 자산 운용을 포기한다. 그 대신 방어적 경제생활로 방향을 튼다.

그 반면 여유가 있는 상류층은 중산층의 자산을 헐값에 사들인다. 부의 추가적인 축적이 이뤄지는 것이다. 한마디로 중산층의 몰락과 상류층의 경제력 집중이다. 이로써 양극화는 더욱 극명해진다. 마치 아령처럼 최상위층과 최하위층의 볼륨만 커진다.

저성장·저금리 공포가 확산되면 경제주체들은 수익성보단 안전성을 선호해 오로지 '안전자산'만 찾는다. 이처럼 안전자산 선호 현상이 가속화되면 금리는 더 떨어진다. 정부가 자금 공급을 아무리 늘려도 투자가 늘지 않고 경기도 좋아지지 않는다. 이것이 '유동성 함정'이다. 우량기업은 저금리 혜택을 보지만 부실기업은 줄도산 위협에 직면한다.

개인의 운용 전략도 제1원칙은 안전성으로 요약된다. 미래에 대한 불안 탓에 위험자산은 줄이고 안전자산에만 투자가 몰린다. 당연히 연속적으로 금리는 떨어진다. 디플레 확산은 쉽게 돈 버는 방법의 실종을 의미한다. 고수익 투자처를 발견해도 통신 발달로 순식간에 정보가 전파돼 결국 평범한 수익밖에 거둘 수 없다.

보험 아줌마가 사라진 이유

주식, 부동산 등 자산투자에 따른 불로소득이 어려워지면 근로소득을 올리면 된다. 하지만 이마저도 쉽지 않다. 저성장엔 고실업이 따라오기 때문이다. 이제 한국은 구조적인 고실업 사회다. 팔리지도 않는데 기술과 자본에 따른 생산성만 강조되니 실업률이 뛰는 건 당연지사다. 정부가 '일자리 창출'을 국정 운영의 최대 목표로 잡아도 상황은 쉽게 개선되지 않는다.

디플레와 실업은 '보험 아줌마' 문제로도 설명할 수 있다. 과거 여성이 아이를 키운 후 가질 수 있는 가장 편한 직업 중 하나는 보험설계사였다. 주변 지인만 잘 엮으면 돈도 벌고 사회생활도 즐길 수 있었다. 하지만 저금리가 계속되면서 보험설계사는 고난의 시대로 접어들었다. 마진율이 떨어진 생보사들이 고율의 수수료를 깎기 시작해서다. 돈을 벌기는커녕 부채를 지는 사례까지 늘었다. 외국계 보험사의 활발한 진출과 온라인 보험시장의 성장 등도 보험 아줌마가 설 땅을 좁혔다. 보험 아줌마의 쇠퇴야말로 신자유주의의 후폭풍이자 세계화와 양극화 그리고 IT화의 상징적 피해를 잘 보여주는 사례다.

디플레는 앞으로 구조적으로 정착될 확률이 높다. 돈벌이가 지금보다 더 어려워질 수 있다는 얘기다. 이 와중에 100세 시대가 눈앞에 와 있다. 돈이 돈을 버는 가진 자의 여유가 없다면 서둘러 대응책을 마련해야 한다. 디플레 조류에 그대로 휩쓸리면 남는 건 고통뿐이다. 시간이 없다.

특히 인플레 시대에 성장했던 젊은 세대는 변신이 필수다. 당연하게 여기던 인플레 사고를 벗어던지고 디플레 시대의 새로운 삶의 원칙을 받아들여야 한다. 디플레는 대세다. 디플레 시대엔 축소지향적인 제로섬 게임이 곳곳에서 펼쳐진다.

더 갑갑한 건 디플레의 탈출 해법이 없다는 점이다. 이웃 나라 일본을 보면 고속성장과 장기침체의 추락 원인이 디플레라는 게 확실히 드러난다. 디플레는 완화할 수 있다면 그나마 다행이다. 더 잘살아보겠다는 욕망을 줄인다면 그것도 좋다. 하지만 눈높이를 낮춘다는 건 본능 억제의 문제인 탓에 쉽지 않은 과제다.

/
변하지 않고 변할 수 없는
국민연금의 원죄
/

'국민연금 8대 비밀'이란 글이 한때 인터넷을 달군 적이 있다. 당시 감춰진 국민연금의 허점과 실상을 고발해 사회 이슈로 떠올랐다. 실제로 읽어보면 분통을 터뜨릴 만한 각종 수급권 제한이 적나라하게 소개되며, 이에 '대국민 사기극'이란 악평이 붙기도 했다. 이후 각종 여론조사에서 국민연금을 반대하는 의견이 전체 응답자의 90%를 넘기도 했다.

국민연금을 둘러싼 양심선언도 잇따랐다. "칼만 안 들었지 날강도"부터 "가증스럽기 짝이 없는 모순 덩어리"란 비난까지 나왔다. 노후보장과 소득 재분배라는 입법 취지가 훼손된 만큼 아예 없애자는 극단론까지 힘을 얻었다.

그로부터 한참이 흘렀다. 지금은 어떤가. 국민연금 이미지가 적잖이 변신에 성공한 느낌이다. 온갖 지탄을 받던 그때처럼 국민연금을 죄악시하는 시선은 거의 사라졌다. 부동산이나 주식 같은 투자대상의 수익률이 떨어지고 위기감이 높아지니 오히려 안전성이 두드러져 뜬 금없이 인기 자산으로까지 떠오른 분위기다. 임의가입(소득 등 가입 자격이 없지만 자발적으로 가입하는 것)이 급증했다는 것만 봐도 알 수 있다.

금융위기가 구해준 국민연금의 행운

국민연금은 소득이 있어야 가입 대상이 된다(1,900만 명, 2012년). 그런데 소득이 없어도 가입하는 임의가입이 강남에선 인기란다. 금액은 적지만 물가가 오른 만큼 연금도 비례해서 받는다는 장점이 드러난 결과다. 실제로 임의가입자는 2009년까지 3만 6,368명에 불과했지만 2011년 17만 1,134만 명으로 크게 늘어났다. 이 중 여성이 82%로, 외벌이가계의 가정주부가 핵심 부류다.

다만 결론적으로 국민연금의 태생적 원죄는 변함이 없다. 인구 변화를 감안하면 오히려 재정 파탄 타이밍은 더 빨라질 것으로 전망된다. 더 내고 덜 받는다는 기본 원칙은 확고부동이다. 운영상의 부실관리도 나아졌다지만 여전히 상존한다. 국민연금으로선 뉴스 초점에서 벗어나도록 도와준 금융위기 같은 대형 사건이 반갑기 그지없을 것이다. 일종의 행운인 셈이다.

국민연금만 믿고 노후 대책을 소홀히 하는 사람은 없겠지만, 만약 그렇다면 그들의 노후는 '왕따' 당하기 십상일 것이다. 국민연금만으로는 노후에 쓸 용돈으로도 부족하기 때문이다. 그나마 받을 돈도 지금보다 더 줄어들 게 확실하다. 국민연금에 '굶길 연금'이란 별칭이 붙은 건 이러한 맥락에서다. 국민연금을 믿느니 로또 당첨을 믿으란 말은 지금도 변함이 없다.

　물론 장점도 많다. 일단 죽을 때까지 적지만 꾸준한 돈이 나올 것이다. 정부의 책임 영역이니 나라가 망하지 않는 한 받을 수 있다. 또 물가상승률에 따라 연금액도 올라간다. 화폐가치 하락에 따른 위험을 막을 수 있다는 의미다. 다양한 형태의 연금으로 말미암아 소득 상실이 발생했을 때 기본적인 소득을 보장할 수 있다는 점도 메리트다.

　무엇보다 최근의 운용수익률이 좋았다는 점이 기금 파탄의 우려를 덜어준다. 국민연금은 적극적인 자산 운용 덕분에 22년간의 누적수익률이 6.61%로 알려졌다. 증권가 장기펀드 수익률을 감안하면 상당한 고수익이다. 수익률이 1% 오르면 소진 시기를 9년 늦춘다는 점에서 고무적이라 할 만하다. 특히 본인이 낸 돈보다 최소 1.8배를 더 받는다는 계산도 가입자로선 웃을 일이다.

인구 변화 감안하면 기금 고갈 더 빨라져

　다만 이러한 장점을 훼손하는 단점도 강조하지 않을 수 없다. 노후 소득에서 차지하는 낮은 의존성이 대표적이다. 한마디로 푼돈 논란이다. 저부담·고급여의 초기 가입자라면 톡톡한 수혜를 받지만 이후의 후속 세대는 제도를 유지하기 위해 고부담·저급여가 불가피하다. 2012년 기준 국민연금 최대 수령액은 월 161만 원인데, 이는 납부 신고액(375만 원)에 따라 33만 원을 23년간 납부했을 때 가능한 금액이다. 게다가 지금과 같은 물가상승률을 감안하면 결코 고액이 아니다.

　무엇보다 이 사례는 극히 일부의 얘기에 불과하다는 점이다. 대다수는 턱없이 낮은 급여를 받기 때문이다. 전체 월평균 수령액은 79만 원에 불과하며 베이비부머는 그나마 45만 8,000원만 받을 것이란 추정까지 나왔다(『헤럴드경제』). 제도가 유지된다는 전제로 받을 사람은 늘어나고 내는 사람이 줄어들면 재원이 거덜 나는 건 당연하다.

연금 파탄의 우려도 높다. 줄 돈이 없으면 부도가 나는 건 상식이다. 현재 국민연금은 시기가 문제일 뿐 재정 고갈은 불가피하다. 얼마나 이 기간을 연장시키느냐가 정책 관건이다. 연금 곳간이 비어갈수록 개혁 압박은 높아질 수밖에 없다. 그리고 그 방향은 2가지 길뿐이다. 연금 수급 개시 연령을 더 늦추거나 지급액을 더 떨어뜨리는 것이다.

실제로 기금의 고갈 속도는 '초스피드'다. 공단에 따르면 9%대의 보험요율을 유지할 때 2033년이면 적자로 돌아서고 2047년이면 완전히 바닥난다. 기금 파산의 1차 원인은 저부담·고급여 체계 탓이다. 그래서 여기에 손을 대겠다는 게 연금 개혁의 기본 뼈대다.

정부는 2008년 연금법 개정에서 연금 지급액을 소득의 60%에서 50%로 떨어뜨렸다. 보험료는 소득의 9%에서 매년 0.39%씩 올려 2018년 12.9%까지 인상할 계획이다. 이렇게 하면 소진 시기가 2047년에서 2060년으로 연장된다는 이유에서다.

그런데 인구 변화가 여기에 찬물을 끼얹었다. 애초 계획 때의 기본 가정이 흔들리면서 소진 시기가 최소 10~20년 앞당겨질 것이란 민간 분석이 줄을 잇는다. 대표적인 것이 기대수명 연장 속도의 미반영이다. 고령화로 지급해야 할 연금 액수 자체가 급증했기 때문이다. 실제로 연금 수령자는 매년 10만~30만 명씩 증가하는 추세다. 2000년 48만 명에서 2011년 240만 명까지 늘어났다. 그 반면 가입자는 계속 줄어든다. 2023년(5,068만 명) 인구가 정점을 찍는다니 당연한 추론이다.

특히 '유리지갑' 샐러리맨들의 불만이 위험수위에 다다랐다. 알려진 것처럼 샐러리맨은 '더 내고 덜 받는' 경우의 전형이기 때문이다. 아예 월급에서 원천징수되니 비명만 지를 수밖에 없다. 원금이나 제대로 받을지 의심하는 사람도 한둘이 아니다. 분석 결과도 비슷하다. 조세연구원에 따르면 직장인은 월 소득 신고액이 35만 원 더 많은 대신 연금 혜택은 최고 22%포인트 적었다. 배신감을 느낄 수밖에 없다. 무임승차한 노년층과 저항세력인 청장년층 간의 세대 갈등은 이미 시작되고 있다.

국민연금 이외의 또 다른 노년 보루 찾기

국민연금의 진실은 '판도라의 상자'다. 최근 잠깐 상황이 호전된 것처럼 보이지만 근본 구조는 변함이 없다. 지속 가능성은 여전히 의문이다. 좀 오래된 코멘트지만 2005년 『비즈니스 위크』가 "한국의 연금제도는 아시아에서 가장 취약한데도 와해 가능성에 대해선 모두 입을 다물었다"며 "빨리 손보지 않으면 재앙이 다가올 수 있다"고 내린 진단은 현재진행형이다. 이와 반대로 개혁은 힘들다. 고통 분담의 국민적 동의를 구하기가 어려워 소극적일 수밖에 없다.

국민연금은 '인생 2막'의 주역이 될 수 없다. 특히 지금의 청년세대라면 최저생계비에도 못 미치는 '껌값'에 불과할 게 확실하다. 되레 걸림돌이 되지 않으면 다행이다. 아쉽게도 국민연금 부담액은 계속 오르게 된다. 지금은 2017년까지 12.9% 인상 방침이지만 계속해서

기금 고갈 우려가 반복되면 얼마든지 더 올릴 수 있다. 그 반면 연금 지급률은 2029년까지 50%를 유지하고 그 뒤 40%로 내릴 것으로 알려졌다. 이마저 역시 더 떨어질 우려가 상존한다.

같은 맥락에서 부의 양극화가 심화된다지만 세금과 연금에서만큼은 평등하다. 빈곤층의 경우 소득 증가보다 세금과 연금 부담액의 증가 속도가 더 빠르다. 또 정부 계획대로 4대 사회보험이 통합 징수되면 봉급쟁이 부담은 더 늘어난다. 고용·산재보험의 경우 보험료 부과 기준이 과세소득이 아닌 임금총액으로 정해져서다. 연봉이 6,000만~9,000만 원이면 고용보험료만 7만~15만 원 더 늘어난다.

국민연금은 최소한의 사회안전망이다. 복지국가의 가장 밑바탕에 있는 체제 유지의 근간이다. 하지만 복지 유지는 이제 세계적으로 수술대에 올랐다. 복지를 전면에 내세웠던 남유럽에선 국가부도로 치달으며 첨예한 갈등 이슈로 떠올랐다. 은퇴 직전 평균임금의 80%를 연금으로 지급하는 남유럽에선 그간 연금 개혁에 나섰지만 결국엔 심각한 저항 속에 나라까지 사실상 부도를 냈다.

상황이 이렇다면 거꾸로 노후 준비는 한층 치밀해질 필요가 있다. 답은 이미 나와 있다. 국민연금 이외의 노후 대책을 마련해야 한다는 것이다. 각종 설문조사를 보면 결론은 늘 '국민연금≠노후 대책'이다. 문제는 실천이다. 함정이 눈앞에 있는데 그대로 걸어갈 사람은 없다. '어떻게든 되겠지'란 안일한 생각은 '결코 안 돼'라는 암울한 미래로 직결된다. 본인의 미래를 책임져줄 건 어디에도 없다.

/
늙거든 요트에 앉아
석양을 즐기자
/

 언젠가 금융기관이 주최한 자산 운용 세미나에 참석한 적이 있다. 유명 호텔 연회장을 빌려 VIP 고객에 한정해 마련한 행사였는데 열기가 매우 뜨거웠다. 모두 100여 명이 모였는데 관계자에 따르면 하나같이 대한민국의 내로라하는 부자들이었다. 그래서인지 본사 임원들이 직접 현장에 나와 일일이 챙기고 있었다. 지금도 그 행사를 생각하면 기억에 남는 점이 몇 가지 있다.

 먼저 의외로 젊은 참석자가 많았다는 점이다. 전체 참석자 중 20~30%는 3040세대였다. 보수·안정적인 상품을 주로 취급하는 금융기관 행사인 탓에 참석자도 당연히 나이가 지긋한 사람들인 줄 알았는데 예상은 여지없이 빗나갔다. 행사 진행을 돕는 회사 관계자라고 착각할 정도로 젊은 30대 초중반의 여성 VIP 고객도 있었다.

 또 다른 점은 외견상 '돈 냄새'가 전혀 나지 않았다는 것이다. 참석자 가운데 몇백억 원대의 자산가도 있다지만 구별하기 어려웠다. 시골 농부가 읍내에 마실 올 때 입는 것처럼 약간 신경 쓴 듯한 단정한 옷차림의 50대 남자 고객이 가장 많았다. 당연히 호텔 연회장과도 어울리지 않는 분위기였다. 하지만 이들의 말 한마디에 진행요원들은 쩔쩔맸다. 보이진 않았지만 그것은 분명 '돈의 힘'이었다.

부자들의 행복한 노후를 위한 자기암시

그중 지금까지 잊히지 않는 또 다른 장면이 있다. 이날 초빙된 강사의 강의 자료에 실렸던 사진 한 장이다. 휴양지 해변에 정박된 고급 요트와 그 앞 모래사장에 자리를 깔고 앉아 한가롭게 와인을 마시는 노년의 부부를 담은 사진이었다. 그다지 특별할 게 없는 사진이지만 강사의 설명과 함께 긴 여운으로 남았다.

"개인적인 얘기지만 이 사진을 정말 좋아합니다. 내 노후의 꿈이지요. 내 노트북 배경화면도 이 사진입니다. 언젠가 반드시 사진 속 주인공이 될 거라고 매일 주문을 외고 있습니다. 열심히 살다 보면 이루지 못할 일은 없다고 믿습니다."

우리가 꿈꾸는 노후 생활이란 바로 이런 게 아닐까. 정작 놀라운 건 그 이후의 일이었다. 그 뒤로도 이와 비슷한 사진을 여러 번 볼 기회가 있었는데 한결같이 공통분모가 있었다. 돈 좀 제법 벌었다는 사람들 주변엔 늘 이러한 사진이 걸려 있었다. 그것은 단순한 사진이 아니라 행복한 노후를 떠올리도록 하는 일종의 자기암시 도구였다.

전업투자자 P씨의 사무실에도 전면에 동남아 휴양지 사진이 커다랗게 걸려 있었다.

"행복한 노후를 보내겠다는 결심을 잊지 않게 해주는 자기암시죠. 가끔 나태해지다가도 이 사진을 보면 금방 추스르게 됩니다. 남들에겐 그저 그런 사진이겠지만 내겐 삶의 방향을 알려주는 나침반이죠."

결국 그는 자신의 바람대로 나이 마흔도 안 돼 가족과 말레이시아로 떠났다. 그곳에서 사업을 하며 제2의 인생을 살고 싶다는 말을 남겼다. 그 이후 간간이 들려오는 소식을 들으면 참으로 부러울 따름이다.

몇 년 전에 말레이시아를 다녀온 적이 있다. 코타키나발루라는 사바 섬 주도에서 일주일을 보냈다. 지금은 신흥 휴양지로 떠올라 한국에도 많이 알려졌지만 그때만 해도 꽤 한적한 도시였다. 일정을 다 소화한 마지막 날 오후, 운 좋게 요트를 타고 바다를 항해할 기회를 얻었다. 1시간여를 항해하는 동안 뱃머리에선 열대과일을 안주로 캔맥주 파티가 열렸다. 적도 부근답게 석양이 눈부시게 아름다워 마치 그림을 보는 듯했다.

문득 한국에서 여러 번 봤던 사진이 뇌리를 스쳤다. 바로 그 사진의 풍경이 눈앞에 펼쳐지고 있었기 때문이다. 부자들이 왜 행복한 노후를 준비하기 위해 열정을 다하는지, 왜 요트와 와인 한 잔에 그토록 연연해하는지 이유를 알 것 같았다. 그건 '자유'였고 행복한 인생 2막을 열어젖힐 수 있는 '힘'이었다.

노후 디자인, 최고의 상상력을 발휘하라

누구나 행복한 노후를 꿈꾼다. 하지만 정작 나이 먹어 행복한 노후를 보내는 이는 별로 없다. 가뜩이나 돌발 악재가 많은데다 상당한 노력이 필요해서다. 노후 대비책을 세웠지만 중도에 탈락하고 만 사람을 주변에서 흔히 만나는 건 이런 이유에서다. 행복한 노후 생활을 위한 첫 번째 준비는 상상력이다. 최대한 상상력을 발휘해 노후를 디자인할 필요가 있다. 실현 가능성을 생각해 미리부터 차 떼고 포 떼듯 재단할 이유는 없다.

목표는 클수록 좋지만 방향감각을 상실해선 곤란하다. 급하다고 바늘허리에 실을 매어 쓸 순 없는 법이다. 노후 목표는 최대한 명확해야 한다. 목표가 뚜렷할수록 동기부여도 강해진다. 구체적인 묘사가 가능하다면 금상첨화다. 막연해선 안 된다. 삶의 목표가 명확하면 행동의 우선순위도 저절로 정해진다. 주저할 이유가 없어진다.

노후 대책 마련에 타이밍은 없다. 다만 가능하다면 빠른 게 좋다. 늦을수록 고단해질 수 있어서다. 노후 대책을 위한 시간은 많지 않다. 급하고 소중한 미션이지만 시간이란 게 늘 팍팍하다. 언제나 필요한 양보다 적은 게 시간이다. 인생의 주인은 당신이다. 노후를 살아가야 할 주인공 역시 당신이다. 1년 뒤, 5년 뒤 그리고 10년 뒤를 상상하라. 내 나이 50에 과연 어떤 모습을 하고 있을지 진지하게 고민해보자.

필요하다면 부자들이 그랬던 것처럼 목표를 상징화한 이미지를 챙겨두자. 그리고 스스로 최면을 걸자. 상상력의 힘은 엄청나다. 열정만 있으면 상상은 곧 현실이 되곤 한다. '요트에서 바라본 석양'의 아름다움과 자유를 그려보라. 지금이 바로 이 목표를 위해 첫걸음을 뗄 순간이다.

카페라테 한 잔에 담긴
노후의 행복 주문

해외에 나갔다가 들어오면 유독 실감나는 게 있다. 바로 우리나라만의 독특한 길거리 풍경인데 그중 하나가 문전성시를 이루는 커피전문점이다. 어느새 커피는 한국인의 필수 기호품으로 자리 잡았다. 단순히 커피를 마시기 위해서가 아니라 약속 장소는 물론 모임이나 회의 장소로도 이용하는 경우가 많아졌다. 또한 노트북 컴퓨터를 사용할 수 있는 시설을 갖춘 커피전문점이 늘어나면서 업무 공간으로 활용하기도 한다. 그러다 보니 모닝커피부터 식후 커피, 일과 마감 커피까지 즐기는 사람도 흔하다. 언제 어디를 가든 커피전문점의 문턱은 확실히 낮아졌다.

커피는 커피를 넘어섰다. 커피전문점은 이제 문화공간으로까지 진화했다. '된장녀' 논쟁의 진원지 중 하나였다는 건 제쳐두고라도 길거리에서 테이크아웃 커피 컵을 목격하는 건 일상이 됐다. 밥값보다 비싼 커피가 안겨주는 자기만족과 커피 자체의 중독성이 복합적으로 작용한 결과다. 습관적으로 유명 브랜드의 커피를 찾는 사람 한둘 정도는 주변에 늘 있다.

커피전문점은 전체 연령대에서 인기가 있다. 20대에겐 스터디 장소나 인터넷을 즐기는 공간으로 안착했다. 3040세대 직장인에겐 아예 점심시간이나 휴식시간의 재충전 장소로 정착됐을 뿐 아니라 미팅 장소로도 인기가 많다. 가정주부들도 빼놓을 수 없다. 동창회 등 각종 모임 장소로도 편리할 뿐 아니라 가벼운 브런치를 즐기는 데도 안성맞춤이기 때문이다.

공급이 수요를 따라가지 못한다는 업계 설명처럼 커피는 거대시장을 형성하고 있다. 통계를 보자. 2011년 커피전문점은 1만 2,381개(KB금융지주경영연구소)로, 전년 대비 54% 증가했다. 이 정도 경쟁 체계라면 이미 포화상태로 보이지만 그 추정은 여지없이 깨진다. 문을 여는 속속 돈을 벌어들이고 있어서다. 매출액은 전년 대비 60%나 늘어 2조 5,000억 원대에 육박한다. 일각에서 주장하는 커피전문점 포화 논리가 힘을 받지 못하는 것도 이러한 배경 때문이다.

개인 차원에서도 커피 항목의 소비지출은 상당하다. 2010년 한국인이 마신 커피 총수는 228억 잔이다(동서식품). 1인당 452잔이란다. 2011년엔 1인당 670잔으로 훨씬 더 늘었다. 이 통계엔 인스턴트 봉지 커피 등 저가 커피가 포함됐겠지만 커피전문점의 고가 커피도 상당한 비중을 차지할 터다. 이름 있는 전문점의 커피라면 밥값을 능가하는 가격대가 보통이니 비용부담도 만만치 않을 것이다. 못해도 한 잔에 3,000~4,000원에 어떤 건 6,000~7,000원까지 한다니 적잖은 가계 압박 요소라 할 만하다.

커피공화국에 쏟아붓는 엄청난 소비지출

사설이 좀 길었다. 하고 싶은 말은 커피가 아니라 습관적으로 지출되는 커피 값이다. 가계부를 써보면 알겠지만 커피를 위한 소비지출은 적지 않다. 1인당 670잔을 마신다니 전체 국민이 하루에 2잔 꼴로 마시는 셈이다. 커피전문점의 평균 커피 값을 4,000원으로 잡으면 1년에 268만 원이 된다. 웬만한 4인 가족 중산층의 1개월 소비지출 규모를 능가한다. 하루 한 잔으로 줄이더라도 월 12만 원으로, 샐러리맨의 1개월 지하철비와 통신비를 합친 것과 맞먹는다.

이쯤에서 노후 준비와 연결해보면 커피 이야기의 포인트를 짐작할 수 있을 것이다. 커피 한 잔 값(눈송이)으로 노후자금(눈덩이)을 준비하자는 것이다. 즉 지금의 달콤함을 포기하는 대신 미래의 안락함을 기대하는 출발점으로 삼자는 것이다. 커피 한 잔은 작은 습관이지만 반복되면 중독되듯 노후 준비도 작은 변화에서 중독(복리)효과를 누릴 수 있다. 이른바 '카페라테 효과'다.

카페라테 효과는 커피 한 잔처럼 일상의 소소한 소비지출을 줄여 앞으로 목돈의 씨앗으로 활용할 때 얻게 되는 효과다. 원래 이 말은 커피가 일상의 필수품으로 자리 잡은 미국에서 유래한 개념이지만, 지금은 한국에 더 들어맞는 사례로 손색이 없다. 미국이야 워낙 커피 값이 싸니 절감효과가 상대적으로 낮지만, 커피 값이 밥값보다 비싼 한국에서는 기대효과가 더 크기 때문이다. 한마디로 만족 지연의 더 큰 효용 증대를 위한 전략이라 할 수 있다.

다음의 논리를 보자. 하루에 카페라테 한 잔(4,000원)을 포기하고 이 돈을 아끼면 한 달에 12만 원의 종잣돈이 모인다. 이 돈을 매월 적립식펀드에 넣어둔다고 하자. 이때 펀드의 기대수익률을 연 6%로 잡으면 30년 후에 펀드 총액은 1억 3,000만 원이 된다. 만약 지금처럼 커피 값이 뛴다고 가정하고 물가상승률을 3%로 계산하면 총액은 1억 9,000만 원까지 불어난다(삼성생명 은퇴연구소).

또한 요즘 인기를 끄는 국민연금의 임의가입에 넣어두면 65세부터 매월 45만 원의 연금소득이 발생한다는 계산도 가능하다(하루에 4,000원씩 일주일에 5일을 아껴서 월 9만 원씩 적립한다고 가정했을 때). 그 밖에도 월 10만 원 정도를 장기로 묻어둔다면 짭짤한 기대효과를 얻을 수 있는 투자대상은 많다.

물론 이를 실천하기는 쉽지 않은 일이다. 커피에 한정해보자. 커피는 기호품이다. 기호품은 안 먹어도 살 수 있으니 가격 변화에 민감한 탄력적 재화다. 하지만 커피는 필수품 성격도 띤다. 중독성이 있고 대체재를 모색하는 데 시간이 걸리기 때문이다. 따라서 단기로는 비탄력적이다. 커피를 줄여 돈을 모으자는 말이 처음엔 실천하기 어려운 것도 이 때문이다. 다만 장기로는 기호품 특유의 가격탄력성을 가진다. 처음이 힘들지 나중엔 생활습관에서 떼버릴 수 있는 재화다.

몸에 익은 탄력적인 재화의 습관적 소비지출을 줄일 수 있는 여력은 이외에도 많다. 담배가 대표적이다. 그다지 비싸지 않고 끊기도 어렵기에 습관적으로 피우지만 여기에도 상당한 카페라테 효과가 기대된다. 하루에 담배 한 갑(2,500원)을 아껴 한 달간 모은 돈에 1만 5,000원을 보태 국민연금에 30년간 넣으면 매월 45만 원의 연금이 나온다.

카페라테 효과의 핵심은 복리다. 즉 적은 돈이라도 장기투자로 원금과 수익률이 지속 누적돼 엄청난 미래 수익이 발생한다는 개념이다. 산술급수가 아닌 기하급수의 노림수다. 매년 '원금+이자'를 합친 금액에 여기 또 이자가 붙는 구조니 시간이 더해질수록 금액은 천문학적으로 커지는 것이다. 비록 앞의 예에서 제시한 기대수익률이나 투자 기간 측면에서 다소 현실성이 떨어질 수 있지만, 복리효과 자체는 엄연한 사실이다.

무심코 나가는 돈 없애면 모든 게 카페라테 효과

복리효과를 누리자면 적든 많든 종잣돈이 필수다. 그 종잣돈을 일부러 힘들게 모으지 말고 생활습관을 바꿔 손쉽게 확보하자는 게 카페라테 효과의 기본 뼈대다.

자산을 운용하려면 종잣돈이 필요하다. 돈은 자기복제 능력이 있어 돈이 돈을 부른다. 어느 정도의 돈만 모으면 그때부턴 큰 노력 없이 부를 불리고 유지할 수 있는 건 이 때문이다. 돈의 액수가 클수록 더 많은 돈을 불러들인다. 거액이기에 주어지는 혜택과 기회도 많아진다. 부자들은 이처럼 돈이 돈을 부르는 기분 좋은 선순환에 익숙하다.

종잣돈이야말로 이 혜택을 푸는 비밀 열쇠다. 깨가 만 번 굴러봐야 그게 그거다. 차라리 호박이 한 번 구르는 게 훨씬 낫다. 눈사람 만들 때와 똑같다. 한 번을 굴려도 눈뭉치와 눈덩이는 불어나는 양이 다르다. 종잣돈이 없으면 노후 준비는 어불성설이다. 저축 없이 빚으로 불리려는 사람도 있겠지만, 이는 패가망신으로 가는 지름길이다.

종잣돈은 저축 없이 모을 수 없다. 돈을 모으는 데 비법은 없다. 목표를 달성할 때까지 이유 불문하고 무조건 아껴야 한다. 다만 종잣돈을 쉽게 마련하는 몇 가지 방법은 있다. 처음엔 우선 모으는 게 시급하다. 눈송이를 쥐란 얘기다. 세금우대로 불리고 비과세·세금우대상품 등 절세전략까지 활용하면 길은 많다.

무엇보다 중요한 건 지출을 줄이는 것이다. 돈 버는 길은 더 벌거나 덜 쓰는 수밖에 없다. 하지만 많이 버는 것보단 아껴 쓰는 게 더 효과적이고 쉽다. 수익률 1%에 신경 쓰기보다 저축 1만 원이 더 효과적이라는 말이다. 그래서 커피를 줄이는 작은 저축이 중요하다. 월급에서 자동으로 빠져나가게 해두는 강제 저축도 좋은 방법이다.

30대라면 소득의 상당 부분을 저축하려는 자세가 중요하다. 가족이 생기고 40대로 넘어가면 불가피한 소비 지출이 더 늘어나게 마련이다. 여력이 있을 때 모아두는 게 상책이다. 일반적으로 수입 대비 최소 저축 비율은 '60-나이' 공식이 적용된다. 일본에서 유행한 저축력 공식(저축액÷연소득)에 따르면 20대의 경우 0.5 이상이 바람직하다.

빚이 있다면 무조건 갚아라. 대부분의 경우 빚은 없는 게 상책이다. 빚에서 벗어나야 노후 준비 첫걸음도 가볍다. 5% 예금이자 받아 10% 대출이자 갚는 것만큼 어리석은 일도 없다. 언제까지 얼마를 모으겠다는 목표를 세우는 것도 도움이 된다. 목표 설정은 곧 수입과 지출의 효과적인 관리를 뜻한다. 목표 없는 저축은 금방 포기를 낳는다.

3040세대는 대부분 앞날만 생각하면 갑갑해진다. 그 고민을 '노후'로 구체화하기 시작하면 먹먹함을 넘어 우울함까지 느껴진다. 이럴 때 카페라테 효과는 작지만 큰 출발이 될 수 있다. 이것이 커피 한 잔으로 노후의 행복을 부를 수 있는 주문이다.

/
30대가 누리는
복리효과의 클라이맥스
/

다음은 《랄랄라 하우스》(김영하 지음)에 나오는 대목이다.

에베레스트 등반 때 죽는 사람 중엔 유독 35세 남자가 많다. 그 이유가 자못 슬프다. 에베레스트를 오르려면 1,000만 원이 넘는 거액의 입산료가 든다. 등정이 꿈일지언정 돈 없으면 못 간다. 직장에 다니며 가까스로 모아보지만 그 돈을 가볍게 쓸 정도면 30대 중반 턱걸이다. 하지만 불행히도 이때쯤이면 몸이 따라주지 않는다. 늘어가는 경제력과 줄어드는 체력의 랑데부 지점이 바로 35세란 얘기다(필자 요약).

노후 준비를 위한 자산시장 참가도 그렇다. 최소한 35세는 돼야 본격적인 자산 운용 조건이 갖춰진다는 인상이 짙다. 20대 때는 투자하고 싶지만 종잣돈도, 정보도, 노하우도 없어 지레짐작하고 포기하는 경우가 태반이다. 하지만 아쉽게도 35세 정도면 벌써 늦은 편이다. 첫

발을 떼기에 결코 지각은 아니지만 20대 때 나선 사람들보단 여러모로 불리하다. 투입 대비 산출 효과가 현격하게 떨어져서다.

나비효과란 게 있다. 브라질 나비의 날갯짓이 미국 텍사스에 토네이도를 불러일으킨다는 이론이다. 작은 변화가 추후 예측할 수 없는 거대한 결과를 낳는다는 걸 비유할 때 자주 거론되는데, 자산시장에도 나비효과는 존재한다. 오늘의 작은 실천이 내일의 큰 열매로 되돌아오는 것이다. 돈의 자연발생적인 자기복제 능력을 감안했을 때 과학 세계보다 오히려 나비효과는 더 결정적일 수 있다.

구체적으로 알아보자. 먼저 복제 능력은 둘로 나뉘는데 크기와 시간이다. 즉 투자승률은 돈의 크기와 시간의 길이에 비례한다. 종잣돈이 많고 투자 기간이 길수록 성공 확률이 높아지는 정의 함수다. 재테크가 '종잣돈→투자→재투자'의 반복 과정임을 감안하면 첫 사이클이 빠를수록, 그리고 오래 진행될수록 누적 수익이 커지는 건 당연한 결과다.

그중에서도 특히 중요한 건 데뷔 시점이다. 경험상 자산시장에 하루라도 일찍 출사표를 던지는 게 나중에 큰돈을 마련한 뒤 접근하는 것보다 훨씬 낫다. 현실적으로 처음부터 눈덩이를 준비할 수도 없거니와 자칫 잘못 굴리면 한 방에 퇴출될 위험도 높아서다.

그 반면 작은 눈송이로 차근차근 경험과 노하우를 쌓으며 시간함수에 올라타면 위험은 줄면서 기대수익은 더 높아진다. 다 자란 뒤 날갯짓을 하기보단 어릴 때부터 조금씩 예습과 복습을 해두는 게 추후 훨씬 강력한 토네이도로 연결될 수 있다는 얘기다.

돈의 크기보단 시간함수가 더 중요한 복리

자산시장에선 작은 날갯짓의 파워를 뒷받침하는 근거가 많다. 일찍 도전해 시간을 친구로 두는 편이 결국엔 가장 효과적인 투자전략이란 말이다.

일찍이 투자고수들이 채택해 큰 성과를 거둔 방법으로 블래시(BLASH) 전략이 있다. 블래시는 'Buy Low And Sell High'의 약자로, 싸게 사서 비싸게 팔라는 뜻이다. 하지만 이 전략이야말로 알면서도 지키기가 매우 어려운데 이를 실천하려면 매수 후 보유(Buy & Hold)만 한 방법이 없다. 싸게 산 뒤 비싸게 내다 팔려면 장기보유, 즉 오랜 기간 주식을 보유하는 것만큼 효과적인 방법이 없다는 말이다.

대부분의 월가 고수는 주식 보유 기간으로 짧게는 몇 달에서 길게는 영원히 갖고 있으라고 권한다. 소수 종목에 집중투자한 뒤 장기간 보유함으로써 비로소 대박수익을 낼 수 있기 때문이다. 그도 그럴 게 보유 기간과 수익률은 비례할 확률이 높다는 게 중론이다. 작은 이익이라도 시간 파워를 등에 업으면 수익률이 급증하는 까닭에서다.

그 반면 단타는 대부분 경제적 가치가 없다. 수익이 없을뿐더러 맘고생만 시킨다. 많은 고수가 주식투자의 최대 실패 이유로 "훌륭한 주식을 너무 일찍 파는 것"이라고 입을 모은다. 그래서 "위대한 주식을 잡았다면 영원히 매도 기회가 오지 않는다"고까지 말하는 것이다.

역으로 완벽한 주식도 사고팔기를 반복하면 수익률이 낮을 수밖에 없다. 좋은 주식을 잘 고르는 것만큼 지루하지만 끈질기게 보유할 수 있는 인내심도 필수다. 장기보유의 출발점이자 마침표가 바로 매수 시점이듯 하루라도 빨리 데뷔하면 보유 기간은 그만큼 더 길어질 수밖에 없다.

나비효과의 클라이맥스는 '버핏 수학'에서 확인할 수 있다. 투자 현인인 워런 버핏의 성공 조건 중 하나인 복리 실현을 월가에선 버핏 수학이라 부른다. 버핏 수학의 핵심은 돈이 저절로 불어나는 복리 마법에 있다. 버핏은 "본질적으로 투자는 단순하며 미적분 같은 건 전혀 필요 없다"고 했다. 그 대신 성공 포트폴리오에서 가장 큰 변수를 시간으로 꼽는다.

시간은 세금과 인플레, 무분별한 종목 선정보다 더 중요하다. 게다가 이런 위험 요소를 더 확대시킨다. 따라서 시간을 우군으로 삼는 게 시급하다. 이는 투자 목적이 세후 수익률이란 점에서 일맥상통한다. 시간은 훌륭한 기업에는 친구지만 그렇지 못하면 적이 된다. 매출과 순익이 꾸준히 증가하면 주가는 뛴다. 이것이 버핏 수학이 우리에게 주는 교훈이다.

그의 말을 들어보자.

"돈의 복리효과는 황금 알을 낳는 거위와 같아요. 시간이 흐르면 마술을 부리고 자산 가치도 급속도로 증가시키는 게 복리의 매력이죠. 본질적으로 투자는 시간에 비례해요. 오직 시간이 성공 포트폴리오에 가장 큰 영향을 미치죠. 세금과 인플레를 감안하면 시장평균보다 단 몇 %라도 나은 수익을 내야 시간이 도와줍니다. 복리 마법을 명심하세요. 오늘의 1센트는 어느 날 10억 달러로 바뀔 겁니다. 가진 돈을 투자하지 않고 쓸데없이 소비하거나 그냥 둬선 곤란합니다. 기회비용을 줄이려면 적은 돈이라도 적극적으로 활용해야 합니다."

투자 현인 버핏을 있게 한 '복리 마법'

버핏은 한시라도 빨리 투자 세계에 뛰어들 것을 강조한다. 미리 투자해야 시간의 힘을 빌려 큰 수익을 낼 수 있기 때문이다. 1997년 칼테크(Caltech)에서 강연한 내용을 잠시 들어보자.

눈 깜짝할 새에 큰돈을 벌기란 어려운 일입니다. 시간이 오래 걸린다는 걸 인식하세요. 돈을 모으는 건 눈덩이를 언덕 아래로 굴리는 것과 비슷합니다. 눈을 굴릴 때는 되도록 긴 언덕 위에서 시작하는 게 중요하죠. 난 56년짜리(당시 기준) 언덕에서 굴렸습니다. 또 잘 뭉쳐지는 눈을 굴리면 좋겠죠. 처음 시작할 땐 작은 눈뭉치만 있으면 됩니다. 나는 신문 배달로 종잣돈을 마련했어요. 손실을 보지 않겠다는 각오로 잘 아는 회사에만 투자한다면 작은 눈뭉치를 갖고 시작해도 충분합니다. 그리고 56년 뒤에 나를 찾아와 그 방식이 실제로 어떤 결과를 가져왔는지 얘기해주세요.

복리 매력은 수치로도 확인된다. 100만 원을 연 10% 단리와 복리 상품에 각각 넣었다고 치자. 1년 뒤 이자는 110만 원으로 똑같다. 하지만 10년 뒤 이자는 각각 100만 원과 159만 원으로 벌어진다. 30년 뒤엔 자그마치 300만 원과 1,644만 원으로 차이가 난다. 복리는 원금뿐 아니라 이자에 이자가 붙는 체증 방식으로 적용되기 때문이다.

복리와 유사한 개념으로 '72의 법칙'도 있다. 이는 원금을 2배로 만드는 시간계산법으로 공식은 '72÷수익률=기간'이다. 예를 들어 12% 복리수익률이라면 6년이면 원금이 2배가 된다는 얘기다. 즉 하루라도 빨리 투자해야 얻는 게 많다는 것이다.

이런 점에서 나비효과의 최대 수혜자는 젊은 투자자다. 일찍 시작해 오래 운용하는 것이야말로 가장 강력한 토네이도를 만들 자양분이기 때문이다. 즉 저축이든 투자든 '시간의 힘(복리)'에 올라타는 게 가장 효과적이다. 조조익선(早早益善)인 셈이다.

20대는 성공 투자를 위한 출발 단계다. 첫 단추를 잘못 끼우거나 방황하면 노후는커녕 30대부터 출발 라인이 달라진다. 그리고 30대는 어떤 식으로든 본선무대에 올라야 하는 연령대다. 훈련을 잘해둬야 실전에 강해지듯 적극적인 자산 운용으로 평생 쓸 무기를 갖춰둘 필요가 있다. 또 빨리 나서면 중간에 좀 돌아도 다시 시작할 수 있는 여유가 생긴다. 종잣돈을 마련할 그럴싸한 배경이 없다면 우선은 자금 마련에 매진하는 게 좋다.

무엇보다 중요한 건 페이스 유지다. 복리 마법은 장기투자일 때 비로소 실현된다. 그런데 일찍 나서면 지칠 확률이 그만큼 높다. 마라톤에서 초반 끗발은 무의미하다.

자산 운용은 멀고 험난한 과정이다. 자신만의 호흡 유지가 완주의 비결이다. 흥분과 긴장 때문에 오버페이스 하면 이후엔 고통스러운 레이스가 기다릴 뿐이다. 단숨에 뛰려 하기보단 쉼 없는 꾸준함이 중요하다. 나비효과를 보려다 자칫 고통스러운 날갯짓을 반복하는 잘못은 피하는 게 상책이다. 그래서 노후 준비는 그랜드 비전이다.

CAFFE LATTE
EFFECT
2장

100세 시대를 위한
30대 워밍업

마음먹기에 달린
인생 2막의 청사진

자, 여러분은 방금 남태평양 어느 섬에 불시착했습니다. 휴가를 떠났는데 악천후를 만나 아무도 살지 않는 무인도에 떨어졌죠. 순식간에 문명세계에서 원시공간으로 이동한 셈입니다. 가진 건 입고 있는 옷에 가까스로 건져올린 짐 가방뿐입니다. 당장 마실 물과 먹을 양식조차 없어요. 해를 보니 지금은 오후 2~3시 정도인 것 같습니다. 그런데 어떡하죠. 생존자 중 2명의 상태가 좋지 않습니다. 한 명은 다리를 다쳤고, 또 한 명은 심각한 쇼크에 빠졌어요. 주변엔 사나운 동물이 있을지도 모릅니다. 더욱 심각한 건 언제 구조대가 올지 모른다는 사실이에요. 자, 여러분은 어떤 일부터 하시겠습니까?

몇 년 전에 제주도에서 열린 '서바이벌 비즈니스 프로그램'이란 행사에 참가한 적이 있다. 1박 2일짜리 프로그램이었는데 꽤 재미난 경험이라 여기에 소개한다. 해외 개발 프로그램인 까닭에 원어민(영어권)

도우미들이 참여했는데, 이들의 가상연기도 프로그램의 흥미를 더해 주었다.

이 프로그램은 조난 상황이 닥쳤을 때 우선순위를 결정해 위기를 극복하는 과정을 직접 체험해보는 훈련으로 이스라엘 군에서 만들어 졌다. 먼저 불시착한 조난자들에겐 다음과 같은 선택사항이 주어졌다. 1. 마실 물 찾기 2. 양식 구하기 3. 방어막 치기 4. 부상자 치료하기 5. 쇼크 당한 사람 달래기 6. 구조신호 보내기 7. 탈출방법 찾기 등이었다.

그렇다면 당신은 가장 먼저 무엇을 하겠는가. 사람마다 우선순위는 극명하게 갈리게 마련이지만 대부분 의식주 문제를 앞쪽에 배치한다. 하지만 모범답안에 따르면 최우선순위는 '쇼크 당한 사람 달래기'였다. 이에 대해 진행요원은 "조난 상황처럼 최악의 경우엔 팀워크가 중요하다"며 "정신적 공황 상태에 빠진 동료를 달래서 조직 전체의 심리적인 안정을 확보하는 게 가장 시급한 과제"라고 설명했다.

위급할수록 심리적 안정이 우선, 마음을 정복하라

2006년 시청자들의 눈과 귀를 한 번에 잡아끄는 프로그램이 방영돼 화제를 모았다. KBS가 오랜 기간 공을 들여 준비한 특별기획 다큐멘터리 〈마음〉이다. 그 핵심은 '상상하면 이루어진다'로 요약할 수 있는데, 이를 증명해 보이는 것이 주된 내용이었다.

먼저 뇌과학·신경학·심리학·정신분석학 등의 과학을 총동원해 '마음이 뇌의 기능'이란 걸 보여줌으로써 마음이 몸을 지배해 생각하는 대로 이뤄진다는 통설을 보기 좋게 증명해냈다. 플라시보 효과(위약효과)의 메커니즘에 대해서도 밝혀 '희망이 최고의 명약'인 이유도 설명했다. 심지어 당장 마음먹기에 따라 손가락을 1센티미터나 길어지게 할 수도 있다는 것이다. 한편 분노가 우리 몸에 왜 독인지, 또 용서가 왜 좋은지 등을 과학적으로 규명하기도 했다.

결론은 간단하다. 마음만 바뀌면 내가 바뀌고 세상도 바뀐다는 것이다. 우리가 마인드 컨트롤과 명상, 수련 등의 효과에 주목할 수밖에 없는 이유다.

이쯤 되면 무슨 말을 하려는지 눈치 챘을 터다. 불교에서 말하는 일체유심조(一切唯心造)처럼 사람 일이란 '마음먹기 나름'이다. 어떤 생각을 하느냐에 따라 그 결과는 '하늘과 땅' 차이가 난다. 간절히 원하면 이뤄지는 건 우리가 지향하는 '행복한 노후'도 마찬가지다. 나이 들어 행복하게 살 것이란 상상만으로 '노후안녕'이 가능해진다니 이 얼마나 고무적인가. 의심스럽다면 인터넷 다시보기로 이 프로그램을 시청해보자.

마음이 모든 걸 결정하는 법이다. 마음과 생각이야말로 행복의 키워드이자 세상을 움직이는 힘의 원천이다. 돈과 희망이 없어, 또 하루 살기가 바빠 내일을 꿈꿀 수 없는 사람이라면 노후 준비의 첫걸음을 '상상'부터 시작해보자. 내 노후는 누구보다 행복할 것이란 상상만으로 행복한 노후에 바짝 다가갈 수 있다. 강조하건대 상상하면 이루어지는 법이다.

자산을 운용할 때도 '마음'은 결정적이다. 심리적인 변수를 장악하지 않고선 성공 투자가 불가능하다. 대표적인 게 긍정과 낙관의 힘이다. 긍정적인 사고로 내일을 낙관해야 승률을 높일 수 있다. 가장 바람직한 재테크 모델은 일찍 시작해 오래 굴리는 방법이다. 그러자면 자기통제가 가장 중요하다.

일체유심조, 행복한 노후는 꿈꾸는 자의 몫

고향인 오마하를 거의 벗어나지 않지만 주식시장의 흐름을 잘 예측한다고 해서 '오마하의 현인'으로 불리는 워런 버핏은 스트라이크존에 정확히 공이 들어오기 전까지는 배트를 휘두르지 말라고 강조했다. 타자라면 삼진으로 끝나지만 투자자는 얼마든지 다음 기회가 있기 때문이다. 다시 말해 자제력과 인내심을 가지란 얘기다.

'Mr. 주식'으로 불리는 앙드레 코스톨라니는 《투자는 심리게임이다》라는 책까지 냈다. 변덕스러운 군중심리를 이겨야, 즉 역발상을 할 수 있어야 고수익이 가능하다는 게 그의 지론이다. 결론은 '주가(시세)=유동성(돈)+심리'다. 외롭게 주식을 산 뒤 인내심을 갖되, 그게 어려우면 잠깐 시장을 떠나는 게 정답이라고 조언한다. 시장의 90%는 심리학이 지배하기 때문이다. 마음 변수가 결정적인 것은 부동산도 마찬가지다. 고수들이 입버릇처럼 하는 말은 '적극적인 자세와 긍정적인 자신감'이다.

홍보대행사 K 사장은 10년 전의 실패를 지금까지 곱씹는다. 그는 2000년대 초 강남 재건축 아파트에 얼떨결에 당첨됐다가 계약금이 없어 포기한 적이 있는데, 그 아파트 값이 급등하자 지금도 술만 마시면 푸념과 후회를 반복한다. 하지만 이런 사고방식은 잘못돼도 한참 잘못된 것이다. 건설적인 교훈 없이 과거 실패에만 연연하니 다음 투자도 잘될 리 없다.

그리스 신화에서 유래한 피그말리온 효과라는 심리학 용어가 있다. 조각가인 피그말리온은 자신이 조각한 여인상에 반해 여신 아프로디테에게 살아 있는 사람으로 만들어달라고 간절히 기원했다. 그러자 그 믿음을 깰 수 없었던 여신은 여인상을 진짜 사람으로 만들어줬다. 이처럼 믿음이 기적과 성공을 낳게 해주는 현상을 피그말리온 효과라고 부른다.

노후 준비의 열쇠는 경제적 독립이다. 하지만 경제적 독립을 이루자면 무엇보다 심리적 안정감이 우선이다. 간절한 희망은 강한 성취동기를 부여한다. 강한 성취동기는 또 실질적인 행동으로 이어진다.

노후 준비는 한편으론 길지만 다른 한편으론 짧은 프로젝트다. 노후 준비에 완벽한 타이밍은 없다. 지금 나서는 게 중요하다. 노후를 품에 안으려는 열정을 품자. 열정만 있으면 누구나 행복한 노후를 보낼 수 있다. 열정은 불가능을 가능으로 만든다. 인생역전에 성공한 사람들은 강렬한 열정이 있다. 노후를 지켜줄 '행복의 파랑새'는 당신 마음속에 있다.

/
돈으로 짚어보는
30대 은퇴 계획
/

　M&A 전문가인 홍성진(45세) 씨는 '월화수목금금금'의 생활로 지난 10여 년을 살아왔다. 업무 로드가 많은 M&A 업계에 진출하면서 어쩔 수 없는 선택이었다. 야근을 밥 먹듯 하고 주말까지 반납한 채 일에 매진해야 겨우 생존할까 말까 한 업종인 까닭이다.
　물론 상대적으로 연봉 수준은 월등하다. 고정급 이외에 프로젝트별로 성과급을 받는데 이게 꽤 쏠쏠하다. '빅딜'로 불리는 대형 거래인 경우 잘만 하면 단발에 억대 성과급도 가능하다. 몸이 힘들어도 M&A 바닥을 떠날 수 없는 이유다. 하지만 늘어나는 뱃살만큼 체력 저하는 어쩔 수 없다. 날이 갈수록 과부하를 호소하는 몸의 신호가 잦아졌기 때문이다.
　그는 딱 50세까지만 일할 계획이다. 은퇴 시점이 이를지 모르겠지만 50세부터는 인생 2막을 시작할 작정이다. 그렇다고 경제활동을 접겠다는 건 아니다. 교외에 작은 휴양지를 지어 운영할 생각으로 한참

전 강원도에 땅까지 사뒀다. 식당과 레저시설, 박물관까지 지으려면 상당한 투자금액이 들겠지만 거액 연봉자인 그에게 불가능한 수치는 아니다. 얼추 보유자산만 20억~30억 원이 넘는다.

홍씨의 얘기를 들어보자.

"휴양지로 큰돈 벌 생각은 없어요. 50세까지 벌었으면 충분합니다. 그냥 생활비 정도만 나오면 돼요. 그보단 지인들과 자연생활을 즐기고 싶은 목적이 더 큽니다. 자연 속의 삶을 꿈꾸지만 아무도 불러주지 않으니 나라도 친구들을 불러야죠. 인생 3막이 시작될 60대부터는 그것도 자식에게 넘기고 와이프랑 인생을 즐길 겁니다. 열심히 살았으니 자신에게도 보답해야 하지 않겠습니까."

실제로 그가 보여준 조감도엔 지금까지 말한 내용이 한눈에 펼쳐져 있었다. 그것은 샐러리맨이라면 누구나 꿈꾸는 낙원처럼 보였다.

성공한 사람의 노후 대책, 빨리 그리고 꼼꼼하게

참으로 부러운 노후 계획이다. 일벌레인 줄만 알았는데 자신의 인생에 대한 로드맵을 일찍부터 세워놓아 사람을 기죽게 한다. 그것도 꽤 구체적인 노후 대책이다. 그의 타임 스케줄을 듣다 보면 실현 가능성이 높다는 데 또 한 번 놀란다.

주변을 둘러보면 홍씨처럼 모범생 스타일의 40~50대 예비 은퇴자가 적지 않다. 비교적 성공했고 또 자신의 영역에서 프로로 불리는 이들 치고 노후 대책이 어정쩡한 경우는 거의 없다. 주도면밀한 플랜을 세운 뒤 단계별로 체크 사항이나 준비물 등을 착착 챙겨나간다.

은퇴 시점은 제각각이다. 50세도 있고 60세, 70세도 있다. 하지만 공식적인 은퇴 후에도 돈벌이 수단과 완전히 결별하진 않는다. 최근 선진국에서 유행하는 이른바 '세미리타이어(Semi-retire)' 상태로 살기 때문이다. 우리말로 '절반의 은퇴'라고 바꾸면 적당할까.

'머니 트레이너'로 유명한 혼다 켄 씨는 30대 초반에 어린 딸의 양육을 위해 세미리타이어를 선언했다. 딸과의 생활을 끔찍이 좋아해 투자교육, 강연, 집필 등으로 안정적인 수입원을 확보한 상태에서 준(準)은퇴생활을 만끽하고 있다. 그와 만나 얘기를 나눈 적이 있는데 당시 그는 말끝마다 딸의 이름을 올리며 각별한 애정을 드러냈다. 그에게 딸은 은퇴를 결정할 만큼 가치판단의 최우선순위다.

노후 대책과 은퇴 결심은 불가분의 관계다. 바로 돈 때문인데, 돈과 노후는 뫼비우스의 띠처럼 늘 연결되는 이슈다. 대놓고 얘기해 돈만 있으면 노후 대책은커녕 은퇴 고민도 필요 없다. 본인이 하고 싶은 대로 하고 살면 된다. 노후 대책의 실질적인 최대 화두도 경제적 자유를 확보하는 게 아닌가.

다만 현실은 그렇지 않다. 돈이 넉넉지 않으니 일하는 시간이 길어지고, 그러니 은퇴는 꿈도 꾸지 못한다. 대부분의 사람은 이 딜레마로부터 벗어날 수 없다. 경제적 안정감이 확보된 후에 비로소 심리적 만족감이 배가되는 게 삶의 이치다. 노후 생활이 딱 그렇다.

돈을 버는 게 우선이다. 노후 생활은 대단히 직접적이고 현실적인 문제다. "잘하는 일보다 즐길 수 있는 일을 하라"는 말이 있다. 일이란 즐기다 보면 저절로 잘하게 마련이다. 또 일을 잘하면 돈 역시 자연스레 따른다. 이야말로 직업을 둘러싼 최적의 선순환 구조다.

하지만 아쉽게도 이런 경우는 극소수에 불과하다. 하고 싶은 일을 하며 사는 사람은 사실상 거의 없다. 선순환 구조에 올라타지 못했다면 차선책으로 '돈 되는 일'을 찾는 것도 방법이다. 이도 저도 아니라면 행복한 노후는 그림의 떡일 뿐이다.

경제적 자유에 이르는 길, '3억? 5억? 10억?'

그럼 노후자금은 얼마나 필요할까. 최근 연구기관이나 금융기관 등에선 적정 노후자금 관련 수치를 속속 제공하고 있다. 물론 사람마다 처한 상황이 다르니 딱 맞는 정답은 없다. 하지만 이를 가이드라인으로 활용하면 대충 자신의 소요 노후자금을 산정할 수 있다.

LG경제연구원 정책보고서에 따르면 서민·중산층의 경우 노후자금으로 대략 5억 원이 필요하다(2006년). 순자산이 없는 경우 60세까지 5억 원의 노후자금을 마련하려면 30대에 월 25만~56만 원, 40대에 월 41만~91만 원, 50대에 월 90만~198만 원을 투자해야 한다. 단, 노후에 매달 노령연금으로 50만 원을 받는다고 가정했을 때다.

삼성생명이 계산한 적정 노후자금은 조금 더 많다(2005년). 60세 은퇴 이후부터 기본생활비(연 1,596만 원)와 여유생활비(연 782만 원)를 합한 2,378만 원씩을 20년간 사용한다고 가정할 때 모두 7억 812만 원(물가상승률 4% 감안 후)이 필요하다. 이를 월 생활비로 나누면 198만 원이다. 여기에 월 2회 골프를 치고 1년에 한 번 해외여행까지 즐기려면 최소 13억 3,048만 원이 있어야 한다.

PCA생명 자료에 따르면 노후 생활비는 월 233만 원이 필요하다.

60~80세까지 산다면 5억 5,920만 원이다. 여기엔 물가상승률과 이자소득을 뺀데다 주택비도 포함하지 않았다. 일종의 순수 금융소득만 해당한다. 취미·레저 생활 없이 말 그대로 기본적인 생활비만 가정하면 월 150만 원이다. 이는 가구당 월 소비지출액 평균(통계청)인 133만 원과 얼추 맞다.

그 밖에도 미래에셋퇴직연금연구소는 은퇴자금으로 적어도 월 150만~200만 원이 필요하다고 추정했으며, 교보생명은 월 생활비를 200만 원씩 가정하고 은퇴 후 30년을 산다고 할 때 최소 노후자금으로 11억 원(25%는 자녀 교육과 결혼 비용)이 필요하다고 밝혔다.

한편 대한상공회의소 실태보고서에 따르면 전체 응답자(직장인)의 80% 이상이 노후자금 최저치로 3억 원을 제시해 금융기관의 산정 금액과 적지 않은 차이가 났다(2006년).

무료 은퇴 견적으로 자신만의 노후자금 추정

이제 요약해보자. 어떤 발표 기관이냐에 따라 필요한 은퇴자금이 다르지만 대체로 공감대는 형성된다. 금액으로 따져 얼추 10억 원 안팎이다. 간병비 등 돌발지출을 빼고 생각한다 해도 4억~6억 원은 필요하다는 게 중론이다. 월별로 보면 최소 월 200만 원 정도가 가장 일반적이다. 물론 여기엔 고려해야 할 변수가 또 있다. '보이지 않는 지출 변수'로, 주거비와 물가상승률 등이다. 또한 최소한 살아갈 공간(집)은 확보한 후의 예상 금액이다.

흔히 자기 명의의 아파트 값만 5억~10억 원대니 노후 대비에 큰 문제가 없을 것으로 생각하는 이들이 많은데 그건 오산이다. 앞에서 언급한 노후자금은 대개 순수한 생활비에 불과하다. 부부 외에 부양해야 할 가족이 더 있거나 자녀 독립이 늦어질 경우, 또 여러 이유로 급전이 필요할 경우 등 추가적인 지출 항목을 포함하면 필요한 자금은 눈덩이처럼 불어난다.

그래도 헷갈린다면 전문가의 조언이 필요하다. 요즘 웬만한 금융기관에선 고객 서비스 차원에서 무료로 은퇴 견적을 내준다. 감이 없다면 이 서비스를 이용해보는 것도 좋다. 맞춤 서비스인 까닭에 자신만을 위한 적정 노후자금을 추정해볼 수 있다.

소요자금이 산출되면 그다음은 얼마 동안 어떻게 모을 것인지 고민하는 단계다. 정복해야 할 산이 정해지고 본인의 베이스캠프가 몇 미터 고지에 있는지 알았다면 다음 수순은 공략 루트 선정에 나서는 식이다. 수입을 더 늘릴지 씀씀이를 더 줄일지, 혹은 전직을 할지 창업을 할지, 그도 아니면 잔류할지 등의 해법이 나오게 된다.

어떤 루트도 답이 아니라면 돈벌이 유통 기한을 늘리는 수밖에 없다. 은퇴를 미루거나 평생 할 수 있는 자금원을 확보하는 것이다. 돈 버는 기간이 길어질수록 필요한 은퇴자금은 줄어들기 때문이다. 평생 일할 거리를 찾았다면 은퇴자금은 언급할 필요조차 없다. 몸이 버티지 못할 것 같거나, 늙어서까지 일하고 싶지 않다면 돈이 돈을 벌어오도록 자산투자 로드맵을 길고 촘촘하게 설계해야 한다.

/
30대 고민 해결 첫 단추는 끈질긴 정보력
/

 마라톤의 생명은 '페이스 유지'다. 페이스를 잃으면 완주는커녕 중도에 포기할 수밖에 없다. 경험자들에 따르면 42.195킬로미터를 뛰는 마라톤에서 중도에 포기하는 사람은 대개 초반 5~10킬로미터에서 많이 나온다. 그 반면 반환점을 돌면 대부분 끝까지 완주한다. 절반을 돌았다는 자신감과 이제 반만 뛰면 된다는 심리적 안정감 때문이다.
 멀고 험난한 길을 달려야 하는 마라톤에서 '초반 끗발은 개 끗발'일 뿐이다. 단숨에 뛰기보단 쉼 없는 꾸준함이 전문가들이 꼽는 첫 번째 완주 비결이다. 준비한 자만이 풀코스를 뛸 수 있는 법이다.
 마라톤을 노후 준비에 오버랩해보면 둘 사이엔 공통점이 많다. 우선 둘 다 힘들고 어려운 장기 레이스다. 제대로 몸에 익히자면 하루 이틀에 끝날 일이 아니다. 엄청난 고통이 따르는 건 물론이다. 때론 심장을 죄어오듯 격렬한 충격까지 엄습한다.
 또한 결승 테이프에 닿기까지 숱한 장애물과 함정을 통과해야 한다. 그러다 보니 좌절감을 느끼고 중간에 포기하는 사람도 수두룩하다. 이 모든 것이 자발적인 선택의 결과라는 점도 비슷하다. 절대 외부로부터 강요된 과제가 아니다. 스스로 원해서 달리는 것이다.

마라톤과 노후 준비, 힘들지만 열매는 달아

다만 그 열매는 달다. 목표를 달성한 후에 느끼는 행복감은 아드레날린 그 자체다. 고달픈 레이스를 묵묵히 달려온 이들의 노고에 대해선 상상을 초월하는 보상이 이뤄지기 때문이다.

노후 대비 프로젝트는 간단한 과제가 아니다. 3040세대라면 30~40년 이상 꾸준히 진행해야 할 장기 레이스다. 30~40년이면 강산이 열 번도 더 바뀌고 짧은 경기순환이라면 천장과 바닥을 수십 번 오르내릴 시간이다. 물론 일찍 시작하면 좋지만 크게 늦지 않는다면 타이밍과는 무관한 프로젝트다. 중요한 건 마음자세다. 간절히 원하면 이뤄지듯 희망을 품으려는 의지가 중요하다. '행복한 노후'는 거저 얻어지지 않는다. 결국 수많은 장벽과 유혹을 이겨내야 한다.

사막이나 극지에서 사람들은 목마름과 추위 때문에만 죽는 것이 아니다. 이들을 죽음으로 이끄는 건 목마름도 추위도 아닌 절망이다. 뭔가에 기댈 수 있는 희망이 있다면 살 확률이 훨씬 높아진다. '오아시스 지금부터 500킬로미터'라는 이정표만 있어도 절망보단 희망이 샘솟는다. 걸어가기엔 엄청난 거리지만 희망으로 버틸 수 있다. 절망이란 그만큼 무서운 것이다. 모든 게 계획대로 100% 움직일 순 없다. 때론 모자라고 때론 넘치기도 한다. 이건 당연한 일이다. 지나치게 완벽주의를 추구해선 안 된다. 너무 뻣뻣하면 부러지는 법이다.

구체적인 행동강령 단계에서 가장 조심해야 할 건 중도 포기다. 지칠 때 잠시 쉬는 건 몰라도 힘들다고 레이스 자체를 벗어나선 곤란하다. 단, 고통은 참되 통증은 참지 말아야 한다. 몸에 맞지 않는 옷은 불편하다. 굳이 입으려 들면 탈이 나게 마련이다. 그러면 즐겁게 달릴 수도 없다.

노후 준비도 똑같다. 절망하고 좌절할 때도 있겠지만 포기해선 안 된다. 인내하되 버티기 어렵다면 전략을 수정하는 게 합리적이다. 다음에 스퍼트를 낼 기회는 얼마든지 있다. '페이스 조절'이 필요하다. 토끼와 거북이의 경주를 떠올려보라. 노후 준비에 나섰다면 벤치마킹 대상은 거북이다.

노후 준비는 장벽과 유혹, 절망을 이겨내는 과정

자산 운용이 부쩍 젊어졌다. 자산 운용에 눈뜬 젊은이들이 급증했다는 얘기다. 자산시장의 최대 원칙이 '복리의 법칙'임을 감안하면 바람직한 현상이다. 일찍 시작해 오래 벌면 달성하지 못할 노후 목표가 없기 때문이다. 돈에 관심을 두기 시작한 20대도 적지 않다. 당장 대학 캠퍼스엔 투자동아리가 크게 늘었다. 인터넷에서도 젊은 재테크가 판을 친다. 물론 이들은 당장 돈을 벌겠다는 생각은 아니다. 모두 나중을 위해서다.

의외로 시간은 빨리 지나간다. 노후 대책 프로젝트가 장기 레이스라지만 막상 경기를 펼치다 보면 시간이 '원수'가 된다. 조금만 시간이 더 있으면 좋겠다고 원망해봐야 무용지물이다. 시간을 친구로 삼자면 일찍 나서는 게 최선이다. 금융위기 이후 잠잠해진 자산시장 분위기도 위기보다 기회로 보고 접근하는 자세가 옳다.

돈을 벌 수 있는 기회는 상대적으로 많아졌다. '행복한 노후'에 이르는 길이 다양해졌다는 얘기다. 더 고무적인 건 시간이 갈수록 새로운 공략 루트가 추가되고 있다는 점이다. 예전엔 고작해야 저축이나 부동산, 주식 등에 불과했지만 요즘엔 일일이 셀 수 없을 만큼 종류가 다양해졌다. 금융 기술이 발전하면서 신종 상품은 봇물처럼 쏟아진다. 파생상품은 전문가도 따라가기 어려울 정도로 하루가 멀다 하고 새 옷을 갈아입는다. 실물자산만 있다면 얼마든 새끼를 칠 수 있어서다.

국경을 넘나드는 국제(해외)상품도 급증세다. 안방에 앉아서 아프리카 광산 주식에 투자할 수 있는 시대가 아닌가. 《부의 대전환》을 쓴 로저 부틀은 "지식을 활용해 비용 증가 없이 거의 무한한 경제적 부가가치를 창출할 수 있는 시대"라며 "단번에 큰 부를 축적하려는 환상에서 벗어나 꾸준히 부의 선순환 곡선에 동참하는 게 좋다"고 전했다.

루트가 많아진 대신 공략 장비는 철저히 갖출 필요가 있다. 앞서 밟아본 사람이 적은 새로운 개척 루트라면 더 그렇다. 그러자면 경험과 기술, 정보가 필요하다. 겁먹을 필요는 없다. 새로운 흐름과 변화에 맞서기보단 적극적으로 받아들인다는 자세만 있으면 충분하다. 찾아보면 정보는 널렸다. 그걸 자신의 것으로 활용하면 된다. 이렇게 경험을 쌓다 보면 자신도 모르는 새 노하우가 쌓인다.

책상머리 정보는 필요 없다. 경험이 부가가치의 원천이다. 주식투자가 맘에 안 들어도 증권사 계좌를 만들어야 한다. 홈트레이딩 시스템(HTS) 안엔 주식 말고도 투자할 게 많다. '삶아진 개구리 증후군' 현상이 있다. 개구리를 찬물에 넣고 온도를 서서히 올리면 개구리는 열을 감지하지 못한 채 삶아져 죽는다. 이것이 바로 중요한 변화와 트렌드를 감지해야 하는 이유다.

삶의 가치는 '진선미'에서 '부미락'으로

노후 대비는 장기전이므로 길고 넓게 봐야 한다. 마라톤과 비슷하다. 마라톤 선수라면 사전에 풀코스를 뛰어보는 예행연습은 필수다. 직접 뛰면서 점검해둬야 전략을 세울 수 있어서다. 그런데 인생은 다르다. 인생에 예행연습은 없다. 알 수 없는 불확실성을 숙명적으로 안고 뛰는 게 인생이다. 페이스를 조절하지 못하면 중간에 쓰러질 수밖에 없다. 그렇다고 넋 놓고 천천히 뛸 수만도 없다. 앞길을 알 수 없다는 건 그만큼 딜레마다.

해결책은 하나밖에 없다. 모든 더듬이를 총동원해 비슷하게나마 앞길을 예측하는 거다. 미래를 안다는 건 노후 전략 마련에 엄청난 메리트다. 작게는 전략 설정과 관련된 자기조절이 가능해진다. 즉 은퇴 시기와 인생 2막을 둘러싼 제반 계획을 설정하는 데 도움이 된다. 넓게는 여러 차원의 새로운 기회를 포착하는 데 결정적인 단서를 제공한다. 여기서 기회란 비즈니스 모델이 될 수도 있고, 재테크 등 자산설계와 관련된 투자전략의 힌트가 될 수도 있다.

미래예측학자인 페이스 팝콘은 "트렌드를 모르고서는 절대 사업을 하지 말라"고 했다. 자산시장에서도 한발 앞선 '길목 지키기'는 백전

백승의 필수 전략이다. 내일의 트렌드와 흐름을 안다는 건 그만큼 중요하다. 지식경영의 대부로 불리는 피터 드러커는 "트렌드를 예측한다고 해서 100% 성공할 수는 없지만, 트렌드를 읽지 못하면 100% 실패는 보장할 수 있다"고 강조했다.

트렌드의 파워는 선점효과에 있다. 웨인 그레츠키란 아이스하키 선수가 있었다. 1999년 은퇴하기 전까지 20여 년 동안 아이스하키의 모든 역사를 바꿔놓은 전설적인 선수로 유명하다. 최우수선수로만 무려 아홉 번이나 뽑힌 입지전적인 인물이다. 이런 그에게 스포츠지 기자가 '훌륭한 선수가 된 비결'을 물었다. 그는 이렇게 대답했다.

"대부분의 선수는 퍽(공)을 따라가죠. 퍽이 움직이고 나면 그 방향으로 열심히 뜁니다. 하지만 나는 퍽이 갈 곳으로 미리 뛰어갑니다. 가서 기다리는 거죠."

그랬다. 그는 퍽의 움직임과 관련해 뒷북을 치는 대신 선수를 쳤다. 그의 능력은 어디로 튈지 모를 퍽의 방향성을 앞서 읽어내는 데 있었다. 당장은 눈에 보이지 않지만 조금 먼저 움직여 기회를 만든 것이다. 이렇게 트렌드를 선점한 결과 그는 최고의 아이스하키 선수가 될 수 있었다.

우리 인생도 마찬가지다. 눈앞의 일에 열심인 것도 중요하다. 하지만 그보다 조금 앞서 내일의 유행을 읽으려고 노력하는 것이 더 중요하다. 실제로 성공한 이들은 하나같이 트렌드의 선점효과를 몸소 익혔다. 그 결과 시대의 변화 포인트에서 기회를 낚아챘다. 가령 우린 지금껏 인간이 추구해야 할 최대 가치로 진선미(眞善美)를 꼽았다. 그중에서도 단연 진(眞)이었다.

하지만 지금은 다르다. 이 시대의 가치는 다른 걸 원한다. 비록 겉으로 드러나진 않더라도 말이다. 혹자는 최근 트렌드를 반영해 이를 '부미락(富美樂)'으로 규정한다. 풍요롭고, 아름답고, 즐거운 게 우선가치로 평가받기 때문이다. 맞는 말이다. 받아들이건 배척하건 이젠 삶의 가치 중 '부미락'을 빼놓을 수 없다. 시간이 지나면 유행이 아닌 유력한 트렌드로 정착될 게 불을 보듯 뻔하다. 물론 이 역시 나중엔 변화의 시류에 휩쓸리는 게 자연스러운 결과다.

불확실성의 시대라지만 그래도 몇몇 뚜렷한 흐름의 미래는 존재한다. 트렌드를 읽고 변화에 올라타면 승자의 기록에 남을 수 있다. 블루오션을 독점할 수 있기 때문이다. 진정한 블루오션 전략은 남들이 보지 못하는 미래 속에 존재한다. 그 반면 변화를 읽지 못하거나 외면한다면 곧 한계에 봉착할 수밖에 없다. 단순히 눈에 보이는 트렌드 읽기에서 한발 더 나아가 생각 자체를 트렌드로 읽어내는 구조로 바꿔야 한다.

다행스럽게 미래는 읽어낼 수 있다. 변화가 빚어내는 필연성 때문이다. 가령 인구구조 변화에 따른 새로운 경향의 인간 욕구는 확실한 트렌드 체크 변수다. 고령화는 실버산업의 번성을 의미한다. 다만 트렌드 장악만으론 2% 부족하다. 트렌드를 읽었다면 그다음은 직접 행동에 옮겨야 한다.

노후 준비와 트렌드 따라잡기는 실과 바늘처럼 긴밀한 관계가 있다. 미래에 펼쳐질 트렌드를 알지 못한 채 인생 2막을 설계할 수는 없는 노릇이다. 노후가 안녕하자면 젊어서부터 '미래를 읽는 기술'을 터득해둘 필요가 있다. 트렌드 정복 기술을 익혀라.

위험해지는 30대를 위한
만약의 경제학

중산층은 행복하다. 일이 있고 돈을 벌며 행복을 가꿀 수 있어서다. 살면서 그만그만한 고민이야 없을까마는 그래도 나름 살아갈 맛이 톡톡하다. 꿈을 꿀 수 있다는 점도 중산층의 특권이다. 오늘보다 나은 내일을 위한 동기부여다.

그런데 모든 건 순식간이다. 넘어지면 끝이다. 실제로 하루아침에 집안이 풍비박산 나는 경우가 갈수록 증가하고 있다. 꿈은 고스란히 거품으로 전락한다. 중산층에서 빈곤층으로 탈락하는 것이다. 원인은 많지만 원류를 찾으면 하나다. 바로 소득 상실이다. 일자리를 잃어버린 경우라도 몸이 건강하면 그래도 좀 쉬었다 다시 일어설 수 있다. 문제는 근로소득이 불가능할 때다. 치명적인 사고나 질병 등에 따른 가장의 역할 부재는 행복한 가정을 가차 없이 불행의 터널로 내쫓는다.

가정을 막 꾸리기 시작한 30대라면 갈 길이 먼 만큼 충격은 더 커진다. 모아둔 돈도 없기에 남은 인생은 절망 그 자체다. 40대는 더하다. 슬하에 자식이 있어 부양 의무까지 져야 하는 가운데 발생한 가장의 장기적 소득 상실은 엄청난 후폭풍을 불러온다. 사실상 청천벽력이 따로 없다. 게다가 3040세대라면 아직은 건강하다고 생각해 별다른 대비조차 해놓지 않은 경우가 일반적이다.

삶은 불확실하다. 어디서 무너질지 모를 살얼음판의 연속이다. 그래서인지 우린 '만약 ~하면'이란 가정을 입버릇처럼 달고 산다. 어떤 사람은 삶(Life)이라는 단어 안에 '만약(if)'이 들어 있는 것도 그만큼 삶이 불확실하다는 뜻이라면서 삶을 'if'의 연속이라고 한다.

불확실성은 필연적으로 운명론을 확대재생산 한다. 21세기 최첨단 시대임에도 점집이나 사주카페가 여전히 성업 중인 건 걱정스러운 'if'가 그만큼 많기 때문이다. 운명론이 힘을 얻는 것도 같은 이유다. 사람들은 왕왕 종교에 의탁하며 불확실성을 극복할 수 있는 운명으로 받아들이기도 한다. 믿음을 통해 포기와 체념 등의 부정적 사고를 희망과 긍정의 적극적인 인식으로 전환시킨다.

삶은 불확실, 'Life' 안에 'if'가 들어 있는 이유

노후 생활 역시 불확실성으로 점철된다. 젊었을 때보다 '불확실성'이 좀 더 '확실'해진다는 게 솔직한 얘기다. 나이가 들수록 질병이나 사고, 경제적 위기 등의 가능성이 점점 높아지기 때문이다. 결국 불확실성을 낮출 수 있는 뭔가가 필요한데, 바로 '보험'이다.

보험 없는 노후 대책은 '팥소 빠진 찐빵'이다. 보험 없는 노년 생활이야말로 안전장구 없이 복싱 선수와 맞대결하는 것만큼 무모하다. 한 방이면 게임 종료다. 넘어진 뒤 후회해봐야 늦다. 보험은 잘만 활용하면 풍요롭고 안전한 노후 생활에 큰 도움이 된다. 위험 보장에 재산 증식까지 가능해서다. "잘 든 보험 하나가 열 아들 부럽지 않다"는 말의 뜻을 곰곰이 씹어볼 필요가 있다.

보험은 천의 얼굴을 지녔다. '계륵(닭의 갈비뼈)'이란 말처럼 먹을 건 별로 없지만 버리기엔 아깝다. 크게 남는 투자처는 아닌데 무시하자니 영 찜찜하고, 당장 돈은 안 되지만 멀리하기엔 또 앞날이 걱정스럽다. 특히 빠듯한 살림살이일 때 보험 딜레마는 한층 가중된다. 사망 리스크를 줄이자면 보험이 필수지만, 그것보단 당장 먹고살 '생존 리스크'가 더 가혹한 사람들이 적지 않다. 이 경우 보험은 사치일 뿐이다.

그럼에도 보험은 꼭 필요하다. 미래의 노후 대책과 현재의 생활 보장을 위한 둘도 없는 필수품이다. 재테크로도 제격이다. 보험은 금융상품이나 주식, 부동산처럼 포트폴리오 배분 전략의 큰 축 가운데 하나다. 많진 않더라도 일정 부분을 반드시 보험에 배분해야 한다. 특히 어려울 때 닥치는 사고나 불행은 더 가혹하다.

보험은 이럴 때 힘을 발휘하는 법이다. 사고로 경제활동이 멈춰지면 치료(장례)비는커녕 가족 생계도 불가능해진다. 이 경우 재테크를 잘해 돈을 벌어놨어도 잔고는 순식간에 바닥난다. 속된 말로 "암이라도 걸리면 기둥뿌리 다 뽑아먹고 죽는다"는 얘기가 낯설이 아니다. 불확실한 노후 보장 차원에서 보험 가입은 최우선 선택이다. 부자들일수록 노후설계에 보험을 적극적으로 활용하는 게 현실이다.

위험 보장에 재산 증식까지, '열 아들 안 부럽다'

그럼 보험은 어떻게 들어야 할까. 먼저 금액으로 살펴보자. 적정 보험료 수준은 총수입의 5~10% 정도로 꼽는 게 정설이다. 물론 최소한의 위험 보장일 경우다. 이렇게 든든한 위험관리의 토대를 쌓은 뒤에 주식이나 부동산 등 다른 투자자산에 관심을 두는 게 바람직하다. 하지만 연금 등 노후 대책까지 고려한다면 총수입의 30%는 돼야 한다.

또 보험 가입의 최대 원칙은 '맞춤형'이다. 자신의 재정 상황에 어울리게 설계할 필요가 있다. 몸에 맞는 걸 골라야 보험효과를 극대화할 수 있어서다. 한번 부으면 20~30년간 납입해야 하는 장기상품이 많아 신중한 선택은 필수다. 주변의 보험전문가를 복수로 면담한 뒤 최적의 결과를 도출하는 게 좋다. 주도면밀한 준비 없이 가입하면 눈 뜨고 돈 날리는 실수를 저지를 수도 있다.

지금의 보험 가입 상황이 맘에 들지 않는다면 '리모델링'도 적극 활용하자. 보장의 범위나 기간, 금액 등을 따져서 과감히 깨는 것도 방법이다. 대개 보험 해약은 무조건 손해라는 인식이 강한데 꼭 그렇지만은 않다. 보장 기간이 짧은 보장성보험은 1순위 해약 대상이다. 가령 20~30대가 암·건강보험에 가입하면서 보장 기간을 짧게 했다면 가족력 등 발생 확률이 높지 않을 경우 정리하는 게 좋다. 예정이율 등이 낮게 적용돼 보험료가 비싼 경우도 깨는 게 좋다. 그 반면 종신보험(확정금리형)이나 연금보험은 유지하라. 특히 고금리(예정이율)보험은 되도록 가져가는 게 효과적이다.

중복보장도 정리대상이다. 단, 무조건 해약하는 게 능사는 아니다.

일부만 수정할 수 있기 때문이다. 다른 보장은 적절한데 특정한 보장만 중복됐다면 그것만 손보면 된다. 중복보장이 특약사항이라면 특약만 조정하는 식이다. 반대로 주보험이 중복됐다면 보장금액을 줄이는 감액을 고려할 수 있다. 쓸데없이 이중으로 납부하기보다 적절한 수준에서 재조합을 하라는 뜻이다.

보험 '갈아타기'도 마찬가지다. 막강한 진용의 신상품 앞에서 상대적 박탈감이 든다면 갈아타기도 괜찮다. 비슷한 내용인데 보험료가 싸졌다면 신상품에 올라타는 게 유리하다. 하지만 대부분은 '구관이 명관'이다. 보장 기간만 충분하면 예전 게 더 유리한 경우가 많다.

노후 대책과 관련해 보험 가입은 세대별로 전략이 달라진다. 다른 재테크 수단이 투자자 성향이나 투자 규모에 따라 포트폴리오가 달라진다면 보험은 연령대가 절대변수로 작용한다. 20대는 보험료가 부담스러운 종신보험보단 정기보험이 1순위다. 이후 종신보험으로 전환하면 된다. 활동이 많은 연령대라면 불의의 사고에 대비한 상해보험도 가입할 만하다.

3040세대라면 가장이 사망할 때를 대비해 종신보험을 들 필요가 있다. 종신보험을 둘러싼 논란이 없지 않지만 여전히 이만한 종합보장 상품은 없어 보인다. 손실보험도 필수다. 갑작스러운 사고나 질병으로 뜻하지 않게 자금이 들어가면 그간의 계획과 투자지도가 한순간에 물거품이 될 수 있다. 따라서 의료실비보험 등 저렴하면서 보장 범위가 좋은 상품에 눈 돌릴 만하다. 배우자가 있다면 질병 등에 대한 생존치료를 중간 보장하는 건강보험에 가입하되 보장 기간을 길게 가져가는 게 좋다.

보험테크 10계명

1. 보험은 모든 재테크의 시작이다.
   불상사 때 목돈 수령은 훌륭한 자산보호 수단이 된다.
2. 하루라도 빨리 가입하라.
   나이가 많고 건강이 안 좋을수록 보험료가 비싸진다.
3. 자신의 경제 상황에 맞게 골라라.
   가장은 종신보험, 배우자는 건강·상해보험으로 충분하다.
4. 이미 가입한 보험도 구조조정하라.
   중복보장은 줄이거나 해약하고 부족한 걸 메운다.
5. 종신→연금→기타 필요 보험 순서를 따라라.
   생계와 노후를 챙긴 다음 나머지는 필요에 따라 판단한다.
6. 종신보험은 재정 설계에 맞춰 들어라.
   가장이 사망하게 될 때 가족에게 필요한 자금의 부족분만큼만 보험으로 보장한다.
7. 가입 전 보험사별로 상품을 비교하라.
   종신보험만 잘 골라도 차 한 대 값이 빠진다.
8. 종신연금으로 국민연금 부족분을 벌충하라.
   평균수명 연장으로 종신연금 가입은 필수다.
9. 비과세·소득공제 등 세금 혜택을 노려라.
   저축성·연금보험은 10년이 지나면 비과세 혜택이 있다.
10. 효력 상실 땐 계약 부활 여부를 판단하라.
    꼭 필요하고 보험 기간이 길게 남았으면 살리는 게 낫다.

*출처: 『한경비즈니스』 477호

가족 생계를 떠맡은 가장이라면 가족 안위를 챙기는 전략이 바람직하다. 가족 구성원의 연령이나 상황에 따라 건강·상해보험을 가려 가입하는 게 좋다. 특히 건강보험에 가입할 때는 성별에 따라 자주 발병하는 질병이 다르다는 점에 주목해야 한다. 유방암이나 비뇨기계 질환 등 남녀에 따라 발생하는 질병은 확연히 달라진다. 여기에 맞춰 보장 범위나 금액을 정하는 게 좋다. 보장 범위를 둘러싼 논란이 있긴 하지만, CI(Critical Illness, 치명적 질병)보험에 가입하는 것도 한 방법이다.

한편 연금보험 가입엔 타이밍이 따로 없다. 언제든 빨리 들어 오래 갖고 있는 게 좋다. 납입 기간이 길고 불입액이 많을수록 나중에 받는 연금액도 많아져서다. 30대라면 연금보험에 전향적으로 접근해 될 수 있으면 가입하는 게 좋지만, 40대라면 전략적으로 가장 밑바닥에 연금보험을 설치해두어야 한다.

노후 대책에 활용할 보험은 보장과 저축 기능을 적절히 섞어야 한다. 그래야 위험관리와 노후설계가 빈틈없이 마무리된다. 가령 30세 주부가 20년 만기의 건강(암)보험에 가입했다면 보장 기간은 50세가 끝이다. 그런데 질병 발생률은 고령일수록 더 높아진다. 필요한 때 보장을 못 받는다는 얘기다. 이럴 땐 80세까지 보장받는 새 보험에 가입하는 게 좋다.

흔히 재해 때의 고액 보장은 많은데 질병 때의 보험금은 낮게 책정하는 경우가 많은데 그래선 곤란하다. 모든 위험에 골고루 대비해두는 게 최선이다.

/
자녀 교육비 딜레마에 대한 냉정한 판단
/

"남들 하듯 다 따라 했다면 우린 아마 파산했을 겁니다. 과외도 안 시키고 학원도 덜 다니지만 한 달에 평균 200만 원 가까이 들어요. 고등학생인 큰애는 단과학원에 다니는데 과목당 평균 30만 원이에요. 국어·영어·수학 세 과목만 거의 90만 원이죠. 그런데 과외라도 시키면 과목당 월 60만 원이니 모두 180만 원이 들어가죠. 도저히 우리 살림으론 안 돼요. 큰애가 그림을 배우겠다고 해서 20만 원을 주고 교습도 받게 하고 있어요. 중학생인 둘째는 예체능 학원비가 대부분이에요. 세 군데 학원에 갖다 주는 돈만 월 50만 원이죠. 여기에 종합반 학원비 40만 원을 합하면 얘 밑에도 100만 원이 들어가는 셈이죠."

어느 학부모의 푸념인데, 자녀 교육비와 관련해 이 정도 고민을 안 하는 중산층이 몇이나 될까. 돈이 없다면 모를까, 교육비만큼은 아끼기 어려운 게 인지상정이다. 애들 사교육비만 생각하면 "답이 안 나온다"고 푸념하지만 막상 자녀의 미래를 생각하면 줄이기가 어렵다. 실제로 많은 가정에서 가장 최후에 줄이는 게 사교육비다.

사교육이 몰리는 방학 때면 생활비의 60% 이상을 사교육비로 지출하는 집도 있다. 어학연수라도 보낼라치면 적금이라도 깨야 할 판이다. 중산층도 예외는 아니다. 내 집을 갖고 안정적인 월급을 받아도 사교육비 때문에 여유가 없다는 집이 넘쳐난다. 상황이 이럴진대 노후 준비는 그림의 떡이다. 하고 싶어도 할 수가 없다.

사교육비 안 줄이면 부모와 자녀 모두 불행

노후 대책을 위한 30대 자산 운용의 기본 철칙이 몇 가지 있다. 카페라테 효과를 활용한 종잣돈 모으기와 이를 길게 투자하는 전략 수립이 대표적이다. 또 하나는 지출 축소를 통한 저축 확대와 빚을 활용한 레버리지 전략에 대한 신중한 접근 자세다. 대개의 경우 빚은 없애야 한다. 저축이든 빚이든 최소한의 공통분모는 지출 축소다.

사교육비 절감도 같은 맥락이다. 적지 않은 돈이 몇 년에 걸쳐 장기적으로 지출되는 사교육은 도려내야 할 대상이다. 자녀 사랑도 좋지만 사교육에 '올인'하면 부모와 자녀 모두 불행해진다. 기껏 마련한 목돈은 사교육비로 다 쓰고 남은 돈으로 노후 대책을 한다는 건 어불성설이다. 버겁다면 사교육비 구조조정이 꼭 필요하다. 학원 1~2개만 끊어도 숨통이 트이는 법이다.

자녀 사교육비야말로 노후 대책의 최대 복병이다. 각종 통계를 살펴보면 노후 대책이 부족한 가장 큰 원인 중 하나가 '과도한 사교육비'다. 가계저축률을 결정하는 최우선 변수도 자녀 사교육비다. 한 조사에 따르면 교육비는 사교육비와 함께 이미 위험수위에 이르렀다(한국재무설계, 2006년). 대부분의 가정은 소득 중 20~50%를 자녀 교육비로 쓰고 있는 실정이다. 그러니 저축은 줄 수밖에 없다. 자녀가 없는 가정의 저축률은 평균 20~70%에 달하지만 그렇지 않은 가정은 0~20%에 머무른다. 무려 2~4배의 차이다.

더 큰 문제는 증가 속도와 규모다. 그렇지 않아도 등골을 휘게 하는 사교육비는 갈수록 더 빠르게 늘고 있다. 사교육 관련 물가는 일반 소비자물가보다 2~3배 이상 뛰는 속도가 빠르다. 그러니 학부모의 90% 이상이 사교육비에 부담을 느낄 수밖에 없다(교육과학기술부). 대학생이 된들 사교육비는 줄지 않는다. 영어니 취업 준비니 하며 되레 중고등학교 시절보다 더 절박한 이유로 더 많은 금액을 쏟아붓는다.

이와 반대로 사교육시장은 물을 만났다. 2011년 한국의 사교육시장 규모는 천문학적 액수를 기록했다. 10년 가까이 GDP 대비 3~4%의 시장 규모를 유지하고 있다. 1970년대 중반(0.7%)에 비하면 4~6배나 급증했다. 무려 20조 원 수준으로 중앙정부 교육예산의 50%에 육박한다. 1인당 월평균 24만 원을 사교육비로 지출하는 셈이다. 이는 OECD 국가 평균(0.7%)보다 약 5배 높은 수치로 단연 세계 No.1이다. 실정에 밝은 사교육업계는 시장 규모를 최소 30조 원까지 꼽기도 한다.

게다가 사교육시장은 하루가 다르게 성장하는 추세다. 출산율 저하의 최대 원인 중 하나로 막대한 교육비를 탓하는 데 이견이 없을 만큼 한국의 사교육비는 살인적이다. 자녀가 중고등학교만 들어가면 천문학적인 금액이 떡하니 지출을 기다린다. 모아둔 돈은 물론 남의 돈까지 빌려 교육비로 써도 부족한 실정이다.

"가르쳐줬으니 내 노후 책임져"도 옛말

물론 자녀 교육은 부모라면 결코 소홀히 할 수 없는 문제다. 돈이 부담스러워 그렇지 모든 걸 다해줘도 아깝지 않은 게 부모 심정이다. 자식농사가 가장 중요하기에 거금을 들여서라도 좋은 대학에 보내고 싶은 게 인지상정이다. 여전히 자식에 대한 투자가 제일 확실하다는 믿음도 강하다. 부모의 경제력이 자녀의 학력에 비례한다는 말처럼 입시 당락이 과외 액수에 달렸다는 점을 강조하는 일각의 부추김도 어느새 상식이 됐다.

하지만 이런 사고는 시대착오적인 발상이다. 이젠 자식농사를 잘 지어도 부모가 그 혜택과 후광을 받기 어려운 시대다. 자녀의 성공이 부모의 경제적 풍요로 이어지기 어렵다는 얘기다. 제아무리 자녀가 성공해도 자신의 인생을 건사하기도 어려울 만큼 삶 자체가 팍팍해져서다. "너만 보고 내 삶을 희생했으니 내 노후는 네가 책임져"라고 말한다면 이건 너무 가혹하고 이기적인 판단이다. 자식을 위해서도 옳지 않다. 내가 못 배웠다고 자식만큼은 공부시키겠다는 생각 역시 잘못됐다. 자식은 부모의 대리만족 대상이 아니기 때문이다.

늙어가는 부모에 대한 부담감이야말로 자식 앞날을 가로막는 장애물이다. 특히 아직 젊은 자식이라면 부모 봉양은 상당한 짐이 된다. 어지간한 직업 치고 40대 전까진 아등바등 살기 바쁘다. 그 와중에 자식은 언제 집을 사고 또 자신들의 노후 대책을 마련할 것인가. 좋다. 백번 양보해 자식의 효심이 하늘을 찌른다고 치자. 자식의 배우자는 또 어떻게 할 것인가. 이건 전혀 다른 차원의 문제다. 갈등의 씨앗은 처음부터 뿌리지 않는 게 낫다.

게다가 엄청난 돈을 들여 사교육을 시킨다고 자식이 다 잘되는 것도 아니다. 주변을 둘러보면 좋은 대학 나왔다고 다 성공하는 건 아니다. 학창 시절 과외와 사회생활 성공은 관계가 없다. 성공은 성적순이 아니기 때문이다. 차라리 성공을 위한 근성과 자질이 더 결정적이다. 공부에 관심 없는 자녀를 억지로 대학 보내봐야 득보다 실이 많다. 어지간한 대학 나와 고학력 실업자로 전락하는 건 시간문제다. 차라리 자녀가 좋아하고 흥미를 보이는 게 있으면 그 길로 나서도록 도와주는 게 현명한 부모의 역할이다.

"품 안의 자식이지, 다 필요 없어"라고 푸념해도 어쩔 수 없다. 이게 현실이다. 노후 대책 없는 자식 성공은 일의 선후가 잘못된 것이다. 나중에 후회 안 하려면 우선순위는 노후 대책에 둬야 한다. 진정한 자식 사랑이야말로 자식이 걱정하지 않도록 부모 자신의 노후 대책에 전념하는 것이다.

자녀 교육비가 노후자금을 넘어선 곤란하다. 최소한 노후자금과 자녀 교육비는 50대 50이라도 되는 게 좋다.

부부가 나누는
베갯머리 대화의 힘

분위기가 심상치 않다. 사람이 왔는데도 한번 웃어 보이곤 그만이다. 재떨이엔 담배꽁초가 적지 않다. 그것을 보자 '뭔가 있다'는 직감이 뇌리를 스쳤다.

중소기업 CEO인 박정만(52세) 사장은 약속 시간보다 30분이나 앞서 도착했다며 말문을 열었다. 늘 시간에 쫓기듯 누구보다 바쁘게 살던 그인 탓에 사단이 나도 큰 사단이 난 게 틀림없었다. 평소엔 밀려드는 전화 때문에 10~20분의 대화도 나누기 어려운 게 다반사였다.

대충 음식을 주문한 뒤 먼저 나온 소주를 들이키며 박 사장은 대뜸 내게 물었다.

"사는 게 행복해요?"

"뭐, 그렇죠. 근데 무슨 일 있으세요? 시간이 돈인 분이 30분이나 일찍 오시고…"

심경이 복잡한 사람 앞에선 말을 아끼는 게 상수다. 뭐라 얘기해도 잘해야 본전이기 때문이다. 곧 그의 말문이 터졌다.

"이런 얘기 해도 될지 모르겠네요. 그냥 넋두리라 생각하고 들어주세요."

박 사장의 말을 요약하면 이렇다. 그는 일을 좋아해 일에 모든 걸 걸고 누구보다 열심히 살았다. 그만큼 고생도 많았지만 열매는 달았다. 50대에 접어들면서 사업은 나날이 커졌다. 본인이 일일이 관여하지 않아도 돈 버는 시스템을 갖췄다.

그런데 불행으로 연결된 뇌관은 정작 다른 곳에 있었다. 아내가 느닷없이 이혼을 요구한 것이다. 이유는 성격 차이라지만 곰곰이 생각해보니 가정에 소홀했던 가장에 대한 원망 때문이었다. 25년간 묵묵히 이어진 아내의 내조와 희생이 남편의 사업 성공과 함께 임계점에 다다른 셈이었다. 그의 표현대로 "이제 살 만하니 고름이 터진 것"이다.

술자리가 있고 나서 얼마 뒤 지인에게 그의 이혼 소식을 전해 들었다. 그는 이혼만은 하지 않으려 했지만 평생의 동반자가 되기로 약속했던 아내의 결심은 이미 루비콘 강을 건너버린 것이다.

성공한 부자들의 공통점, '부부 일심동체'

자산 운용의 성공 변수에 사람을 빼놓아선 곤란하다. 어떤 일이든 사람이 중심이 돼야 하기 때문이다. 아무리 큰돈을 벌어도 사람을 잃으면 가치가 훼손되는 것과 마찬가지다. 이런 점에서 '재테크=인(人)테크'다. 넉넉한 자금에 절묘한 타이밍까지 맞아떨어져도 결국 사람을 잡지 못하면 모든 게 허사로 돌아간다. 이런 사례는 수없이 많다.

이재국 서일대 부동산학과 교수는 K생명 자문위원이다. 지금껏 수백 명의 VIP 고객에게 부동산 상담을 해줬다. 그에 따르면 성공한 부자들의 절대다수는 인간관계에 아주 능했다. 특히 배우자를 든든한 우군으로 뒀다. "돈 잘 버는 사람 치고 부부 사이가 안 좋은 경우는 거의 못 봤다"는 게 그의 증언이다. 십분 양보해 "돈을 벌어도 지키지를 못한다"는 것이 결론이다.

반대로 투자 실패 사례의 상당수는 내치(內治)가 엉망인 경우다. 배우자와 자식의 반대로 다 된 밥에 코 빠뜨린 경우도 많다. 이 교수는 "투자 결정을 내렸는데 배우자가 반대해 투자 기회를 잃어버린 사례가 적지 않았다"며 "부부가 일심동체 하지 않으면 십중팔구는 본전 찾기도 어려운 게 자산 운용의 현장 특징"이라고 밝혔다. 성공 투자의 최대 변수가 사람, 그중에서도 배우자라는 게 그의 경험담이다.

행복한 노후 생활을 위한 첫 번째 조건은 배우자다. 넉넉한 노후자금은 그다음 문제다. 돈이 제아무리 많아도 함께할 동반자가 없으면 행복할 수 없다. 살다 보면 거금을 줘도 살 수 없는 인생의 가치란 게 수두룩하다. 대표적인 게 배우자의 존재감이다.

연구보고서에 따르면 배우자 등 주변 사람과의 관계는 건강·경제력과 함께 노후 행복을 가늠하는 3대 요소다(보건사회연구원). 굳이 우선순위를 따진다면 배우자와 잘 지내는 게 최선의 노후 준비라고 해도 과언이 아니다. 부자들 가운데 몇몇은 "내 재산은 마누라도 모를 것"이라며 비밀스러운 돈 관리법을 비법인 양 소개하는데, 이건 틀렸다.

설령 맞다 해도 득보다 실이 크다. 돈을 버는 가장 근원적인 이유를 망각한 경우이기 때문이다. 돈을 버는 건 '경제적 자유'를 통해 더 행복해지기 위함이 아닌가. 실제로 일본에선 아내에게 무관심했던 정년 남편의 황혼이혼이 사회문제로 끊이지 않는다. 돈을 벌어줄 땐 참았지만 회사를 그만두자마자 아내의 복수가 시작됐다는 해석이다.

"마누라가 죽으면 화장실 가서 웃는다"는 말이 있다. 3040세대만 해도 이 농담에 고개를 끄떡일지 모른다. 하지만 배우자의 부재가 현실로 닥치면 상황은 180도 달라진다. 얼마나 가혹한 일인지 겪어보지 않으면 모른다는 게 경험자들의 하소연이다. 정신적 고통이 이루 말할 수 없어서다. 기본적인 의식주 해결은 물론 자녀 문제 등 그간 손을 뗐던 영역까지 신경을 써야 하니 그 스트레스가 오죽하겠는가.

그 시점에 은퇴까지 한다면 첩첩산중이 따로 없다. 경제적으로 넉넉해서 웬만한 건 해결한다 해도 문제는 남는다. 배우자가 곁에 없다는 공허함이다. "새 사람을 들이면 되지"라고 말할 수 있겠지만, 그것 역시 실제로는 쉽지 않은 일이다. 이건 남편이든 아내든 마찬가지다.

배우자 없이는 행복한 노후도 없다

늙으면 미우나 고우나 배우자밖에 없다. 자식도 품 안의 자식일 뿐이다. 행복한 노후를 원한다면 배우자를 가장 먼저 챙겨야 한다. 강한 동지적 유대감이 전제된 이심전심의 마음 소통이 필수다.

예전에 제일기획이 '와인(Wine) 세대'로 규정한 45~64세 남녀 1,200명을 대상으로 노후 생활과 관련한 설문조사를 실시한 적이 있다(2003년). 그러자 응답자 중 76%가 배우자를 노후 생활의 최적 동반자로 꼽았다. 즉 '노후=부부'란 얘기다. 자녀가 끼어들 틈은 없었다.

'취미나 여가활동을 함께하고 싶은 대상이 배우자'란 항목에선 남성(68%)이 여성(54%)보다 높았다. 남편의 바람대로 부부가 함께 취미생활을 즐기고 싶다면 아내보단 남편의 노력이 더 필요한 셈이다. 잘못하다간 '평생 함께 살아온 타인'에게 버림받을 수도 있다. 게다가 완충 역할을 해왔던 자녀들마저 떠나면 감춰진 갈등은 속속 가시화된다.

부부 사이에 문제가 있다면 서둘러 풀어야 한다. 해결책은 솔직한 대화뿐이다. 물론 시행착오는 있겠지만 이는 더 좋은 결과를 내기 위한 도약대로 삼으면 된다. 머리를 맞대고 얘기하다 보면 해결하지 못할 과제는 없다. 대화가 많을수록 행복해지는 건 당연지사다. 시시콜콜한 가십거리부터 중대한 가정사까지 터놓고 공론화하는 게 좋다.

특히 가정경제와 노후 대책 등의 대형 이슈를 배우자와 상의 없이 혼자 판단하고 결정한다는 건 잘못돼도 한참 잘못됐다. 설사 대박을 터뜨려 돈방석에 앉은들 의미는 퇴색된다. 부부가 함께하면 노후 준비는 한층 빨라지고 완벽해진다. '1+1=2'가 아니다. 대부분은 '2+α'다. 이게 바로 '부부경제학'이다.

부부경제학, '1+1=2+α'의 함수를 풀어라

똑똑한 부부는 돈에 대해 함께 얘기를 나눈다. 금슬 좋은 부부일수록 일찍부터 노후 대책에 적극적으로 나서는 법이다. 출발이 빠르니 목표 도달이 빨라지고, 둘이 함께하니 노후 준비도 더 즐거워진다. 단, 같은 값이면 시너지 효과의 극대화를 위해 일을 분담할 필요가 있다.

어차피 남편과 아내는 생물학적으로 다른 존재다. 가령 범죄심리학에 따르면 남자는 주범이 많은 반면 여자는 공범일 확률이 높다. 선호하는 작업의 영역이 다르다는 얘기다. 부부가 서로 잘하는 분야를 나눠 일을 분담한다면 성공적인 노후 준비에 한발 더 다가설 수 있다. 무엇보다 노후 대책이 부부의 공통 관심사가 되는 게 우선이다.

부부 재테크와 관련해 몇 가지 테크닉을 말하면 우선 '독립채산제'는 금물이다. 맞벌이라면 각자 월급을 따로 관리하는 게 편리할 수는 있어도 재테크 차원에선 실패 확률이 높다. 수입이 확실히 파악돼야 걸맞은 저축·지출 규모를 정할 수 있는데 이게 어렵기 때문이다.

가계부는 하나로 충분하다. 빚은 무조건 청산하는 게 좋은데 대출이자란 늘 예금이자보다 높은 법이다. 수입원을 한 계좌로 관리하면 대출받기도 편리하다. 돈 관리는 한 사람이 하는 게 합리적이다. 이재에 밝으면서 재테크를 즐기는 쪽이 맡는 게 낫다. 기술적인 차원에서 꼭 들어야 할 노후상품도 있다. 연금과 상해·질병보험이 대표적이다.

부부는 인생의 동반자다. 세상에서 가장 귀한 인연이 부부다. 행복한 노후를 보내고 싶다면 당장 곁에 있는 배우자에게 눈을 돌리자.

《부부로 산다는 것》(최정미 지음)에는 행복한 부부로 살아가기 위한 5가지 지침이 나온다. 첫째 기댈 수 있는 어깨가 돼주는 배려, 둘째 원하는 사람이 돼주는 기쁨, 셋째 끊임없이 서로를 재발견하는 열정, 넷째 작은 행복을 찾아 나서는 여유, 다섯째 꿈을 함께 이루어가는 행복이다.

당신은 이 5가지를 지킬 준비가 돼 있는가. 아니라면 지금이라도 준비하라. 30대라면 등을 돌리기엔 너무 이르다. 등 대신 가슴을 맞대는 게 먼저다.

3층 연금설계라면
은퇴생활 기초 완성

일본은 골퍼 천국이다. 고속성장 때 우후죽순 만들어진 골프장이 2,400개가 넘는다. 그 반면 경기침체로 이용 인구는 전성기보다 급감했다. 연습장에서만 맴돌 뿐 시간·경제적 이유로 필드 경험이 없는 골프 인구도 적지 않다. 그 와중에 돈 많고 시간 많은 고령 골퍼가 필드를 장악했다.

이제 골프장의 단골손님은 고령인구로 정착된 분위기다. 선두주자는 60대 베이비부머 세대인 단카이 세대다. 특히 최근 대량 퇴직 후 노년에 즐길 취미로 골프를 선택한 사람이 많다. 현역 시절 골프 경험이 많은데다 퇴직 이후 외로움을 달래줄 동년배와의 사교장소로 골프장이 제격인 까닭에서다.

그뿐 아니다. 일본 거리에서도 말쑥한 차림의 노인을 만나기란 어렵지 않다. 백화점이든 레스토랑이든 비교적 값비싼 서비스 공간엔 늘 고령 고객이 상당수에 이른다. 평일 온천여행을 즐기는 그룹도 대부분 고령 고객이다.

단연 압권은 스포츠카다. 젊었을 적 로망인 스포츠카를 몰며 해안가를 달리는 반백 노인은 흔한 풍경이다. 휴양지답게 별장이나 온천 등이 밀집한 도쿄 남부 해안지역 도로라면 십중팔구 스포츠카를 즐기는 노인 운전자를 볼 수 있다. 차에 관심이 높을 것 같은 20대 젊은이 중 상당수가 페라리도 구분하지 못하는 실정을 감안하면 꽤 특이한 현상이다. 희망조차 잃어버린 20대에게 스포츠카는 아예 관심 밖이다.

연금 선진국 일본의 3층 구조가 부러운 까닭

앞의 사례는 필자가 이전에 쓴 《은퇴대국의 빈곤보고서》에 소개한 내용인데, 연금 선진국의 부러운 현실을 잘 보여준다. 실제로 일본은 유유자적한 삶을 즐기는 은퇴생활자가 상당한 비중을 차지한다. 값비싼 카페의 단골손님도 대부분 노인 고객이고 1박에 보통 2만 엔 안팎의 온천여행 주력계층도 고령인구다. 그만큼 경제력이 있다.

일본 노인의 경제력은 연금소득 덕분이다. 그 기반은 탄탄한 공적연금이다. 실제로 노후자금 확보 루트 중 80%가 공적연금이다. 기업·개인연금·보험금(36.4%)과 근로소득(38.4%), 자산 인출(42.1%)은 노후자금의 일부에 불과하다. 게다가 가계 금융자산(1,500조 엔)의 60~70%가 고령인구 몫이다. 부동산 등 실물자산까지 합하면 '노인=부자'는 자연스러운 공식이다. 물론 빈곤 노인이 숫자로는 더 많지만 통계상으로는 넉넉한 부자 노인이 태반이다.

연금 선진국 일본을 떠받치는 기본 구조는 3층의 연금 시스템에서 찾을 수 있다. 1층 국민연금과 2층 후생·공제연금의 공적연금을 토대로 3층 기업연금이 덧보태진다. 국민연금뿐이었다가 2000년대부터 겨우 시작된 퇴직연금과 개인연금이 버티는 한국보다 상황이 월등히 낫다.

좀 더 자세히 보자. 1층 국민연금은 균일 부담과 균일 급여 원칙에 따라 월 1만 5,020엔을 내고 65세 때 6만 5,741엔을 받는다(2011년 기준). 2층 후생·공제연금은 샐러리맨과 공무원이 수여자로, 최대 수입원답게 공적연금의 기둥이다. 이렇듯 1~2층을 더한 연금은 40년 근속 남편과 전업주부를 모델로 가정했을 때 월 23만 3,000엔으로, 꽤 우량한 소득대체비율(현역 시절 대비)을 자랑한다.

3층 기업(퇴직)연금은 2층의 보완 격으로 퇴직금과 개인적립금을 운용·배분한다. 제도의 종류는 확정급여형(DB), 확정기여형(DC) 등으로 다양한데 JAL 부도 이후 재정 악화가 불거지면서 수술에 들어간 상태다. 3층 연금은 평균 15만 엔대다.

1~3층을 합하면 대략 30~40만 엔의 연금소득을 받을 수 있다. 층별 가입 인원은 1층 6,800만 명, 2층 3,000만 명, 3층 1,400만 명으로 나뉜다. 1~3층의 공통 수령자는 1,400만 명 정도인데, 최소한 이들의 경우 은퇴생활은 말 그대로 '유유자적'이다.

흔들리는 공적연금, 개인연금의 자력 준비 필수

그렇다면 한국은 어떨까. 한국은 여러 말 할 것 없이 연금 후진국이다. 시스템이 늦게 갖춰졌을 뿐 아니라 사회 인식이 여전히 낮은 수준이다. 사실상 국민연금이 유일한 연금소득인 게 현실이다. 실제로 전 국민의 3분의 1 이상이 국민연금에만 가입한 것으로 알려졌다. 그나마 구멍이 많다. 자영업자는 둘째 치고 비정규직 등 대기업 정규직이 아닌 경우 노후의존도(소득대체율)는 낮다.

대안은 개인연금이다. 개인연금은 국민연금의 한계를 극복할 수 있는 개인 차원의 강력한 노후 대책 중 하나다. 국민연금을 토대로 그 위에 추가적인 연금계단을 설치하는 차원이다. 즉 일본식 3층 연금구조를 구축하는 것이다. 기대효과도 좋다. 3층 구조를 갖췄을 경우 예상 수급액은 152만 6,000원대로 추정된다(피델리티자산운용). 1층, 2층에만 가입했을 때보다 수령액이 꽤 짭짤하다. 최소생계비 구실만 하는 국민연금의 부족분을 벌충하자면 2층, 3층 가입이 필수란 얘기다.

한국적 3층 구조는 국민연금(1층), 퇴직연금(2층), 개인연금(3층)을 말한다. 은퇴 이후 자금줄이 될 3층의 소득을 보장하는 장치다. 3층까지 준비하지 못할 경우 노후난민으로 떨어질 개연성이 상당히 높다는 게 일반적인 지적이다. 이때 개인연금은 3층 연금구조의 마침표라 할 수 있다. 특히 2층이 존재하는 급여생활자가 아니라면 개인연금은 꼭 필요하다.

퇴직연금은 국민연금의 보릿고개를 넘기는 데 제격이다. 30대라면 국민연금 수급 연령이 65세다. 그런데 퇴직연금은 55세부터 받을 수 있다. 이른바 '마의 10년'에 대비할 수 있다. 특히 65세 국민연금 수급 연령은 추후 더 늦춰질 개연성이 충분하다. 재원은 부족하고 보험료는 감소하는데 수급비가 증가하면 어쩔 수 없다.

개인연금에 대해 좀 더 자세히 살펴보자. 개인연금의 종류는 크게 3

가지다. 판매기관에 따라 연금저축신탁(은행), 연금저축펀드(증권), 연금저축보험(보험) 등으로 불린다. 파는 곳은 달라도 기본적인 내용은 비슷하다.

먼저 은행은 최저이율을 보장해줘 안전성이 높다. 또 연금저축의 경우 연간 400만 원 한도에서 납입액 전체를 소득공제 해준다. 따라서 안정적인 연금을 원할 때 적합하다. 다만 10년 이상 가입하는 게 조건이다. 세제적격 상품인 까닭에 55세부터 5년 이상 연금 형태로 받아야 한다는 제한도 붙는다.

보험은 종신이냐 일시 선택이냐 등 수령방법이 다양한 게 장점이다. 변액연금은 운용 성과에 따라 보험금이 오락가락하는 형태다. 주식형펀드 등에 투자해 그 성과를 나눠주기 때문이다. 손실 확률이 있지만 잘만 맡기면 확정금리보다 높은 수익을 얻을 수 있다. 소득공제 혜택은 없지만 10년 이상이면 이자수익에 세금을 안 내도 된다. 펀드 상품은 특유의 운용 능력을 감안할 때 고수익 기대감은 높지만 그만큼 리스크도 크다.

은퇴 준비가 늦어 가입 시점이 50대 이후라면 즉시연금이란 상품도 주목해봄 직하다. 목돈을 넣은 뒤 즉시 연금을 받을 수 있지만, 중도해약은 할 수 없다. 뒤늦게 연금구조를 탄탄하게 하고 싶을 때 고려해볼 만한 대상이다. 개념이 조금 다르지만 주택연금으로 불리는 역모기지도 일종의 개인연금이다. 보유 주택을 담보로 특정 기간에 걸쳐 연금처럼 수령함으로써 은퇴자금을 벌충해준다.

모든 개인연금을 아우르는 가입 원칙의 공통점은 조기 선택의 중요성이다. 좀 더 일찍 가입해 좀 더 늦게 받으면 복리효과를 제대로 누릴 수 있어서다. 개인연금은 철저히 금리와 운용수익률 등에 따라 연금액이 결정된다. 가입 도중 공시 예정이율이 낮아지면 약정금액보다 수령액이 낮아질 수도 있다. 이는 금액이 적은 대신 안전한 국민연금과 차별되는 점이다.

또한 개인연금이란 이름에서 알 수 있듯, 철저하게 본인 선택에 따라 가입을 결정하는 사적 보험이다. 본인의 라이프스타일과 노후에 필요한 기대금액을 반영해 탄력적으로 상품을 선택할 수 있다. 국민연금은 1인 1계좌의 가입한도가 있지만 개인연금은 20세 이상 국내 거주자라면 월 100만 원 한도에서 1만 원 단위로 필요한 금액만큼 정할 수 있다. 여유로운 노후를 원한다면 증액(분기한도 300만 원)할 수 있다는 얘기다.

개인연금은 은행, 보험회사, 증권사, 농수축협, 우체국 등에서 가입할 수 있다. 지급 기간은 평생 지급인 국민연금과 달리 계약 당시 설정한 기간에 따라 달라진다. 세제 혜택은 국민연금과 동일하게 연간 불입액의 40%(연 72만 원) 한도에서 소득공제가 가능하며, 연금 급여는 비과세된다. 가능성은 낮지만 운용 주체가 개별 금융기관이기 때문에 파산 위험은 존재한다.

노후 준비 초보라면
인덱스펀드 장착은 필수

펀드만큼 천국과 지옥을 오간 상품도 별로 없다. 2000년대 중반만 해도 시중자금을 흡수하며 승승장구하던 펀드투자 광풍이 2008년 금융위기 이후 순식간에 브레이크가 걸렸다. 산이 높으면 골이 깊듯 펀드시장의 비명도 높았다. 펀드가 온 국민의 필수 자산으로 떠오르면서 하락 반전은 국가적인 충격으로까지 비화됐다.

그렇다고 펀드투자 자체가 잘못된 건 아니다. 기대효과나 복리효과, 진입 장벽 등을 감안하면 펀드는 불가피한 대세다. 방향은 옳지만 방법이 틀렸을 뿐이다. 방법을 바꿔 재도전해야지 방향까지 거부할 이유는 없다. 투자 자세와 철학을 수정하고 재정립하는 계기로 삼자는 얘기다. 성장통을 겪는다고 성장판이 닫히진 않는 법이다.

펀드엔 종류가 많지만 대부분은 주식형펀드에 익숙하다. 주식 비중이 60% 이상의 고위험·고수익 자산을 펀드의 전부로 이해하는 사람이 많다. 펀드매니저의 운용 능력에 따라 수익률이 엇갈리는 액티브펀드 말이다.

다만 안타깝게도 액티브펀드엔 거품이 많다. 많은 사람이 액티브펀드의 치명적 결함과 함정을 잘 모른 채 교묘하게 만들어진 인기와 환상만 믿고 거액을 투자한다. 특히 액티브펀드는 대박을 좇는 한국 투자자들의 입맛과도 절묘하게 맞아떨어진다.

위기 이후 두드러진 액티브펀드의 결함

액티브펀드는 업계 이익을 반영한 상품이다. 고객 관점에선 '고비용·저수익' 구조일 수밖에 없다. 당장 비용이 너무 세다. 차 떼고 포 떼듯 이름도 가지각색인 비용부담이 상당하다. 특히 판매수수료와 보수는 이중삼중으로 펀드 수익을 갉아먹는다. 문제는 수익률조차 마뜩잖다는 점이다. 꾸준한 장기수익을 가진 생존 펀드는 드물다. 가장 돋보이는 단기·특정 시점의 고수익을 내세워 '명품 펀드'임을 자부하지만 뜯어보면 가당찮은 눈속임이다. 측정하기 어려운 펀드매니저의 실력이나 난무하는 전문용어도 액티브펀드의 화장술 중 하나다.

이젠 액티브펀드의 진실을 알아야 할 때다. 자산 운용을 시작하려는 초보라면 더욱 그렇다. 값은 비싼데 효용이 별로라면 사선 안 된다. 그 대신 위험이 충분히 컨트롤된, 그러면서도 짭짤한 수익을 내는 틈새자산을 찾는 게 중요해졌다. 고비용·고위험·고수익 자산보단 낮은 비용과 위험으로 작지만 꾸준히 수익을 쌓을 수 있는 투자 대안 찾기다.

해답은 '인덱스펀드'다. 인덱스펀드는 미래 투자의 핵심 키워드다.

알고 실천하면 누구나 이길 수밖에 없는 알짜 자산이다. 말도 많고 탈도 많은 액티브펀드만큼 화끈함은 적지만 작고 밋밋한 움직임 안에 고객우선의 가치가 실현됐다. 투자 약자에겐 둘도 없는 필수 자산이기도 하다. 불가능한 미래 예측에 휘둘리며 메뚜기처럼 뛰어다니는 투자보단 시장평균만큼만 먹겠다는 소박함으로 시간의 힘에 올라탈 때를 기다리는 게 낫다.

인덱스펀드의 운용구조는 단순 명쾌하지만 그 성과는 놀랍기 그지없다. 벤치마크(기준 수익률)를 따르도록 설계된 까닭에 펀드매니저의 품이 거의 들지 않아 비용 자체가 싸다. 액티브펀드가 2.12%의 수수료를 뗄 때 인덱스펀드는 1%대 중반에 머문다. 떼는 돈이 적으니 고객 수익은 커진다. 비용 절감의 기대효과는 복리효과에 힘입어 시간이 갈수록 커질 수밖에 없다.

무엇보다 장기 수익률이 높다. 미국의 30년 인덱스펀드 역사를 분석해보면 승률은 대부분 '인덱스펀드〉액티브펀드'다. 특히 액티브펀드는 장기 생존율도 인덱스펀드보다 못하다. 이는 한국도 비슷하다. 시장 휘둘림이 적으니 잡음과 방해 없는 소신투자가 가능하다는 것도 장점이다.

그럼에도 인덱스펀드는 베일에 가려 있다. 업계 자체의 대응이 소극적이다. 상품 가짓수가 적고 광고도 별로 하지 않는다. 큰돈이 안 되는데다 자칫 주력 상품인 액티브펀드의 판매 전선에 악영향을 미칠까 우려해서다. 투자자들도 아직은 탐탁지 않게 여기는 기색이 역력하다. 또 가격 변동이 적고 더뎌 냄비 근성에 익숙한 개미군단으로서는 투자 묘미를 느낄 수 없다. 한마디로 스릴이 없다. 그러니 소외될 수밖에 없다.

하지만 금융위기 이후 인덱스펀드에 대한 관심이 조금씩 늘고 있다. 15년이라는 짧은 역사와 계속된 강세장(=액티브펀드 유리) 탓에 그간 소외됐지만 이런 상황 악재가 반전되면서 인덱스펀드의 진면목에 눈을 뜬 투자자가 늘어난 결과다.

시장수익을 좇는 인덱스펀드의 합리적 목표가 궁극적으로 뛰어난 사후 성과임을 증명해주는 통계는 수없이 많다. 강세장에는 약할 수밖에 없는데도 2003~2008년조차 인덱스펀드가 액티브펀드보다 수익률이 근소하게 높았다(제로인). 금융위기 이후의 하락장에서야 모든 펀드가 손실을 봤겠지만, 상승장으로 돌아선 이후엔 더더욱 인덱스펀드의 성과가 좋았다.

베일에 가려진 인덱스펀드의 장점 분석

명품 인덱스펀드를 고르는 첫째 조건은 좋은 운용사를 선택하는 것이다. 인덱스펀드가 펀드매니저의 입김을 사전에 제거했다지만 한국의 경우 벤치마크를 100% 추종하는 상품이 거의 없다는 점에서 일정 부분 운용 주체의 능력이 개입된다. 어떤 벤치마크이고, 어떤 기준으로 종목을 고르며, 어떤 시점에 종목을 바꾸는지는 순전히 운용사 의사결정에 좌우될 수밖에 없다. 결국 인덱스펀드라도 운용사의 입김에서 완전히 자유로울 수는 없다.

같은 값이면 오랜 노하우와 높은 지명도를 지닌 운용사가 유리하지만 대형 운용사라고 무조건 좋지는 않다. 덩치와 지명도는 떨어져도 특정 상품에 강점을 가진 특화 운용사가 더 빼어날 수도 있다. 장기·중기·단기로 나눠 지속적인 고성과 펀드가 많다면 일단 좋은 점수를 줘도 무방하다. '들쑥날쑥'한 수익률보단 '꾸준한' 수익률이 우선이다. 회사 역사와 함께 펀드매니저와 CEO의 근속 기간이 길수록 신뢰도는 높아진다.

또 다른 중대 변수는 저렴한 보수와 판매수수료다. 명품 인덱스펀드의 최우선 조건은 역시 '저비용'이다. 보수와 수수료가 낮을수록 수익률은 높아진다. 인덱스펀드를 키운 주역인 존 보글은 "고비용 펀드야말로 실패를 예언하는 가장 설득력 있는 근거"로 본다. 더불어 "도박판처럼 증시에서도 개평꾼들의 몫을 최소화하는 게 고수익을 올리는 지름길"이라고 주장한다. 즉 높은 세후수익률이 관건이다. 판매수수료와 운용 보수는 물론 세금까지 민감하게 챙겨야 한다.

그다음은 수익 극대화다. 이때 단순히 현재 수익률만 봐선 곤란하다. 그 성과가 어떤 과정을 거쳐 쌓였는지 살펴봐야 한다. 즉 일별 시장수익률과 펀드 수익률 간의 차이가 작을수록 좋다. 이는 '추적오차(Tracking Error)'의 안정성 문제다. 추적오차란 인덱스펀드의 수익률과 벤치마킹 지수변동률의 차이를 말한다. 인덱스펀드의 기능에 충실하려면 추적오차는 낮을수록 좋다. 목표의 100%에 가까운 복제 능력을 갖췄을수록 좋은 실력이라고 볼 수 있다.

아마추어라면 인덱스펀드의 투자 적기를 따질 필요는 없다. 지수가 낮아 보이고 미래 전망이 밝게 보이면 언제든 가입해두는 게 타당하다. 빠를수록 효과는 더 높아진다. 시간과 비용을 아낀 만큼 그 기회비용을 본업에 쏟아붓는 게 효과적이다. 기대함수가 낮은 게임(직접투자·액티브펀드)에 참가해 헛된 희망을 품고 미약한 승률에 매달리느니 차라리 인덱스펀드에 묻어두고 잊어버리는 게 낫다.

투자 성향과도 무관하다. 일종의 미드필더·수비수 개념으로 활용할 필요가 있다. 공격수(고위험자산)를 찾더라도 인덱스펀드 1~2개는 보유하는 게 균형적이다. 고수익은 곧 고위험이다. 수비수라면 당연히 인덱스펀드가 최고다.

게다가 장기투자라면 저비용 구조의 인덱스펀드는 고수익 공격수보다 더 짭짤한 공격 포인트를 거둔다는 게 학계의 정설이다. 대박을 안겨줄 액티브펀드를 찾기란 건초더미 속에서 작은 바늘을 찾는 것만큼 어려워졌다. 투자해도 버틸 만큼만 해야 한다. 그 대신 인덱스펀드는 꼭 보유해야 한다. 얼마나 배치할지 포트폴리오상의 비중 문제일 뿐 보유 자체에는 의심의 여지가 없다.

인덱스펀드는 간단한 산수만 알면 누구든 고개를 끄덕이지 않을 수 없다. 역사가 증명한 단순하면서 확실한 '저비용·고수익'의 투자 비기(秘器)다. 인덱스펀드에 시간을 묻는다면, 지는 게임도 이기는 게임으로 바꿀 수 있다. 묻어두고 떠나 있으면 엄청난 투자 과실을 안겨줄 게 확실하다. "인덱스펀드 개발은 바퀴와 알파벳 발명만큼 가치 있다"는 폴 새뮤얼슨의 말처럼 월가 대가들이 인덱스펀드의 혁명적인 수익 구조에 찬사를 아끼지 않는 데는 다 이유가 있다.

노후 준비에 나서는 참가자라면 미래지향적인 대안을 모색해야 한다. 핵심 가치는 'Never Dying Investment'다. 인덱스펀드야말로 이 화두를 풀어줄 첫 번째 실마리다.

월가 고수들의 인덱스펀드 추천사

"인덱스펀드에 주기적으로 투자하면 초보라도 전문가 대부분을 이길 수 있다. 저비용 인덱스펀드는 본래부터 투자자에게 유리하며, 주식투자를 원하는 사람에게 최상의 선택이다."
— 워런 버핏(버크셔 해서웨이 회장)

"우수한 펀드매니저를 고르기란 거의 불가능하다. 거대한 건초더미 속에서 작은 바늘을 찾으려는 것과 같다. 인덱스펀드 개발은 바퀴와 알파벳 발명만큼 가치가 있다."
— 폴 새뮤얼슨(노벨경제학상 수상자·MIT 교수)

"펀드 실적은 나빠지고 있으며, 펀드 전문가들의 수준은 더 나빠지고 있다. 일반인이라면 인덱스펀드에 투자하는 편이 더 낫다."
— 피터 린치(전 마젤란펀드 운용자)

"전문가들의 밀약과 무지가 걸림돌이 돼 투자 세계의 알려지지 않은 영웅(인덱스펀드)이 제공하는 열매를 아직도 맛보지 못한 투자자가 많다."
— 조나단 데이비스(투자 칼럼니스트)

"어떤 펀드가 15년 연속 시장을 이길 확률은 22만 3,000분의 1이다. 일반 펀드가 인덱스펀드를 이길 확률이 그만큼 참담하고 기적에 가깝다는 의미다."
— 마이클 모부신(LMCM 수석전략가)

"인덱스펀드는 사실 따분한 투자법이다. 하지만 결국엔 저비용으로 지속적인 평균수익 이상은 거둘 수 있다. 이것이 부자가 되는 간단한 방법이다. 시장평균수익률만 올려도 괜찮다."
— 윌리엄 샤프(노벨경제학상 수상자)

30대 희망 아이콘
'ETF'의 성공 경제학

2008년 금융위기 이후 자산시장 열기는 꽤 식었다. 투자자에겐 참기 어려운 시간의 연속이었다. 미래를 품었던 종잣돈은 푼돈으로 전락하고, 설마 하며 졌던 빚은 가공할 무게로 어깨를 짓누른다. 노후대비를 위해 자산시장에 뛰어들었더니 수익은커녕 본업인 근로소득마저 경기침체 탓에 깎일 판이다. 오직 현금 보유만 강조된다.

그렇다고 경직 상태가 지속돼선 곤란하다. 현명한 휴식은 몰라도 시대 여파에 휘둘려 신세 한탄만 하기엔 갈 길이 너무 멀다. 내일은 내일의 태양이 떠오르는 법이다. 새 술은 새 부대에 담듯 새로운 자세 정립과 전략 수립이 필요한 때다.

쉽진 않다. 하지만 포기는 금물이다. 위기가 곧 기회다. 실패는 누구든 한다. 넘어졌다고 멈춰 서면 아마추어다. 실패를 통해 교훈을 배우는 게 바람직하다. 이런 점에서 장기 레이스에 나선 이들에게 강조하고 싶은 또 하나의 키워드는 '도전'이다.

현명한 투자자는 다르다. 똑같은 위기와 혼란 속에서 오히려 긍정과 낙관을 찾는다. 기회를 모색하는 것이다. 기회는 늘 있다. 주식투자를 야구에 비유한 워런 버핏의 말처럼 좋은 공이 올 때까지 묵묵히 기다리면 반드시 배트를 휘두를 기회는 생긴다. 자산시장에서 중요한 건 투심(投心)이다. 때를 낚자면 긍정과 낙관이 필수다.

시장을 두려워하거나 부정적으로 볼 필요는 없다. 시장을 믿고 시간만 버텨내면 누구든 장기투자의 승자가 될 수 있다. 실제로 시장을 리드한 이들은 대부분 낙관론자다.

2008년의 위기는 많은 교훈을 남겼다. 위험한 투자에 대한 재검토가 대표적이다. 즉 업계 이익이 아니라 고객 이익이 우선된 투자자산을 취사선택하려는 분위기가 조성된 것이다. 저비용·고효율의 양심 상품이 부각된 셈이다.

금융위기가 일깨워준 저비용·고효율의 양심 상품

그렇다면 정말 양심 자산은 없을까. 고맙게도 '존재'한다. 물론 100% 고객가치를 반영하진 않지만 그나마 비교적 공평무사한 상품이 있다. 최선은 아닐지언정 차선책이라면 채택할 만한 알짜 자산이다. 바로 인덱스펀드나 ETF가 그렇다. 이들 자산은 중간자의 개입을 최소화해 대리인 비용을 낮춤으로써 저비용을 실현했다.

여기에 시장이나 업종 전체를 고루 사들여 분산효과까지 높였다. 경제나 경기가 장기적으론 우상향(／)이란 점에서 장기투자일 경우 복리효과까지 기대할 수 있다. 진입비용도 싸다. 단돈 10만 원이면 누구든 투자할 수 있다.

그러면서 성공 투자의 3대 조건인 '장기·분산·적립 투자'를 고루 만족시킨다. 투자자 본인만 정석대로 접근하면 얼마든지 승률을 높일 수 있다는 평가가 많다. 반론의 여지가 없진 않지만, 역사가 증명한 가장 단순하지만 확실한 고객지향의 투자자산이란 점엔 이견이 없다.

특히 ETF는 인덱스펀드보다 투자 매력이 더 넓어졌다. 사실 인덱스펀드는 다이어트와 같다. 하긴 해야겠는데, 지키기가 어렵다. 워낙 묵직하고 호흡이 긴데다 단기 수익률마저 밋밋해 조바심 나는 개인투자자가 접근하기 어렵다.

하지만 ETF는 이런 딜레마를 해결했다. 펀드지만 직접투자처럼 실시간 매매가 가능하고, 투자비용은 인덱스펀드보다 오히려 더 싸며, 장기·분산·적립 효과는 그대로 유지할 수 있도록 만들어졌다. 최근

주요 투자자산별 메리트 비교

	개별 주식	액티브펀드	인덱스펀드	ETF
분산효과	No	No	Yes	Yes
종목 선택	투자자	펀드매니저	인덱스	인덱스
유동성	높음	하루 한 번	하루 한 번	높음
보수	없음	높음	낮음	매우 낮음
거래수수료	Yes	가끔	가끔	Yes
세금	거래세(0.3%)	거래세(0.3%)	거래세(0.3%)	거래세 면제
투명성	높음	보통	보통	높음
위험	시장·개별 종목 위험	시장·개별 종목 위험	시장 위험	시장 위험

출처: 우리CS자산운용

엔 추적지수가 다양해지면서 상품 라인업까지 보장되는 추세다. 고객 입맛에 맞춰 얼마든지 골라잡을 수 있는 대안이 많다.

또한 ETF는 인덱스펀드처럼 적립식 효과도 그대로 누릴 수 있다. 본인이 정한 특정일에 특정 액수만큼 ETF를 사면 인덱스펀드처럼 동일한 투자효과가 실현된다. 적립식의 수고만 받아들인다면 ETF로 최저비용의 인덱스펀드를 보유할 수 있는 셈이다. 이 정도면 투자 불황기의 고민을 풀어줄 대안상품으로 손색이 없다.

물론 ETF는 여전히 베일에 가려진 자산이다. 최근 들어 관심이 커지고 있지만 몇몇의 전유물로 '그들만의 리그'에서만 통용되는 아웃사이더 상품이다. 특히 개인보단 기관과 외국인투자가가 시장을 장악한다. ETF 원조인 인덱스펀드조차 비주류 자산으로 평가받는 판에 ETF는 두말할 필요가 없다. ETF를 아는 일반 대중이 적은데다 홍보조차 덜 된 탓이다.

덜 알려졌다고 ETF의 돈 버는 명품 구조가 사라지는 건 아니다. 오히려 소문이 덜 난 잔칫집에 초대받아 들어가는 게 맛난 음식을 배불리 먹을 수 있는 비결이다. 바로 선점효과다. 특히 한국 투자자들의 불같은 성향을 감안했을 때 서둘러 자산바구니에 담아두는 게 현명하다. 경쟁이 세지고, 때가 타면 뒷북을 칠지도 모르기 때문이다.

한계로 꼽혔던 시장과 거래 규모가 개선되면서 시장도 한층 성숙해졌다. KOSPI200 등 대표지수를 추종하는 상품은 물론 섹터(업종)·스타일·해외·전략(테마) 등 추가 상품까지 등장해 덩치를 키우고 있다.

ETF 하면 인덱스펀드와 함께 투자 불황 때 어울리는 자산으로 흔히 알려졌다. 하지만 ETF는 굳이 불황기가 아니라도 그 자체로 누구에게

든 꼭 필요한 투자자산이다. 즉 보유 비중에 차이는 있을지언정 남녀노소, 투자 성향과 무관한 필수 자산이다. 균형 잡힌 포트폴리오를 완성하는 마침표이기 때문이다. 단기매매 유혹 등 염려되는 몇몇 유의사항만 극복하면 된다.

액티브펀드를 운용하는 월가의 투자대가들조차 21세기 최고의 금융상품으로 ETF를 꼽는 데는 그럴 만한 이유가 있다. 강조컨대 초심과 원칙만 지키면 ETF는 아주 괜찮은 명품 자산이다. 이런 점에서 노후 준비 초보 단계의 30대라면 눈 감고 지긋하게 묻어둘 만한 매력이 충분하다. 그 성과는 훗날 시간이 알려줄 것이다.

100세 시대를 위한 30대의 현실과 대안

흔히 서른을 '계란 한 판'의 나이라 부른다. 여기에는 숫자 30이란 공통분모가 있다. 그런데 또 하나 비슷한 점이 있다. 자칫하면 둘 다 깨지기 쉽다는 것이다. 곧 30세는 계란 한 판만큼 위태롭다는 의미로 비유된다. 실제로 30대는 여러모로 의미심장하다. 인생에서 아주 특별한 연령대이기 때문이다.

30세 이후에는 나이의 법칙조차 달라진다. 김광석의 〈서른 즈음에〉를 부를 때만 해도 시간은 느리게 가고 아직 여유는 있다. 그런데 최영미의 〈서른 잔치는 끝났다〉를 읽으면 늙음을 입에 담는 사람이 많다. 30세는 세월에 가속도가 붙기 시작하는 출발 라인이다.

30대 이후부터는 더 이상 나이도 궁금하지 않다. 묻지도 않고 기억도 안 난다. 살아가기 바쁜데 나이까지 체크할 여유가 없어서일까. 그만큼 인생살이가 만만치 않다는 걸 절감한다. 화려했던 20대는 아련한 추억일 뿐 현실 앞에 버텨선 생존 과제가 더 절실하다.

하지만 30대는 결코 어둡거나 부정적이지 않다. 잔치도 끝나지 않는다. 끝나서도 안 된다. 절망을 입에 담기엔 너무 젊은 나이가 30대다. 흔들리기 쉬울지언정 그만큼 더 희망을 논하는 게 옳다. 짧게는 30년 이상 펼쳐질 은퇴 이후를 생각하면 그래도 남은 시간이 더 많다. 잘못 끼워진 20대의 경험을 반면교사로 삼는 자세가 바람직하다.

서른 잔치는 끝나지 않으며 끝나서도 안 돼

30대 노후설계를 위한 자산관리는 '유비무환'이 포인트다. '이태백'을 넘겼어도 '삼팔선'이 버티고 있고, 이후엔 '사오정', '오륙도'까지 대기 중이다. 즉 직업을 유지하는 게 무엇보다 중요하다. 실제로 30대 어느 날 닥친 경제적 위기는 가정파탄으로 이어지기 십상이다. 30대 가장만의 딜레마로 치부하기엔 여파가 너무 크다. 잘 쓰고 잘 모아야 할 30대 자산 전략에도 치명적이다. 20대 때와 더불어 자기계발과 실력 향상으로 근로현장에서 생존력을 높이는 게 중요하다.

20대에 세운 노후설계 플랜은 목표 도달에 유리하도록 수정·재배치할 필요가 있다. 30대부터는 노후자금 확보를 위한 진검승부를 펼쳐야 한다. 30대는 부자 습관을 들이는 마지막 기회다. 20대의 실수와 후회도 30대라면 교정할 수 있다. 단, 30대뿐이다. 40대면 이미 늦다.

20대가 종잣돈 마련을 위해 저축과 적금 등 모으기에 치중했다면 30대는 종잣돈으로 본격적인 불리기에 나설 시기다. 새로운 금융정보를 익히고 리스크도 일정 부분 지는 게 효과적이다. 저금리 시대가 성큼성큼 다가오는데 언제까지나 저축만 할 순 없는 노릇 아닌가. 그럼에도 현실은 안전자산 선호 현상이 뚜렷하다. 의외로 저축 등 원금보장형 금융상품에 투입된 자금이 많다. 금융위기에서 드러났듯 불확실성을 경계하는 시각이 뚜렷하다. 하지만 균형 잡힌 포트폴리오를 전제로 '안전→위험' 자산으로 배치할 필요가 있다.

30대는 많이 벌고 많이 쓰는 세대다. 운용 초보인 20대야 금융상품 1~2개면 충분하다. 그런데 30대는 다르다. 대개 소득과 지출이 다양해지면서 재산은 전반적으로 늘어난다. 효율적인 자산배분과 미래 계획이 필요한 이유다. 전체 생애를 고려한 투자 스케줄을 세우고, 이에 따라 모으고 불리기에 나서야 한다. 일찍 나섰다면 20대 때 들어놓은 적금 만기도 슬슬 돌아와 목돈 활용의 출발점이 될 수 있다.

30대라도 저축은 필수다. 소득의 30%는 저축 몫으로 두자. 사실 이 정도도 모으기 힘든 게 또 30대다. 수입은 꽤 되는데 정작 모아둔 돈이 없다는 게 30대의 특징이다. 30대 땐 자산 상황을 자주 들여다봐야 한다. 전업주부라면 복직도 필요하다. 30대가 택할 만한 모범 전략은 적지 않다. 인터넷만 두드려도 알짜 정보가 넘쳐난다.

요즘은 남녀 모두 결혼 적령기가 30대 이후로 확대된 듯하다. 경제적 압박이 생애 대형 이벤트에까지 영향을 미친 결과인데, 먹고살기 힘들어 결혼을 미루는 것이다. 이 때문에 결혼자금 마련을 계기로 자산시장에 본격 데뷔하는 경우가 많다. 이는 빠르지도 늦지도 않은 타이밍이다.

다만 노후설계의 최저 방어선으로 양보 가능한 시점이 결혼이다. 더 늦으면 곤란하다. 결혼자금을 모아본 경험이 있으면 그다음 미션도 한층 수월해진다. 결혼자금으로 빚진 게 있으면 1순위는 변제다.

적금 백날 들어봐야 빚 있으면 손해다. 정답은 집중상환이다.

결혼 후엔 고민거리도 급증하는 게 보통이다. 맞벌이 유지 문제도 그중 하나다. 가능하면 독립된 개체로서 경제적 위치를 유지하는 게 가장 좋다. 자녀 양육 등의 이유로 회사를 그만둘 땐 신중해야 한다. 한번 떠난 일자리를 다시 찾기란 여간 어렵지 않다.

내 집 마련, 자녀 교육, 노후 대비 3중고와 30대

30대는 내 집 마련과 자녀 교육, 노후 대비의 삼박자가 초연(初演)되는 시기다. 그중 최대 미션은 내 집 마련이다. 노후설계의 전력투구 항목이 부동산인 셈이다. 30대에 부동산을 멀리하면 직무유기나 마찬가지다. 불패 신화를 믿지 않더라도 가족이 살 집 한 칸은 마련하는 게 낫다.

물론 물려받은 돈이 없거나 횡재를 하지 않은 이상 30대에 근로소득만으로 자기 집을 보유하기란 불가능에 가까울지도 모른다. 하지만 둘러보면 성공 사례가 없지 않다. 다시 말해 방법이 있다는 얘기다. 내 집은 여러 의미가 있다. 심리적 안정과 함께 투자활동의 교두보이자 자산 증대의 씨앗이 된다. 내 집을 마련하기까진 전세보증금을 최소로 줄이는 게 좋다. 보증금은 이자가 없는데다 인플레이션만큼 실질가치도 떨어진다. 차라리 웅크렸다가 기회가 왔을 때 뛰는 게 낫다. 특별한 경우가 아니면 빚을 내 전세금에 보태느니 차라리 가진 돈에 맞는 집을 고르는 게 현명하다.

내 집 마련은 주택 가격의 3분의 2 이상 자금을 모았을 때 나서는 게 합리적이다. 무리한 주택 구입은 두고두고 부담이 돼서다. 물론 내 집을 위한 일정 금액의 대출은 불가피한 면이 있다. 형편에 따라 대출 재테크도 필요할 수 있다. 레버리지 효과가 실현되면 빌린 돈으로 돈을 벌어 이자를 갚고도 더 남길 수 있는 기회가 생기기 때문이다.

다만 대출엔 치명적인 함정이 있다. 대출은 어쨌든 빚이므로 이자 부담에 상환 압력이 뒤따른다. 대부분의 대출상품이 변동금리이므로 금리가 뛰면 배보다 배꼽이 더 크다. 따라서 고정금리인 모기지론과 금리변동 대출상품을 놓고 갈아타는 것도 방법이다. 제일 좋은 건 대출이자의 최소화다. 싸게 빌리면 그만큼 남는다. 특히 최근처럼 주택담보대출 규제가 셀 땐 대출 리스크를 최소로 줄이는 게 좋다. 중요한 건 조달 비용과 주택 가격 상승률의 비교 분석이다.

30대는 또 가족 형성기다. 내 집을 샀어도 한숨 돌릴 시간이 없다. 자녀의 성장 속도는 무서울 정도로 순식간이다. 자녀 밑에 들어가는 돈도 천문학적이다. 그나마 자녀가 어릴 때는 괜찮다. 중고등학교에 들어가면 중산층 엄마들마저 취업전선으로 뛰어드는 시대다. 아무런 준비 없이 40대를 맞이하면 자녀 교육비에 가계가 파산하는 건 불 보듯 뻔하다.

또한 인생 2막에 대한 고민을 구체화하는 때도 30대다. 아직 먼 일이긴 해도 '아름다운 퇴장'을 떠올리는 일이 본격적으로 늘어난다. 물론 대부분은 무모한 기대감이 없지 않다. 하지만 현실은 정반대다. 더 내고 덜 받으라며 양보만 강요하는 국민연금을 필두로 사적연금, 자녀 지원, 자산소득 등 뭐 하나 믿음직한 게 없다. 따라서 30대라면 노후자금 확보를 위해 밀알을 뿌려두는 기민함이 필요하다.

30대 노후 대비 프로젝트 1
주식

주식을 준비하는
청춘 현역의 기본기

주식은 어렵다. 결코 만만치 않은 투자대상이다. 다만 노후를 준비하는 30대라면 주식 정복 없이 풍요로운 인생 2막은 기대하기 어렵다. 좋든 싫든 주식을 떠난 자산 운용은 '팥소 빠진 찐빵'이다. 어렵고 힘들지만 평생 친구처럼 사귀는 게 여러모로 유리하다. 그 이유는 많다. 이 장에서 자세히 살펴보겠지만, 무엇보다 주식은 30대라면 잃는 것보다 얻을 게 더 많은 투자자산이기 때문이다.

그러자면 전제조건이 있다. 무조건 투자한다고 돈을 벌 수는 없다. 여기서 강조하는 기본 원칙을 철저히 지킬 때 비로소 주식은 수익을 안겨준다. 간단히 정리하면 '겁쟁이 투자'다. 주식에 겁을 내고 두려워할 때 성공 투자에 한발 다가설 수 있다. '외로운 투자'도 마찬가지다. 귀가 얇으면 주식투자로 이길 확률은 낮다. '끈질긴 투자'도 중요하다. 단기매매를 부추기는 사람이나 책이라면 과감히 버려야 한다.

주식만큼 정직한 투자자산은 없다. 무섭지만 피할 이유는 없다. 겁쟁이가 외롭고 끈질기게 투자하면 주식은 꽤 많은 보상을 안겨준다. 나이 들어서까지 얼마든지 돈벌이 대상으로 옆에 둘 수도 있다. 그렇다면 따로 은퇴 준비를 할 이유가 없다.

그런데 현실은 정반대다. 주식만큼 편견과 오해에 사로잡힌 자산도 찾기 어렵다. 주식 입장에서는 억울할 정도다. 본인이 잘못해놓고 주식을 탓하고 시대를 욕하며 핑곗거리를 찾는다. 질 수밖에 없는 투자를 해놓고 이기지 못했다고 불편부당함을 푸념한다. 물론 이를 조장하고 유혹하는 양의 탈을 쓴 늑대무리도 있다. 은밀한 휘파람에 넘어가기 딱 좋도록 포장기술도 환상적이다. 그렇다 해도 최종 책임은 본인에게 귀속될 수밖에 없다. 속았든 몰랐든 날린 돈은 본인 책임이다.

겁먹고 외롭고 끈질긴 주식투자라면 필승

구조조정과 조기은퇴로 장기·안정적인 근로소득을 얻기 힘들어진 환경 풍토에서 만만치 않은 장기전의 노후 준비를 해야 하는 30대라면 주식은 필수다. 근로소득이 흔들리면 자산소득이 거의 유일한 해법이다. 국민연금은 최저생활비도 안 되고, 그나마 3층 연금은 이제 시작 단계인데다 자녀에게 봉양 효도를 강조하기엔 현실이 너무 가혹하다. 필요한 돈은 사실상 카페라테 한 잔을 아낀 돈으로 최장의 복리 마법에 올라타 마련하는 수밖에 없다. 이때 주식만큼 훌륭한 대안은 별로 없다. 단점에 가려졌을 뿐 주식의 장점은 사라지지 않는다.

주식투자가 30대에게 제격인 이유는 인생의 동반자산으로서 가치가 있기 때문이다. 적은 돈으로 시작해 시행착오를 겪으며 노하우를 익히면 시간은 저절로 현명한 투자자의 편이 돼준다. 30대라면 앞으로 40~50년의 경제활동이 불가피하다는 점에서 복리 마법을 얼마든 누릴 수 있다. 주식투자자라면 경제 상황을 인지하고 분석하는 힘은 저절로 길러진다. 공부하는 과정이 안겨주는 덤이다.

3040세대 샐러리맨이 주식투자에 나설 때 갖춰야 할 기본 원칙을 살펴보자.

월급쟁이가 주식을 해야 하는 이유

날이 갈수록 밥벌이가 힘들어진다. 저성장은 시간문제다. 그 와중에 빈부 격차는 하루가 다르게 벌어져 가진 자는 더 갖고 없는 자는 더 잃는다. 결국 힘겹게 지켜왔던 중산층 타이틀을 박탈당한 채 생활고를 염려하는 신빈곤층이 급증한다. 샐러리맨은 정년퇴직은커녕 구조조정 공포의 위태로운 곡예운전에 밥맛을 잃은 지 오래다.

젊다면 투자 마인드 확보가 시급하다. 극한 표현이되 주식투자를 안 하는 건 업무 태만이요 직무유기다. 주식투자는 빡빡한 삶의 무게를 줄일 수 있는 거의 유일한 대안이기 때문이다. 경제적 자유와 주식투자 사이의 함수는 결코 어렵지 않다. "부자는 주식투자를 할 수 있다. 돈이 조금밖에 없다면 투자해선 안 된다. 전혀 없다면 반드시 투자하라"는 말도 있지 않은가.

주식투자와 관련해 앙드레 코스톨라니는 "삶에 비전이 없다면 어쩔 수 없이 투자하되 다만 빌리지는 말라"고 했다. 무리하지 않는 주식투자를 권유하는 말이다. 경제예측가 해리 덴트는 "긴 인생을 뒷받침해줄 만큼 충분한 돈이 없는 세대는 지금 엄청난 고민에 빠져 있다"며

"여유 있게 삶을 즐기고 싶다면 당장 체계적인 투자에 나서라"고 권한다. 기회는 얼마든지 있어서다.

마지막으로 윌리엄 오닐의 월급쟁이 주식론이다. "제대로 투자하고 저축하는 법만 배우면 누구든 백만장자가 될 수 있다. 용기를 갖고 긍정적인 시각을 버리지 않으며 절대 포기하지 마라. 하고 싶은 걸 하고, 가고 싶은 곳을 가며, 갖고 싶은 걸 갖기 위해선 반드시 지혜롭게 저축하고 적극적으로 투자해야 한다."

얼마를 갖고 시작해야 할까

주식을 하고 싶어도 돈이 없어 못한다는 사람이 많다. 옳다. 투자 세계에 데뷔하자면 입장료인 종잣돈이 필수다. 돈 없이 돈을 불리기란 애초부터 불가능하지 않은가. 하지만 종잣돈 크기와 승률은 무관하다. 푼돈으로도 얼마든지 시작할 수 있는 게 또 주식만의 장점이다. 되레 종잣돈은 넉넉한 것보단 부족한 편이 낫다.

경험과 노하우가 없는 아마추어라면 특히 그렇다. 종잣돈이 많을수록 평정심을 잃기 쉽고 군중심리에도 넘어가기 좋아서다. 종잣돈의 크기보단 언제 시작하느냐가 더 중요하다. 월가 고수들은 모두 일찍부터 주식에 눈떴다. 적은 돈을 오래 굴림으로써 예외 없이 복리효과를 경험했다. 이들은 작은 눈뭉치라도 시간이 지나면 엄청난 눈덩이로 변하기 때문에 소액일지언정 서둘러 데뷔할 것을 권한다.

다만 크든 작든 종잣돈은 잃어도 그만인 여윳돈에 한정해야 한다. 빌린 돈으로 주식을 사는 건 자해행위에 가깝다. 피터 린치는 '투자원금=여유자금'이란 등식까지 만들어 지킬 것을 강조한다. 또 잔고 수준은 일정하게 유지하는 게 좋다. 수익을 냈으면 안전한 곳으로 차익을 빼두고, 절대 투자금액을 더 늘려선 안 된다. 갑갑한 세상이지만 단돈 10만 원이면 내일을 사는 데뷔 금액 치고도 나쁘지 않다. 그러고는 차츰차츰 늘려가도 충분하다.

조바심 대신 인내심으로 내일 보기

대박은 투자자들의 로망이다. 2~3배만 오른다 해도 가슴이 벅차고 흥분되는 일이다. 하물며 10배는 누구든 한 번쯤 경험하고 싶은 꿈의 수익률이다.

주식으로 성공하고 싶은가. 그러려면 2가지 조건이 필수다. 야구에 비유해보면 스트라이크존에 정확하게 들어오는 공과 이것을 적시에 때려내는 타자의 능력이다. 피터 린치의 표현을 빌리면 "완벽한 주식을 충분히 싸게 사면 누구든 10루타(대박)를 칠 수 있다"고 했다. 그에 따르면 황금 같은 기회를 안겨줄 대박종목은 널려 있다. 단, 신문이나 TV에서 사냥하면 이미 늦다. 자주 들르는 할인점 등 철저히 일상생활에서 힌트를 얻어야 한다.

5개 중 1개만 성공해도 충분하기에 욕심은 금물이다. 그렇다고 성급하게 나서서 수익을 한정 지을 필요는 없다. 아마추어라도 고수익이 가능한 이유는 복리효과 때문이다. 인내심은 곧 엄청난 보상을 뜻한다. 고수익은 불가능하지 않을뿐더러 실제로 그 이상을 거둔 사례가 수두룩하다. 겁 많고 외롭고 끈질긴 당신이라면 얼마든지 그 주인공이 될 수 있다.

은밀한 보고서보단 오래된 인문학 읽기

증시는 어렵고 혼란스럽다. 돈을 벌겠다는 같은 목표를 지닌 수많은 사람이 제각각의 투자 도구로 매 순간 경쟁을 벌이기 때문이다. 자칫 눈앞의 기회를 놓칠까 암호 같은 숫자 정보에 목을 매는 이유다.

하지만 투자고수들은 폭넓은 시각이 더 중요하다고 역설한다. 대안은 독서다. 재무나 통계학에 연연하기보단 철학이나 심리학 등 인문학과 필요하다면 자연과학까지 소화해 교양 수준을 높이는 게 좋다.

'세상을 보는 지혜'를 갖춰 넓고 길게 보면 투자승률이 저절로 높아진다는 것은 경험칙이다. 투자 시각을 넓히는 데 독서만 한 게 없으며 독서야말로 분석 기술을 결정적으로 향상시키는 방법이다. 월가의 투자고수들은 예외 없이 독서광이면서 '읽기 중독증 환자'다.

실패할 수 있어도 무너지지 말기

긍정과 낙관론은 부를 쌓는 지름길이다. 주식투자를 하다 보면 열에 아홉은 실패 확률이 훨씬 더 높다. 사고 나니 떨어지고, 팔고 나니 오르더라는 '머피의 법칙'은 일상적이다.

방법은 손실 규모를 최소화하고 투자 실패를 되풀이하지 않는 것뿐이다. 월가의 투자고수들은 실패를 값진 자산으로 삼았기에 결국은 승자로 남을 수 있었다. 기회를 놓쳤다면 훌훌 떨쳐버려라. 후회와 미련이 무서운 건 다음 투자에까지 악영향을 미치기 때문이다.

기다리면 투자 기회는 늘 있다. 낙관과 긍정적인 투자심리야말로 그 기회를 잡을 수 있는 최고의 무기다. 실패에 연연하기보단 그 시간에 내공을 쌓는 것이 더 현명하다.

자신만의 나침반 만들어 지키기

성공 투자자는 자신만의 투자원칙이 있다. 투자원칙 없는 무모한 접근이야말로 승률을 낮추고 생명을 단축시키는 행위임을 잘 알기 때문이다. 이들은 투자원칙에 따라 세부 매뉴얼을 정한 후 시장 상태나 감정에 휘둘림 없이 반복적으로 투자했고, 또 놀랄 만한 성과를 거뒀다.

투자원칙은 어렵거나 복잡할 필요가 없다. 쉽고 간단할수록 지키기 편하고 오래가는 법이다. 아마추어일수록 서둘러 자신만의 원칙을 세워야 한다. 대전제를 손실 방어에 맞추고, 짧고 굵게 가기보단 가늘고 길게 살아남겠다는 각오로 신중하게 접근해야 한다.

그다음엔 성공 투자의 두 축인 종목 발굴과 매매 타이밍에 관련된 구체적인 원칙을 수립해야 한다. 이땐 남의 것을 참고해도 좋지만, 자신의 성향과 궁합이 맞는 것만 채택해야 한다. 명품 옷이라도 몸에 맞지 않으면 무용지물이다.

외로운 투자의 달콤한 승률

피터 린치가 주식투자로 성공한 건 군중심리와 반대로 움직이는 '칵테일파티 이론'을 철저히 지켰기 때문이다. 주식투자로 성공하려면 사람들의 허를 찌르는 역발상투자가 필수다. 시장을 왜곡하는 군중심리와는 완전히 결별해야 한다. 투자자들의 합창소리가 높아질수록 변곡점이 다가왔다는 걸 의미하기 때문이다.

주식은 소수의 게임으로 외로워야 성공한다. 대다수 사람이 스톱했을 때 발걸음을 재촉하고, 반대로 사람들이 정신없이 달려들 때는 멀찍이 떨어져 쉬는 게 좋다. 청개구리처럼 거꾸로 쳐다보고 반대로 행동해야 투자 기회를 잡는다.

실제로 월가 고수들 치고 역발상투자에 능하지 않은 이는 없다. 이들은 시장이 급락할 때 사들이고, 급등할 땐 되레 내다 판다. 인내심을 갖고 고독과 친숙해지는 것이 길게 보면 성공 투자의 지름길이다. 수익률이야말로 군중심리와 정반대라는 점을 명심해야 한다. 휘둘릴 것 같으면 아예 처음부터 거리를 두자.

전문가 코멘트를 해석하는 방법

증권가엔 수많은 정보가 떠다닌다. 하루에도 몇십 개부터 몇백 개씩 탄생하고 소멸한다. 다만 아쉽게도 주식투자의 세계에선 '아는 게 병'이 되곤 한다. 정보량과 투자승률도 비례하지 않는다. 정보란 얼마든 침소봉대나 왜곡이 가능해서다. 하물며 귀동냥한 정보에 돈을 거는 건 손실을 자초하는 격이다. 귀동냥 정보는 물거품에 불과하다.

그럼에도 전문가 코멘트나 루머, 뉴스 등에 솔깃해 투자하는 경우가 수두룩하다. 증권가 예측을 믿느니 차라리 점쟁이 예언을 좇는 게 낫다. 특히 세칭 전문가의 입을 조심해야 한다. 특정인이 최고의 전문가로 대접받고 코멘트가 잦아질수록 경계의 눈빛을 보내는 게 옳다.

분석보고서는 참고자료일 뿐 절대지표가 아니다. 무조건적인 신뢰보단 자신의 판단에 도움이 되도록 활용 차원에 머물러야 한다. 뉴스도 마찬가지다. 최신 뉴스에 대형 재료일수록 경계해야 한다. 은밀한 정보를 구걸하는 건 파산을 앞당기는 행위다. 시장의 변덕스러운 정보를 따라다닐 시간에 내재가치를 분석하는 게 훨씬 현명하다.

30대 위기관리 뼈대는 겁쟁이 투자법

시장은 늘 변덕스럽다. 이는 너무나 자연스러운 일이다. 실물경제를 반영하는 게 주식시장이니 경기곡선이 움직이면 지수가 오르락내리락하는 건 당연하다. 경기 호황·불황의 반복 흐름이 지수에 반영될 수밖에 없어서다. 겁낼 이유도 필요도 없다.

문제는 시장 참가자다. 오락가락하는 지수에 극도로 민감하게 움직여서다. 상하 진폭이 크고 심할수록 더 그렇다. 언론은 이를 물 만난 물고기처럼 한껏 부채질한다. 이렇듯 화면·활자화만 되면 사람들은 내용을 진실처럼 떠받들며 순식간에 투자행동을 급선회한다. 그래서 시장은 필요 이상으로 심하게 출렁이곤 한다. 이는 특히 일찍 터진 샴페인 향기가 가득한 폭등장과 길거리에 비명이 가득해지는 폭락장에서 자주 목격되는 현상이다. 집단심리가 무서운 이유다.

올라갈 때는 그래도 낫다. 대세상승이든 아니든 정도 차이가 있을 뿐 참가자라면 누구나 수익을 거둘 수 있어서다. 수익에서 얻어지는 자신감과 만족감은 모두에게 긍정적으로 작용한다. 하지만 반대 경우라면 다르다. 떨어질 때는 하늘이 샛노랗다. 만일 자금 조달과 투자 규모에서 무리수를 뒀다면 떨어지는 칼날을 쥐는 일도 서슴지 않을 만큼 이성을 잃어버리게 된다.

오르든 내리든 자산 운용 최대 화두는 위기관리

이쯤에서 주식투자 마라톤에 돌입한 청년 투자자라면 꼭 알아둬야 할 원칙을 강조하겠다. 더 벌기보다 덜 잃겠다는, 즉 최대 수익보다 최소 손실에 초점을 맞춰야 한다. 그만큼 자산시장을 둘러싼 불확실성이 상존하기 때문이다. 한치 앞을 내다보기 어려울 정도다. 이런 점에서 자산 운용의 최대 화두는 '위기관리'다. 다시 말해 겁쟁이 투자법의 실천이다.

시장에선 악재와 호재가 항상 다투고 있다. 끌어올릴 재료와 끌어내릴 재료가 뒤섞여 방향을 정한다. 실물경제·투자심리·유동성 등의 입장 전환이 확인될 때 쌍방의 대결 압력은 높아진다. 따라서 '위기·불황·혼란·위협' 등의 단어와 '기회·안전·신뢰·긍정' 등의 단어는 결국 같은 말이다. 언제 뒤집어질지 누구도 몰라서다. 상시적 위기관리가 필요한 것이다.

3040세대 직장인 주식투자자라면 추종 스타일은 '겁쟁이'가 돼야한다. 데뷔할 때부터 겁먹은 채 접근하는 게 속 편하다. 그래야 덜 다치고 더 벌 수 있다. 자존심은 집에 놓고 출근하듯, HTS을 켜기 전 용감함은 서랍에 넣어두는 게 좋다. 시장엔 거짓 유혹이 흘러넘친다. 가뜩이나 지르지 못해 야단인데 이럴 때 누군가가 은밀히 설득하면 십중팔구 넘어갈 수밖에 없다. 혹세무민의 증시 개평꾼은 그만큼 많다. 불안감과 기대감에 올라탄 채 책임지지 못할 위험한 발언을 기계처럼 쏟아내며 돈을 챙기는 부류다.

위험한 낙관론보다 안전한 비관론이 훨씬 낫다. 명심해둬야 할 말이 하나 있다. 바로 매수자 위험부담 원칙(Caveat Emptor)이다. 좋다고 덜컥 투자했다 잃을지언정 책임은 오롯이 '내 탓'이란 의미다. 속이는 사람보다 속는 사람이 더 바보인 법이다. 어쩔 수 없는 냉혹한 현실이다. 멈춰 선 시계도 하루 두 번은 맞듯 어설픈 예측은 사탕발림에 불과하다. 투자 세계의 불변 원칙은 자신만의 판단과 전략 수립에 있다.

시장은 아무도 모른다. 내일 장세는커녕 5분 후 예측조차 무의미하다. 증권가의 전망과 예측은 뱉고 나면 그걸로 끝이다. 맞으면 우쭐대고 틀리면 불가피한 이유만 찾으면 족하다. 이유는 수천 개다. 따라서 시황이란 늘 아슬아슬하며 돌다리도 두들겨 보는 위기관리가 필요한 것이다. 관리된 위기라면 충격은 감퇴하는 법이다.

불확실성을 이기는 방법은 겁쟁이 투자뿐이다. '아슬아슬'을 이기는 '찔끔찔끔'의 투자경제학이다. 불확실성에 대비한 위기관리의 핵심 자세는 '찔끔찔끔'이다. 그만큼 신중하고 주도면밀한 접근이 강조된다. 반대로 빌린 돈까지 총동원해 단일자산에 종잣돈 전부를 단번에 배팅하는 것은 좋게 봐서 집중투자, 비틀어 보면 몰방투자다. 이 전략은 중독성이 강하다. 운 좋게 대박자산의 저점매수·고점매도에 성공하면 로또처럼 인생역전까지 가능하다. 과거 코스닥 붐이나 강남 부동산 불패 신화를 떠올리면 된다. 다만 성공 확률은 낙타가 바늘구멍 들어가기다.

그 반면 '찔끔찔끔'은 분산투자에 가깝다. 상품이든 시간이든 잘게 쪼개 조금씩 매매하는 게 특징이다. 당연히 손맛은 없다. 하지만 실패 확률은 낮다. 리스크를 줄인 만큼 안전투자가 가능하고 느긋하게만 유지되면 속 편한 투자로 손색없다. 빨리 가려다 늪에 빠질 걸 걱정하기보단 돌아가는 듯해도 탄탄한 돌다리가 나은 법이다.

'아슬아슬' 생각하며 '찔끔찔끔' 다가서기

'아슬아슬' 상황을 '찔끔찔끔' 덤벼 극복하는 전략은 느닷없지 않다. 이미 많은 사람이 그렇게 투자하고 있다. 바로 적립식 투자다. 적립식은 펀드 대중화에 날개를 달아줬을 뿐 아니라 투자 지형을 저축에서 투자로 전환시킨 주역이다. '펀드=적립식'을 떠올리는 사람이 일반적일 정도다. 적립식이란 매달 특정한 시점에 사전에 정한 금액을 자동투자하게 설계된 형태다.

바꿔 말해 이는 '정액분할투자'다. 은행적금과 비슷하다. 적립식 투자는 활황이든 불황이든 쪼개 매매한다는 점에서 안전하고 쉽게 투자할 수 있다. 수익성도 괜찮다. 적립식 투자설계도의 핵심 운영회로는 '평균매입단가 인하효과(Cost Averaging Effect)'에 있다.

매달 100만 원씩 3개월을 적립 투자할 때 주가가 월별로 1,000원, 700원, 1,000원으로 등락했다고 치자. 1,000원일 때 1,000주를 산다면 700원일 땐 1,428주(100만 원÷700원)를 살 수 있다. 3개월 후 보유종목은 모두 3,428주다. 이때 평균주가는 900원이지만 매입단가는

875원(300만 원÷3,428주)이다. 정액분할투자의 효과다. 만일 300만 원을 한꺼번에 맡긴 뒤 같은 식으로 등락했다면 수익은 제로다. 즉 적립식 투자는 쌀 때 많이 사서 손실을 줄이고 수익은 늘리는 구조다.

물론 상승장일 땐 효과가 없다. 적립식은 앞으로의 가격 향방이 ∨자형일 땐 좋아도 ∧자형이거나 ↗ 형태로 움직이면 수익률이 깎일 수 있다. 그럼에도 장기투자가 전제되면 변동성이 낮아 안정적인 수익 흐름이 가능한 적립식이 아마추어 처지에선 낫다. 상당수의 투자고수도 적립식의 경제학에 동조한다.

가치투자의 선구자 벤저민 그레이엄은 "후회보단 안전이 낫다"며 "위험을 줄이려면 정액분할투자로 분산·장기 투자의 기대효과를 키우는 게 합리적"이라고 했다. 인덱스펀드의 창시자 존 보글은 "돈을 버는 가장 확실하지만 단순한 방법은 적립식 투자"라며 장기·분산 기능에 절세효과까지 키울 것을 강조한다. 일본 샐러리맨들의 돈을 불려줘 큰 인기를 끈 사와카미 아쓰토는 "치고 빠지는 수렵투자보단 파종 후 수확을 기다리는 농경투자가 성공 지름길"이라며 "적립식이야말로 장기투자를 위한 최선책"이라고 주장한다.

목돈이 필요한 부동산은 몰라도 주식처럼 소액매매가 가능한 금융자산은 '찔끔찔끔'이 중요하다. 좋은 종목과 상품이 있어도 단번에 사기보단 분할매입이 바람직해서다. 적어도 3회 이상 나눠 사는 게 유리하다. 3분의 1씩 나눠서 사들이면 그 자체로 일정한 수익을 확정짓고 위험관리까지 가능해진다. 시간을 두고 나눠 사면 매입가격도 비교적 저가로 묶을 수 있다.

고수들은 100% 확신이 들어도 웬만하면 한꺼번에 사지 않는다. 아무리 철저하게 분석하고 전망해도 판단 근거는 주관적인 확신에 불과해서다. 고수조차 이렇듯 신중한데 아마추어가 단번에 전량을 매매하는 건 매우 위험하다. 기관투자가나 외국인투자가도 분할매입 단골이다. 이들은 특정 가격대에 물량을 전부 사들이지 않는다. 짧게는 1~2주, 길게는 1년에 걸쳐 조금씩 사들인다. 리스크를 피하기 위해서다.

돈을 나눠 담는 것만 '찔끔찔끔'이 아니다. 매입 타이밍을 쪼개는 것도 마찬가지다. 다만 팔 땐 과감한 게 더 좋다. 살 때와 달리 한꺼번에 보유 물량을 팔아버리라는 의미다. 특히 사자마자 떨어진다면 단번에 팔아버리는 게 경험상 유리하다. 매도 순간을 놓치면 손실만 늘어날 뿐이다. 원가에 집착해본들 아무 소용 없다.

또 '찔끔찔끔'은 현금 보유 기간을 최대한 늘리려는 것이다. 한꺼번에 지급하지 않고 조금씩 나눠줘 현금을 최대한 오랫동안 갖고 있자는 의도다. 현금은 중요한 포트폴리오 구성 자산 가운데 하나다. 특히 불황기 때 현금 보유는 심리적인 안정감과 함께 수익 기회를 추가로 제공한다. 대박종목과 대박자산이라도 현금이 없으면 무용지물이다.

투자계좌엔 자산만 있어야 한다는 고정관념은 편견이다. 계좌엔 현금과 자산이 섞여 있는 게 좋다. 아쉽게도 아마추어가 가장 어려워하는 게 현금 보유다. 그만큼 쉬지 않는 투자에 익숙하다. 하지만 최적 기회가 아니면 현금 보유로 다음을 노리는 게 낫다. 현금 보유 기간이 길수록 생존율도 높아지게 마련이다. '아슬아슬'한 자산시장에서 생존 안전판은 '찔끔찔끔'에 있다.

주식과 펀드 사이의
헷갈리는 고민 해결법

"펀드만 믿었다 완전히 망했습니다. 유망 펀드란 말은 둘째 치고 주식을 잘 모르니 속 편하게 맡기자 싶었는데 이게 패착이었어요. 원금 회복은커녕 제자리걸음만 반복이죠. 배신감이 큽니다. 떨어져도 수수료는 다 가져가고…."(주식 경력 5년차 직장인 H씨)

"아무리 생각해도 직접투자밖에 없더라고요. 그런데 막상 해보고 깨달았죠. 직접 주식을 고르고 매매한다는 게 쉽지 않았어요. 집에만 있으니 정보도 없고 이리저리 신경 쓸 일도 많고요. 결국 푼돈이지만 맡기는 게 낫다는 걸 알았죠."(주식 경력 3년차 가정주부 K씨)

주식을 할까, 펀드를 할까. 참으로 고민스러운 딜레마다. 개별 주식을 다룬다는 점에서 내용은 비슷해 보여도 방법은 완전히 달라서다. 물론 애초엔 직접투자뿐이었다. 그랬던 게 2000년대 중반 이후 펀드투자 붐이 일면서 상황이 역전됐다. 지금은 직접투자보다 펀드투자가 더 일반적일 정도로 세가 확산된 모습이다. 이것이 '1가구 1펀드'란 유행어가 나온 배경이다.

투자자는 참 변덕스럽다. 변덕이야말로 투자 실패의 악성종양임에도, 한국의 자산시장 참가자들은 유행과 트렌드에 꽤 민감한 편이다. 멀리 갈 필요도 없다. 투자전략의 핵심 방법론인 직접투자와 간접투자(펀드)조차 시류에 편승해왔다. 2000년대만 해도 시대 흐름에 따라 '주식→펀드→주식'으로 갈아탔다. 금융위기 직후부터 펀드 인기는 급감한 반면 이후 장세 회복이 가시화되자 이번엔 주식투자에 관심이 쏠리는 모습이다.

펀드에서 주식으로 관심이 이전한 데는 한때 사회문제가 된 펀드 수익률의 폭락 경험이 컸다. 전문가에게 맡기면 나을 줄 알았는데 결과는 최악의 수익률을 안겨줬기 때문이다. 주가가 바닥권을 헤매자 배신감만 안겨준 펀드를 떠나 직접 하는 게 낫지 않겠느냐는 반발이다. 고비용·저효율 등 펀드투자의 가려진 진실이 적나라하게 밝혀진 것도 한몫했다.

샐러리맨의 딜레마, 직접투자 vs 펀드투자

그렇다면 과연 어떤 것이 좋을까. 주식투자 방법은 2가지다. 스스로 사고팔든가, 펀드에 맡기는 방법(간접)이 있다. 대세는 직접투자다. 펀드 인기가 절정에 달했던 2007년만 해도 주식과 펀드의 투자비중은 2대 1 정도였다. 가계 금융자산 중 주식과 펀드는 각각 21.2%와 9.8%

였다. 지금은 그 간격이 더 벌어졌다. 한편 선진국의 경우는 주식보다 펀드가 더 많다.

펀드 인기 이후 한풀 꺾였지만 주식에 대한 관심은 여전하다. 저축에서 투자로 패러다임 전환의 압박은 현재진행형이다. 저성장·고령화 파고를 넘자면 위험자산을 늘리는 게 효과적이란 설명도 빠지지 않는다. 2012년 이후엔 장세가 안정됐다는 것도 한몫한다.

다만 주식투자는 아직도 '뜨거운 감자'다. 먹긴 먹어야겠는데 뒷감당할 자신이 없다. 직접 할지, 맡길지 투자방법조차 고민스럽다. 이 때문에 폭락 기억이 뼈저리긴 해도 그나마 직접 하기보단 펀드 가입이 유리할 것이란 의견도 건재하다. 탁월하고 믿음직한 전문가(회사)의 운용펀드라면 더 그렇다.

실제로 주식을 위해 별도로 시간과 노력을 쏟을 수 없다면 펀드는 유일한 대안이다. 가치투자 선구자인 벤저민 그레이엄도 "다양한 유혹 억제 등 펀드는 직접투자에 비해 여러모로 유리하다"며 "특히 보수적이면 우량주가 많이 편입된 펀드가 괜찮을 것"이라고 했다.

월가에도 펀드투자 마니아가 많다. CEO이면서 성공 투자자로 유명한 로버트 하일브룬이 대표적이다. 그는 아버지가 사망한 뒤 거액의 주식과 채권을 물려받았다. 돈 굴리는 법을 몰랐던 그로서는 갈등에 직면했다. 막대한 자산을 어떻게 운용할지 방법을 몰라서다. 결국 그는 자신의 아버지가 신뢰했던 벤저민 그레이엄에게 유산을 맡겼다.

그 선택은 옳았다. 그에게 큰돈을 벌어준 건 종목이 아닌 사람이었다. 그는 "내가 가장 잘한 일은 뛰어난 투자가를 골라 돈을 맡긴 것"이라며 "평범한 개인이라면 우량주를 고르기보단 뛰어난 투자가를 고르는 게 훨씬 쉽다"는 경험담도 덧붙였다.

그만큼 펀드투자의 장점은 많다. 무엇보다 개인이 직접 품을 팔아야 가능한 종목 선정이나 매매 타이밍 결정을 위한 시간과 노력을 줄일 수 있다. 주식투자엔 끊임없는 공부가 필수다. 그 와중에 산업과 기업 환경의 변화 속도는 눈부시게 빠르다. 더 중요한 건 트렌드 변화를 읽어내는 눈이다. 경력 짧은 아마추어라면 여간 어려운 과제가 아니다. 오죽하면 워런 버핏조차 잘 모르겠다는 이유로 기술주엔 돈 한 푼 넣지 않았을까.

그런데 간접운용인 펀드라면 이런 부분에서 어느 정도 자유로울 수 있다. 적지 않은 몸값을 자랑하는 펀드매니저와 애널리스트 등 업계 전문가들이 관여해 있어서다. 도덕적 해이와 판단 오류를 막고자 단독 운용보단 팀제를 도입한 곳이 갈수록 늘어나 안전장치도 한층 강화됐다. 개인 입장에선 소액자금으로 분산투자하는 효과도 누릴 수 있다.

비중 나눠 둘 다 갖는 게 여러모로 유리

그 반면 펀드투자에 대한 경고도 끊이지 않는다. 세간에 알려진 펀드의 좋은 점도 뒤집어보면 불가피한 약점일 수밖에 없기 때문이다. 특이한 건 제 손으로 펀드를 운용해 세계 최고의 명품 반열에 올려놓은 월가 고수들조차 펀드의 치명적인 한계를 강조한다는 점이다.

그들에 따르면 펀드의 한계는 2가지다. 우선 펀드매니저의 능력과 환경을 둘러싼 문제다. 앙드레 코스톨라니는 "유능한 펀드매니저조차 비쌀 때 사서 쌀 때 파는 일을 수없이 반복한다"고 질타했다. 원숭이와 아마추어, 펀드매니저의 수익률 게임에서 원숭이가 1등 한 걸 보고 랜덤워크 이론을 만들어낸 버튼 맬키엘 교수도 "펀드매니저를 믿느니 동전을 던져 결정하는 게 낫다"고 일축했다. 도덕적 해이에 대한 염려도 많다. 존 보글은 "펀드매니저와 경영층의 이해관계가 들어맞아 분식회계 등 장부상으로 숫자장난을 왕왕 한다"고 말했다.

또 하나의 치명적인 한계는 비용 문제다. 남에게 맡기려면 수수료를 내야 한다. 마케팅, 리서치 등 판매·운용 수수료가 실익에 비해 훨씬 부담스럽다는 게 고수들의 지적이다. 벤저민 그레이엄은 "뛰어난 스킬과 정보로 무장한 펀드도 비용을 빼면 시장평균 이상의 성과를 거두기 어렵다"고 했다. 워런 버핏은 "펀드투자 땐 비용을 무시한 채 뛰어들면 곤란하다"고 강조했다.

이런 치명적인 한계는 궁극적으로 수익률을 훼손한다. 게다가 발표된 수익률이 진실이 아닐 수도 있다. 존 보글은 "장이 좋을 땐 대부분 펀드가 기록적인 수익률을 달성하지만 길게 보면 시장평균 수익을 달성한 펀드는 손에 꼽는다"고 했다. 오히려 풍랑(하락장)을 만나 침몰한 펀드가 훨씬 많다.

높은 판매·운용 수수료가 그나마 건진 수익률을 갉아먹는 건 물론이다. 어릿광대 모자를 쓰고 기관투자가를 조롱하며 독자적인 투자정보를 제공하는 모틀리 풀의 설립자 가드너 형제는 "우리가 펀드를 혹평하는 덴 이유가 있다"며 "과장된 수익률이 대표적"이라고 했다.

그렇다고 펀드를 무시하거나 멀리하자는 말은 아니다. 직접투자를 하니 펀드가 필요 없다거나 펀드가 있으니 그걸로 됐다는 식의 이분

법적인 사고는 옳지 못하다. 똑같은 주식투자지만 펀드와 직접투자는 성격 자체가 다른 투자방법이다. 같은 값이면 둘 다 하는 게 좋다. 해리 덴트는 "고수익은 적절한 자산배분으로 얻어진다"며 "다양하게 투자해야 위험부담과 변동폭을 줄일 수 있다"고 밝혔다.

특히 아마추어라면 펀드투자를 우선하는 게 옳다. 몇몇 걸림돌이 부담스럽지만 그렇더라도 펀드 특유의 메리트까지 훼손하진 않기 때문이다. 보유자산의 일정 비율을 펀드에 편입함으로써 직접투자에 따른 리스크를 줄이는 한편 안전장치를 강화하는 게 합리적이다. 그 대신 펀드의 한계를 최소화하는 데 초점을 맞출 필요가 있다.

제일 중요한 건 맞춤투자다. 투자 대상과 방법이 자신의 궁합과 입맛에 맞아야 원하는 결과를 효과적으로 얻을 수 있다. 주식투자의 최대 목적은 장기생존을 통한 최대수익 확보다. 노후 준비라는 갈 길 바쁜 길에 막 들어선 3040세대라면 더욱 그렇다.

다만 이 목표에 닿는 길은 투자자마다 각양각색이다. 종잣돈, 투자 성향, 기대수익, 투자 기간 등에 따라 수십 가지 길이 조합된다. 펀드와 직접투자는 그중 하나의 선택지일 뿐이다.

워런 버핏의 스승인 필립 피셔는 "주식투자를 할 때 자신의 투자 환경과 기대수익을 평가한 뒤 자신에게 맞는 투자방법을 골라야 한다"고 조언했다. 투자자마다 포트폴리오가 다른 법인데 무작정 유행만 좇는 투자는 득보다 실이 많다는 뜻이다.

부풀려진 주식 실패의
오해와 변명

　세상엔 편견이 참 많다. 공정하지 못한 치우친 오해는 때로 몇 사람의 개인 경험이 더해지면서 엄연한 진실로까지 발전한다. 자산시장에 한정하면 "○○로는 절대 돈 못 벌 것"이란 선입견이 그렇다. 빈칸에 들어갈 강력 후보는 주식이다. 금융위기 이후엔 아파트 등 부동산도 유력 후보로 추천되고 있지만 주식만큼 광범위하진 않다.

　주식은 사실상 동네북이다. 패가망신의 지름길이요, 잘해야 본전이란 인식이 폭넓다. 인터넷엔 유명인사의 말을 빌려 "주식투자 절대 하지 말라"는 문장이 일종의 불문율처럼 받아들여진다. 공식화된 '주식무용론'은 "내가 아는데…" 혹은 "아는 사람이 홀딱 망했다"는 경험담이 덧대지면 무시 못할 폭발력을 지닌 채 확산된다.

　되짚어보면 일리는 있다. 멀게는 1990년대 말의 코스닥 붐이 꺼진 후의 IT 버블과 가깝게는 2000년대 중후반 금융위기 이후의 대공황 공포 때 주가폭락은 대단히 아픈 생채기를 남겼다. 벌었던 사람도 한

순간에 손실로 돌아섰고, 뒤늦게 가세한 사람은 아예 돌아오지 못할 강을 건너기도 했다. "주식하는 남자랑은 결혼도 하지 말라"는 날선 경고도 되살아났다. 주식 실패 후 극단적인 선택을 한 이도 많았다.

주식은 결코 쉽지 않다. 그럼에도 주식은 먼 길을 떠날 30대라면 반드시 필요하다. 하지 말아야 할 이유보다 해야 할 근거가 더 많다. 무조건 반대해야 할 건 더더욱 아니다. 반론이 있겠지만, 주식은 안 하고 후회할 바에야 해보고 후회하는 편이 옳다.

더구나 주식은 반드시 잃는 게임도 아니다. 확률은 정확히 절반이다. 문제는 잃을 수밖에 없는 게임을 펼치는 당사자에게 있다. 절대로 하지 말라는 방법만 골라 무리수까지 두니 질 수밖에 없다. 이렇게 해서 이기면 오히려 그게 이상하다. 주식 실패에는 놀랄 정도로 공통적인 악수(惡手)가 목격된다. 높고 가파르다고 정상을 포기하는 건 어리석다. 함정이 깔린 지름길 유혹에 넘어가는 것도 마찬가지다. 좀 돌아가도 안전하고 즐거운 산행이 중요하다. 위험하니 오르지 말라는 말만 믿고 주저앉기엔 대한민국 30대의 앞날이 너무 길다.

지금부터 주식 필패를 주장하는 편견과 오해를 살펴보자. 거꾸로 편견과 오해가 왜 잘못된 것인지도 곰곰이 생각해보자.

오해 1. 잃은 사람만 있고 딴 사람은 없다?

노름은 참 이상하다. 화투만 해도 잃은 사람은 많고 딴 사람은 없다. 딴 사람이 없다니 돈 잃은 사람 처지에선 기가 찰 노릇이다. 오죽하면 거울 앞에서 혼자 쳐도 돈이 안 맞는다는 말까지 떠돌까. 주식투자도 똑같다. 웬만하면 성공담은 떠돌지 않는다. 하나같이 '깡통' 찬 실패

담만 확대재생산 된다. 주변 사람들 얘기를 들어봐도 주식으로 돈 번 사람은 거의 없다. 가뭄에 콩 나듯 대박 소문이 간간이 있을 뿐이다. 너나 할 것 없이 모두 오르는 대세상승장에서조차 그렇다.

왜 그럴까. 성공담보단 실패담이 많은 건 어쩌면 당연하다. 당장 심리적 부담 때문이다. 웬만하면 대박 났다고 소문낼 만큼 강심장은 별로 없다. 부러움을 넘어선 질시와 손 벌리기가 두려워서다. 그도 그럴 게 사촌이 땅을 사도 배 아프다는 게 우리네 심정 아닌가. 2~3배 수익을 내도 "조금밖에 못 벌었다"며 수익률을 20~30%로 후려치는 게 차라리 속 편하다. 부러움과 으스대는 건 잠깐이지만 질시와 손 벌리기는 오래가는 법이다. 남들은 잃었다는데 혼자 벌었다고 하는 것도 곤란할 수 있다. 비법이라도 알려달라면 그것도 부담스럽다. 그냥 잃었다는 집단 속에 묻혀가는 게 편하다.

물론 실제로 잃은 사람도 많다. 아마추어의 승률이 낮은 건 엄연한 사실이다. 평균적으로 개인투자자의 승률은 20~30%에 불과하다. 열 중 예닐곱은 잃는다. 반대로 시장 주도 세력인 기관투자가와 외국인 투자가의 승률은 대단히 높다. 그럼에도 높은 승률을 자랑하는 20~30%의 아마추어는 늘 있다. 이들은 웬만하면 잃지 않는다. 승률이 떨어져도 먹을 때 크게 먹고 잃을 때 조금만 잃는 까닭에 종합하면 항상 플러스 수익이다. 그렇다고 대놓고 자랑하지는 않는다. 혼자 외롭게 매매하면서 소리 소문 없이 실속을 챙긴다.

과거 기자 시절에 이런 사람들을 숱하게 만났다. 이들은 대개 "자식한텐 주식투자 절대 안 권할 것"이라고 말한다. 그만큼 힘들기 때문이다. 그러곤 또 매매한다. 주식투자가 쉽진 않지만 몇 가지 룰만 지키면 충분히 해볼 만한 가치가 있다는 게 이들의 속내다. 주식투자는 어차피 제로섬 게임이다. 잃은 만큼 딴 사람이 있다. 몇 사람의 입을 거치면서 자연스레 과장되고 왜곡된 실패담에 연연해 투자 기회를 포기해선 안 된다. 주식은 '패자의 게임'이 아니다. 깡통계좌의 이면에는 대박계좌도 존재한다. 주식으로 돈 버는 이들은 분명히 있다.

오해 2. 샐러리맨과 주식투자는 최악의 궁합?

샐러리맨은 주식과 궁합이 맞지 않는다고 한다. 과연 그럴까? 당장 개장 시간(오전 9시~오후 3시)과 업무시간이 겹치기에 어쩔 수 없이 한계가 있을 수밖에 없다. 개장 시간은 직장인의 업무 타임에 속한다. 그런데 이 시간대에 주식투자를 하면 업무에 집중하지 못하게 되므로 회사에서 싫어하는 게 당연하다.

그래도 해야 한다면 '도둑매매' 뿐이다. 회사나 상사 몰래 HTS을 열어놓고 일하는 짬짬이 들어가 사고팔거나 휴대전화를 비롯한 인터넷 연결기기를 쳐다보며 눈치껏 거래하는 것이다. 둘 다 성가시고 짜증 나긴 매한가지다. 자칫 시말서까지 쓸 각오가 필요하다. 심지어 일부 회사는 보안 강화 차원에서 HTS 연결을 차단해놓기도 한다.

여러 이유로 샐러리맨은 불쌍하다. '맘대로 못하는 자산 증식'도 그 중 하나다. 얽매인 몸이니 뜻이 있어도 방법은 곤궁하다. 그래서 샐러리맨과 주식투자는 최악의 궁합이란 얘기가 떠도는 것이다. 그 대신 '가늘고 긴 봉급쟁이 생활'이 최고의 재테크라는 농담에 고개를 끄덕이는 사람도 많다. 직장인의 투자외도란 그만큼 쉽지 않은 프로젝트다. 무엇보다 과중한 업무로 투자활동에 전력투구할 수 없다. 집중도가 떨어지니 타이밍을 놓치고 실패하는 게 당연하다. 결국 일도 안 되고 매매도 안 되는 딜레마에 빠지는 경우가 비일비재하다.

샐러리맨 주식투자는 상식을 깨는 게 먼저다. 주식투자로 짭짤한 수익을 올린 사례도 많다. 되레 왕성한 경제활동과 업무 내용 덕분에 일반인이 못 보는 트렌드나 정보에 밝을 수 있다. 샐러리맨이 주식투자에 유리하다는 건 장바구니에 밝은 주부가 주식투자에 제격이란 말과도 일맥상통한다. 튼실한 기업 발굴의 최대 힌트가 영수증과 가계부를 움켜쥔 주부 소비자의 현장감각에서 나올 수 있기 때문이다.

봉급쟁이 투자방법은 분명 따로 있다. 전업투자자를 따라 해선 곤란하다. 일과 주식의 양수겸장은 몇 가지 원칙을 따라야 가능하다. 우선 샐러리맨에게 단타매매는 '필패의 덫'이다. 타이밍을 못 잡는데 '치고 빠지기'란 애초부터 불가능하다. 짧아도 1개월은 본다는 각오로 임해야 한다. 정보에 휘둘려서도 곤란하다. '카더라' 통신은 무시하는 게 상책이다. 빌린 돈을 '몰빵'하는 것도 위험천만하다. 웬만하면 종목은 묵직한 게 좋다. 무엇보다 샐러리맨의 라이프스타일에 어울리는 자신만의 투자 노하우를 익히는 게 우선 과제다.

오해 3. 정보가 없어 승률이 떨어진다?

주식을 둘러싼 편견 중 가장 많은 건 '투자정보'와 관련된 오해다. "아는 게 적은데다 정보까지 없어 주식하기 어렵다"는 사람이 부지기수다. 물론 틀렸다. '카더라' 통신의 객장 소문은 정보가 아니라 확인되지 않은 루머일 뿐이다. 나와 극소수만 안다는 정보란 애초부터 없다. 내가 들을 정도면 시장이 전부 안다고 해도 과언이 아니다. 귀동

냥할 시간에 낮잠이나 자는 게 낫다.

은밀한 정보는 십중팔구 무용지물이다. 귀엣말 정보는 손실로 직결된다. 증권가엔 '세력'이 많다. 작전세력은 절대 수익을 나누지 않는다. 뇌동매매는 금물이다. 요동치고 휘둘리면 결과는 뻔하다. 테마나 공시 등 단발 뉴스는 차라리 버려라. 남의 말에 귀를 쫑긋해선 앞날이 없다. 이들에게 정보는 곧 파산이다. 절대 타인의 말에 귀 기울여선 안 된다. 정보와 루머는 구분해야 한다.

프로 사이엔 "듣긴 듣되 움직이진 말라"는 철칙이 있다. 증권가엔 증권사마다 정보를 다루는 전문가들이 참여하는 정보회의가 있다. 대부분 피라미 정보지만 가끔 월척이 낚이기도 해 무시할 수 없는 자리다. 심지어 여기에서조차 역정보가 판친다. 3개 중 2개는 낭설일 확률이 높다. 같은 바닥 선수들이지만 속고 속이기가 다반사다. 그래도 대놓고 욕하진 않는다. 책임은 철저히 본인 몫이기 때문이다.

문제는 그다음 루트다. 정보회의에서 거론된 정보가 은밀히 유통돼 아마추어에게 흘러들어 가는 경우다. 반향은 대단하다. 단순정보가 확대재생산 돼 나중엔 누가 들어도 엄청난 호재로 둔갑한다. 얼마나 치밀한 가공을 거쳤는지 웬만한 전문가조차 쉽게 속을 만큼 신빙성이 높다. 루머가 무서운 건 이 때문이다. 특히 정보 의존도가 높고 네트워크가 탄탄한 30대의 경우 왜곡된 정보를 공유할 여지가 많다.

뉴스도 조심해야 한다. 뉴스에 나온다고 꼭 진실은 아니다. 확인 없는 일방적인 정보일 수도 있다. 희망사항이나 미래 전망이 지금 일처럼 각색되기도 한다. 막상 뚜껑을 열어보면 사실무근일 때가 많다. 뉴스는 과거 얘기일 뿐이다. 투자자의 사고는 미래지향적이어야 한다.

그런데 아쉽게도 대부분은 뉴스로 투자를 결정한다. 대단히 잘못된 행태다. 통계의 노예가 돼선 곤란하다. 주가란 예측 불가능하다. 충격적인 사건(호·악재)이 증시 흐름을 순식간에 뒤집어놓는다. 과거 통계나 사건에 집착해선 안 된다. 차라리 명상이나 사색이 더 중요하다. 루머나 통계에 연연하려면 주식을 그만두는 게 낫다.

오해 4. 달걀은 한 바구니에 담지 말라고?

"계란은 한 바구니에 담지 말라"는 격언이 있다. 위험분산 차원에서 투자 종목을 여러 개로 나누라는 메시지다. 투자 세계에선 일종의 '정석'처럼 받들어진다. 그런데 여기엔 함정이 있다. 잘못 분산하면 부작용이 더 커다. 즉 파워풀한 분산투자 무용론이다. 대다수 개인투자자는 분산할 만큼 금액이 크지 않은데다 기껏 분산해도 제대로 관리가 이뤄지지 않기 때문이다. 돈 100만 원에 보유 종목만 10개라는 식의 '백화점식 잔고'야말로 분산투자의 대표적인 실패 사례다.

실전에서는 의외로 집중투자 효과도 자주 거론된다. 집중투자의 성공 사례를 보자. 자칭 '집중투자자'인 워런 버핏의 버크셔 해서웨이가 대표적이다. 이 회사의 주식투자는 그 자체가 거대한 포트폴리오다. 규모도 상당하다. 하지만 포트폴리오는 단순하다. 대부분의 대형 펀드가 100개 이상의 종목을 갖고 있지만, 버크셔는 30개 남짓에 불과하다. 게다가 포트폴리오의 80%는 소비재와 금융의 두 섹트에 집중돼 있다. 분산투자로 변동성은 줄여도 위험까진 못 피한다고 봐서다. 결국 잘 아는 회사에 집중하는 게 더 효과적이란 관점이다.

초보라면 종목은 적을수록 좋다. 위험분산을 이유로 여기저기 기웃

대선 안 된다. 정작 집중력을 분산시킬 수 있어서다. 어떤 때건 2~3개 종목을 넘어서면 전력을 기울일 수 없다는 게 경제학자 케인스의 판단이다. 확률 높은 2~3종목만 공략하는 게 낫다. 많아도 5개를 넘기면 곤란하다. 내 손안의 새 한 마리가 숲 속의 열 마리보다 나은 법이다. 피터 린치는 이를 "포커에서 계속 패를 돌리는 것과 같다"고 했다. 즉 기회가 더 많다는 뜻이다.

집중투자에도 전제조건이 있다. 우선 잘 아는 우량주여야 한다는 점이다. 우량주가 아니면 집중투자는 손실로 직결된다. 또 만약을 위해 엄격한 손절매(Loss Cut)는 항시 대기다. 종목 선정이 잘못됐을 때를 대비하기 위해서다. 적게 잃는 게 적게 따는 것보다 중요하다. 잦은 매매도 안 좋다. 교체할 만한 대안이 없는 상황에서 매매할 이유는 없다. 대부분 오르는 건 팔면서 내리는 건 '물타기'를 하는데 실은 정반대다. 오르는 건 놔두고 떨어지는 건 던지는 게 낫다. 될 만한 알짜배기 몇 개만 골라 곰처럼 투자하는 게 좋다. 워런 버핏은 "투자자란 평생 20개의 구멍밖에 뚫을 수 없는 펀치카드를 가진 사람처럼 행동하라"고 주문한다. 신중하되 절호의 기회를 낚아채라는 조언이다.

오해 5. 머리가 나빠서 주식투자 못 하겠다?

증권가엔 똑똑한 사람이 많다. 종사자라면 일단 학력만큼은 국내 최고 수준이다. 석사는 흘러넘치고 박사도 많다. 외국 학위자도 수두룩하다. 경쟁이 세고 고학력이란 점에서 이들의 연봉 수준은 타의 추종을 불허한다. 그래서 돈 없고 배운 게 적은데다 머리까지 나쁘면 주식투자는 절대 해선 안 될 것으로 오해하기 십상이다.

하지만 이건 선입견이다. 주식투자와 학력은 상관이 없다. 많이 배웠건 못 배웠건 시장 앞에선 평등하다. 똑똑하니까 대박 낼 거란 생각은 환상이다. 덜 배운 투자자가 고수익을 내는 사례도 결코 적지 않다. 전설적인 투자자 앙드레 코스톨라니는 대학 문턱도 안 가봤다. 여의도 증권가의 슈퍼개미 중 상당수도 가방끈이 짧다.

주식투자란 생각보다 단순 명쾌하다. 정보와 도구의 비대칭성이 결정적인 변수는 아니다. 학력이나 자금력은 핑곗거리에 불과하다. 돈 없고 못 배웠지만 얼마든 성공할 수 있다. 주식투자는 자신과의 싸움이다. 자기통제만 가능하면 기존 장벽쯤은 못 넘을 바도 아니다. 주식은 머리보다 가슴으로 즐기는 게임이다. 지식보단 감성이 이 세계를 지배한다. 수학적 지식에 근거를 둔 정확한 데이터보단 시장과 인간의 심리를 잘 아는 게 성공 투자의 지름길이다.

같은 값이면 낙관적인 사고가 효과적이다. 지구가 멸망하지 않는 한 시장은 항상 열린다. 기회는 늘 있다. 주식투자는 단발 게임이 아니라 평생에 걸쳐 등판해야 하는 반복 게임이다. 고맙게도 주가는 늘 오른다. 잠깐씩 떨어지긴 해도 길게 보면 오름세다. 장기투자의 핵심은 바로 여기에 있다. 그래서 30대 시작 단계라면 끈기가 중요하다. 딸 수도 있고 잃을 수도 있지만 절대 죽어서는 안 된다. 조바심을 내는 건 생명을 앞당기는 행위다. 코스톨라니는 "즐거운 상상이야말로 성공 투자의 전제조건"이라며 이를 예측의 엔진으로 삼았다.

/
숨겨진 주식 승자들의
진실과 비법
/

양천구 목동에 자리 잡은 H주상복합 14층. 그의 '아지트'는 소탈하기 그지없다. 널찍한 책상에 소파가 전부다. 직접적인 돈벌이 수단인 PC는 달랑 노트북 2대뿐이다. 책상 한쪽엔 켜켜이 쌓인 보고서와 책 몇십 권이 어지럽게 널려 있다. 인상적인 건 구석에 접혀 있는 야전침대다.

이곳의 주인은 나이 40에 전업투자자로 데뷔한 H(50세)씨다. 투자경력 10년째인 그는 주식투자로 꽤 짭짤한 수익을 거뒀다. 폭락장에선 좀 잃었지만 상승장에서 수익을 유지해 전체적으로는 성공 투자자 반열에 올랐다. 개인 사무실로 쓰는 이 공간도 주식 덕분에 살 수 있었다. 그는 "누가 뭐래도 주식만 한 건 없다"며 "큰돈 벌 욕심 없이 살살 하면 먹고살 걱정은 없을 것"이라고 자신한다. 못해도 20~30년은 더 하겠다는 게 그의 포부다.

증권가엔 '숨은 실력자'가 많다. 알음알음 소문도 꽤 많다. 이들의 활약은 늘 호사꾼들의 단골 이슈로 등장한다. 몇몇은 증시 자체를 쥐락펴락할 만큼 거물급 인사로 분류되기도 한다. 한때 시대를 풍미했던 '압구정동 미꾸라지', '전주 투신', '목포 세발낙지', '일산 가물치', '홍콩 물고기' 등도 대표적인 슈퍼개미로 손꼽힌다. 모두 몇백억 원대의 거금을 주물렀던 막강 파워다.

그 반면 적지만 알찬 성적을 내는 사람도 수두룩하다. 출신 배경이나 투자 경력, 운용 자금 등은 천차만별이지만 장세와 무관하게 쏠쏠한 시세차익을 거둬 입소문을 탄다. 물론 다소 과장된 면이 없진 않겠지만 오랫동안 시장을 웃도는 월등한 성적을 올렸다면 진정한 재야고수로 손색이 없다. 이들은 자신만의 맞춤식 투자 노하우로 무장한 채 시장과 맞대결을 펼친다. 이들에게 주식투자는 "결코 쉬운 길은 아니지만 도전해봄 직한 일"이다.

고무적인 건 평범한 샐러리맨의 부업 차원 주식투자 성공 스토리다. 본업에 집중하며 가끔 들여다보는 주식매매만으로 상상 초월의 수익을 거둔 사례가 주변엔 수없이 많다. 본업에서 안정적인 근로소득을 확보하면서 철저히 부업 개념에 머무는 주식투자자의 경우다. 기본적으로 본인이 통제할 수 있는 범위에서 종목을 선정하고, 장기투자로 무리수를 두지 않으니 꽤 속 편한 투자 사례다. 잘 들여다보지 않으니 단기부침조차 휘둘릴 일이 없다. 가끔 시간을 내서 나쁜 주식은 버리고 새로 꽃밭을 정리하는 게 사실상 부업투자의 전부다.

필자도 전업투자자는 아니지만 주식으로 잃어본 기억은 별로 없다. 틈틈이 잃긴 했어도 총량 손실은 없었다. 얼마 전 1년 예정으로 해외에 나갈 때도 마찬가지였다. 출국 직전에 평소 생각해뒀던 나름의 우량주와 ETF 등 모두 5개 투자처에 원금을 묻어두고 떠났는데 혹여 해외에 머물면서 신경 쓰게 될까 봐 아예 아이디와 비밀번호를 변경해 놓았다. 결과는 어땠을까. 직접투자와 펀드 모두 1년 치고는 아주 만족스러운 성과를 얻었다. 평균 2배에 가까운 수익률이었다. 장세가 좋기도 했지만 강제적인 장기투자 압박이 주효했다고 판단한다. 지금도 보유 중인데 여전히 느낌 좋게 움직이고 있다.

지금부터 평범한 보통의 3040세대가 주식으로 수익을 낸 스토리를 살펴보자. 결코 특별하지 않은 자신만의 노하우란 점에서 특히 주목할 만하다.

에피소드 1. 전직 투자전략가 K씨, "내 노후는 배당주만으로 충분해"

"쓸데없는 고민은 왜 하나 모르겠어. 주식은 어차피 위험하잖아. 불리기보다 지키는 게 더 중요해. 욕심내지 말고 배당주에 묻어둬. 한 3억 묻어두면 시세차익 없이 10%만 배당수익을 내도 연 3,000만 원은 떨어지잖아. 노인네들한테 이 정도면 결코 적은 돈이 아니지. 노후 생활비는 충분히 나와. 나도 회사 잘리면 조용한 데 사무실 얻어 주식투자나 해야겠어. 속 편하게 말이야. 배당주만 잘 공략해도 내 노후는 어떻게 되지 않겠어?"

한참 전에 들은 얘기인데 워낙 반복해 듣다 보니 지금도 생생한 투자 조언으로 남아 있다. 이 코멘트의 주인공은 학교 선배인 K씨로 증권맨 출신이다. 그때는 농담처럼 듣고 넘겼는데 지금은 현실이 되었다. 그 이후 오래간만에 K선배와 전화 연결이 됐는데 퇴사 이후 그의 활동상은 예상대로 흘러갔다. 전업투자자로 변신한 것이다. 원래 안전지향적인 투자 성향임에도 샐러리맨 시절보다 더 나은 수익모델을 갖췄다. 지인들이 맡긴 돈까지 합하면 10억 원 안팎의 투자자금을 운용 중인데 수익률이 꽤 좋다.

K선배의 투자 솔루션은 변함없이 '고배당주'처럼 안전성이 높은 종목 발굴과 공략에 있다. 게다가 배당성향이 높다는 건 우량한 재무구조와 뚜렷한 실적 증가를 의미한다. 저금리 기조에선 꿩(배당) 먹고 알(차익) 먹기인 셈이다. 실제로 배당주의 경우 매년 배당수익은 거의 확정적인데다 떨어질 땐 덜 떨어진다는 게 K선배의 투자 성향과 궁합이 맞았다. 특히 그는 옛날부터 고배당주로 꼽히는 도시가스 관련주로 재미를 톡톡히 봤다. 중소형주 가운데 배당성향이 높은 종목과 약간의 리스크를 감수한 고성장주로 포트폴리오를 짰다면 꽤 짭짤한 투자수익이 가능한 구조. 그의 노후를 '고배당주'가 책임지고 있는 셈이다.

에피소드 2. 대기업 차장 박씨, "큰 흐름 안에 미래가 있어"

대기업 기획부 차장인 박동현(40세) 씨는 한때 주식 때문에 골머리를 앓았다. 말 그대로 "줏대 없이 멋모르게 덤벼들었기 때문"이다. 하지만 지금은 주식이 독은커녕 보약이 됐다. 이대로라면 주식만으로 밥 먹고 살아도 충분할 정도다. 남들은 헉헉대는 10억대 노후자금도 일찌감치 확보해뒀다. 욕심이 있다면 "필이 꽂힌 필리핀에 건물이나 하나 사뒀으면…" 하는 거다. 자신감 넘치는 그의 얘기를 듣다 보면 그것도 불가능해 보이진 않는다.

그렇다고 그는 본업을 포기할 생각은 없다. 직장생활이 다 그렇듯 스트레스는 받지만 그만두기엔 여러모로 부담스러워서다. 직장생활이 마이너스보다 플러스가 더 많다는 얘기다. '물론 언제 잘려도 돈 때문에 불편할 것 같지 않으니 샐러리맨 생활도 할 만하다'는 게 그의 생각이다. 운용 자금은 평균 2억~3억 원이다.

그는 본업을 주식투자에 적절히 활용하는 양수겸장의 달인이다. 직장생활에서 얻은 정보와 노하우를 주식투자로 연결하는 데 능하다. 회사에서 그는 미래 전략과 비전 수립 업무를 맡고 있다. 그러자니 글로벌 경제를 비롯해 환율, 금리, 정책 등 거시환경을 누구보다 환히 꿰뚫는다. 큰 흐름을 분석해야 그에 따른 대응 전략이 세워지기 때문이다. 경제를 바라보는 눈은 웬만한 이코노미스트보다 낫다. 증권가에서 얘기하는 이른바 '톱다운(Top down)' 분석방법에 정통한 건 물론이다. 거시환경 변화가 개별 기업에 미치는 파장은 누구보다 빠삭할 수밖에 없다. 게다가 현장 수준의 경험과 감각까지 갖췄다. 가령 경기곡선에 따른 주도주 선별은 그에겐 '식은 죽 먹기'다.

그의 얘기를 들어보자.

"미국이 기침하면 한국은 감기 걸린다는 말이 있잖아요. 외생변수의 파워란 게 그만큼 위력적이니까요. 그래서 종목을 고를 땐 대외환경을 먼저 봅니다. 해외 변수를 살핀 뒤 산업과 기업 순서로 종목을 압축해나가는데 의외로 괜찮은 방법이에요. 글로벌 금리 동향만큼 미국이나 OECD 국가의 경기선행지수도 중요하게 보죠. 최근엔 원자재 값 움직임도 주요 변수가 됐고요. 사실 널린 게 정보인데 그걸 활용하는 사람이 적어요. 한국 증시의 현실을 감안하면 톱다운 접근법에 대한 이해 없이 제대로 된 주식투자는 불가능할 겁니다."

에피소드 3. 보험회사 FP 진씨, "실패에서 배운 초심이 중요"

외국계 생보사 재무설계사(FP) 진승수(37세) 씨는 묵직한 가죽 다이어리를 들고 종횡무진 영업 현장을 누비는 회사 간판선수다. 조만간 백만불원탁회의(MDRT, 계약액 연간 100만 달러 이상 FP 모임)를 넘어 MDRT의 6배 실적인 TOT(Top of Table)에 오를 것으로 예상된다.

그에게 다이어리는 어디를 가든 꼭 들고 다니는 필수 휴대품으로, '재산목록 1호'다. 그 안엔 고급 영업정보가 빼곡히 들어 있다. 고객 정보부터 재테크 관련 정보까지 없는 게 없다. 다이어리 첫 장엔 지인이 써줬다는 그만의 좌우명이 코팅지에 싸여 붙어 있다. 바로 '초심(初心)'이다. 그는 다이어리를 넘길 때마다 이 글자를 보며 각오를 새롭게 다진다.

뉴 밀레니엄이 시작되던 2000년대 초반, 그는 살아오면서 처음으로 자살이란 걸 생각했다. 삶의 희망이란 눈 씻고 찾아봐도 없었기 때문이다. 모아둔 돈을 다 까먹고 친구와 친지, 나중엔 친한 고객에게까지 빚만 7억 원 가까이 졌다. 모두 주식투자 탓이었다.

처음부터 실패했던 건 아니다. 주식에 처음 손댔던 1998년부터 2년간은 '무서운 속도'로 돈이 불었다. 그는 "돈 번다는 게 정말 별것 아니었다"고 당시를 기억한다. 자신감이 하늘을 찌른 건 불문가지였다. 하지만 그건 시련의 시작이었다. 한번 늪에 빠지자 아무리 발버둥쳐도 빠져나올 수가 없었다. 오히려 더 깊이 빠질 뿐이었다.

"뭐, 어떡하겠습니까. 가족에게 석고대죄하고 빚부터 갚았죠. 결국 무일푼 상태로 그냥 몇 년은 죽어라 하고 일만 했어요. 집에 있는 게 미안해서 휴일에도 나와 미친 듯이 영업에 매달렸습니다. 그러곤 투자 실패 요인을 철저히 분석했어요. 결론은 '무모한 투자'였어요. 영업이든 주식이든 초심을 잃어버린 순간, 어설픈 자신감에 빠진 순간 게임오버란 걸 알았죠. 초심이 뭔가요? 모르니 겁이 나고 욕심도 없잖아요. 매사에 신중할 수밖에요. 내 모토는 초심이에요. 이것만 지키면 뭘 해도 성공할 겁니다."

그는 2000년대 중반 다시 주식을 시작했다. 무조건 조심하고 겁내며 조금씩 손을 뻗었다. 결정은 순전히 홀로 했고 뼈아픈 손실 경험을 떠올리며 물러설 곳을 생각하는 습관을 들였다. 결과는 성공이었다. 웬만하면 잃지 않지만 잃어도 적게 잃는 데 익숙하다. 잘 안 풀릴 땐 초심을 떠올리며 해결책을 찾는다. 초심은 바로 '겁'이다.

에피소드 4. 전업주부 10년차 박씨, "지금보단 10년 뒤를 보라"

10년차 가정주부 박한별(38세) 씨는 별명이 '만만디'다. 천성이 그렇다. '빨리빨리'는 체질적으로 맞지 않는다. 음식을 주문하면 언제 나와도 'OK'다. 떠나는 버스를 잡아타겠다고 뛰는 일도 없다. 그렇다고 오늘 할 일을 미루거나 하는 스타일은 아니다. 일은 하되 시간을 넉넉히 잡고 즐기면서 한다. 성격 자체가 시간에 쫓기지 않으니 급할 게 없다.

물론 주변에선 답답해하는 사람이 절대다수다. 외출이라도 할라치면 남편의 재촉 소리가 끊이지 않는다. 이젠 아이들까지 거든다. 그래도 그녀는 웃어넘긴다.

투자 스타일도 무겁기 그지없다. 중후장대형의 전형이다. "천천히 가되 꾸준히 올라갈 것"이란 게 그녀의 지론이다. 적금은 못해도 3년짜리가 최소다. '해약'이란 단어는 그녀 사전에 없다. "급하다고 깰 것 같으면 애초부터 들지 않는 게 낫기 때문"이다. 그녀는 늘 일정한 금액의 비상자금을 갖고 있다. 투자자금은 '없어도 그만인 돈'으로만 한다.

2004년 적립식펀드가 유행하면서 박씨도 M운용사의 주식형펀드에 가입한 적이 있다. 그런데 금융위기를 지나며 원금이 손실되기 시작하자 해약 사태가 줄을 이었다. 하지만 그녀는 묵묵부답, 없는 돈이려니 했다. 뭣하면 자녀에게 물려줄 작정이었다. 다행히 지금은 꽤 만족스러운 수익률로 변신했다. 누적수익률의 승리 덕분이었다.

1990년 중순에는 공모주 열풍이 불면서 주식과도 인연을 맺었지만 지금껏 단타는 꿈에도 생각지 않았다. 그럴 만한 능력이 없을뿐더러 관심과 열의도 없어서다. 그녀의 얘기다.

"책을 좋아해서 투자 관련 서적도 가끔 읽는데, 결론은 하나였어요. 짧은 시간에 과욕을 부리니 실패하는 것 아닌가요. 다행히 난 성격 자체가 '치고 빠지기'에 맞지 않았어요. 단타를 안 해본 건 아닌데 정말 못 하겠더라고요. 그래서 길고 넉넉하게 보기로 했죠. 어느 책을 보니 '회사 경영하듯 주식 투자하라'고 하더군요. 좋다는 주식을 사서 10년 이상 묵혀두면 뭐든 되겠죠. 어차피 당장 큰돈 벌 생각도 없고요. 그래서 펀드도 좋아해요. 수익률도 복리로 계산된다면서요. 조급한 마음에 해약해서 푼돈 만지느니 잊힐 만할 때 목돈이 돼 돌아오는 게 낫죠. 지금 슬슬 씨앗을 뿌려두면 30~40년 후에 꽤 쏠쏠한 노후자금이 될 거라고 믿어요."

/
실패할 수밖에 없는
투자자와 주식
/

 "왜 많은 개인투자자가 주식투자에 실패하는지 아세요? 하나만 꼬집어 얘기하죠. 공부를 안 하기 때문이에요. 앞서 길을 걸었던 사람들의 조언과 훈수를 들어야 하는데 그걸 안 해요. 아니, 듣긴 듣는데 실천을 안 하죠. 초보일수록 대개 수익률이 좋은데, 왜일까요. 자신감이 없는데다 모르기까지 하니 기본 원칙을 지킬 수밖에요. 그러다 자신이 붙으면 초심은 눈 녹듯이 사라지고 자만심만 남게 되죠."

 재야에서 오랫동안 활동하다 능력을 인정받아 제도권으로 진출한 유명 투자전문가의 말이다. 그는 기본기의 중요성을 늘 강조한다. 가령 "월급 안 주는 애널리스트를 고용하라"며 "전문가그룹의 노하우를 적극 활용할 필요가 있다"는 식이다. 또한 "겉멋 든 아마추어의 비아냥거림에 혹해 전문가 코멘트를 무조건 백안시해선 안 된다"는 논리를 편다. 증권사가 비싼 몸값을 들여 이들을 고용하는 데는 이유가 있다고 봐서다. 그는 "주식은 우량주 아니면 불량주가 있는데 이 둘의 구분은 쉽다"며 "시장은 우량주가 아니면 분석하지 않는다"고 했다. 고수의 경험과 시각이 그만큼 중요하다는 얘기다.

　여기서 필자의 의견을 덧붙이면 시장에 자칭 타칭 전문가가 넘쳐난다는 점은 경계할 필요가 있다. 절대량이 많으면 옥석 구분이 상대적으로 어렵기 때문이다. 특히 일부를 빼면 재야 출신의 발언과 추천 정보는 대부분 개인투자자의 푼돈을 챙기려는 의도로 해석돼 우려하지 않을 수 없다. 아쉽게도 사고를 치는 자칭 전문가도 잊힐 만하면 한 번씩 당국 레이더에 꼭 걸린다. 그렇다면 애초부터 불안하고 의도된 정보는 안 듣는 게 낫다. 예외가 있다지만 너무 적어서다.

　이쯤에서 검증된 인물들의 코멘트를 정리해보자. 여러 루트를 거쳐 다각도로 실력을 인정받은 월가의 유명 고수가 귀띔해주는 조언이다. 이들이 말하는 '떨어질 수밖에 없는 주식'과 '실패할 수밖에 없는 투자자'에 자신을 대입해보면 의미 있는 훈수를 얻을 수 있다. 특히 주식 초보자라면 물고기도 아닌 걸 물고기라고 물려준다고 혹해서 넘어가지 말고 물고기를 놓치는 이유부터 하나하나 배워야 한다.

피터 린치의 '투자자가 하기 쉬운 어리석은 생각'

　주식 초보자가 이해하기 쉽게 '물고기 놓치는 법'을 알려주는 이는 피터 린치다. 복잡한 투자지표를 몰라도 쉽게 수긍이 가 큰 도움이 된다. 그는 《전설로 떠나는 월가의 영웅》이라는 베스트셀러에서 자신의 기피 종목을 확실히 거론한다.

　첫 번째 기피 종목은 인기 업종의 최고 인기주다. 두자릿수 성장 전망이 예견될 때야말로 사양길로 접어드는 분기점이라는 판단에서다.

높은 속도만큼 날개 없는 추락으로 떨어질 수 있다는 것이다. 린치의 얘기를 들어보자.

"성장률이 높은 인기 업종은 필연적으로 경쟁이 격화돼요. 성공이 보장돼도 독점이 아니면 경쟁은 치열해질 수밖에 없죠. 여기에 투자하는 건 룰렛에 판돈을 거는 것과 같아요."

'제2의 ○○'라는 별명이 붙는 종목도 기피한다. 제2는 뭐든 제1보다 못해서다. 대부분 후속타로 잠깐 뜨다 지는 경우가 많다. 고비용·저효율의 부정적인 사업 다각화도 마찬가지다.

비밀스러운 주식 역시 경계 대상이다. 린치는 "은밀한 추천 종목은 최면효과가 있지만 정작 아무것도 얻을 게 없다"며 "정 하겠다면 수익이 구체화될 때까지 기다려도 늦지 않다"고 말한다.

특정 고객에 대한 매출 의존율이 25~50%에 달해도 위험하다. 계약 파기나 가격 인하 요구가 언제든 가능해서다. 자극적인 회사 이름도 나쁜 징조다. 평범한 업체의 자극적인 이름은 위장된 안정감으로 투자자를 매혹시키기 때문이다.

피터 린치는 투자자가 하기 쉬운 어리석은 생각 12가지를 제시하며 이렇게 말했다.

"가장 명석한 경제학 교수조차 주식에 대해선 백지 아닌가요. 오랫동안 증권가엔 오도된 채 일반 대중에게 전해 내려오는 수많은 설이 있습니다. 다분히 신화적이고 잘못된 개념들인데요. 이것들은 마음속에서 영원히 씻어버려야 합니다. 버리지 않으면 성공 투자는 절대 불가능합니다."

그중 하나가 떨어질 만큼 떨어졌으니 더는 떨어지지 않을 것이란

투자자가 하기 쉬운 어리석은 생각 12가지

1. 떨어질 만큼 떨어졌기 때문에 더 이상 떨어질 리 없다.
2. 바닥시세로 잡을 수 있다.
3. 이미 오를 만큼 올랐는데, 어떻게 더 오를 수 있겠는가.
4. 고작 3달러짜리 주식인데, 손해 봐야 얼마를 보겠어.
5. 언젠가는 결국 회복된다.
6. 어두운 밤이 지나면 새벽이 온다.
7. 10달러까지 회복되면 팔겠다.
8. 걱정할 게 없어, 안정주는 가격 변동이 심하지 않으니까.
9. 뭔가 터지기를 기다리기엔 너무 지겹다.
10. 그 주식을 샀더라면 떼돈을 벌었을 텐데.
11. 이번엔 놓쳤지만 다음번엔 꼭 잡고야 말겠다.
12. 완벽한 주식전문가는 존재하지 않는다.

자기 위로다. 하지만 주식은 모든 게 완벽해 보여도 바닥없이 떨어지는 경우가 많다. 바닥시세로 잡을 수 있다는 생각도 어리석다. 최저가 매입은 마치 수직 강하하는 칼날을 잡으려는 것과 같다. 오름세로 바뀌기까진 2~3년간 출렁임이 반복된다는 게 그의 경험담이다.

오를 만큼 올랐다는 판단도 문제다. 기업가치가 변하지 않는 한 얼마나 오를지 미리 한계를 지어선 곤란하다. "고작 3달러짜리 주식인데…"라며 불량한 저가주를 사들이는 것도 위험하다.

언젠가는 결국 회복될 것이란 막연한 낙관론도 금물이다. 예전의 번영을 찾지 못하고 도산하거나 팔려나간 회사가 무궁무진해서다. 어두운 밤이 지나면 새벽이 온다는 생각도 버려야 한다. 업종에 따라서는 영원히 새벽이 올 수 없는 경우도 있다. 무모한 짝사랑이란 그만큼 위험한 것이다.

매도를 주저하는 것도 투자의 실패 이유 중 하나다. 그는 "한번 짓밟힌 주식은 결코 팔기로 마음먹은 수준까지 회복되지 못한다"며 즉시 매도를 권한다. 우량주 매수 뒤 잊고 사는 것도 어리석긴 마찬가지다. 가령 유틸리티 업종처럼 가격 변동이 적은 안전한 종목이라도 안심할 수 없기 때문이다. "기업은 늘 변하고 위험한 탓에 잊어버리고 지낼 만한 주식은 없다"는 게 그의 시각이다.

또 "그 주식을 샀더라면 떼돈을 벌었을 텐데"라며 다른 사람이 벌어들인 수익을 자신의 손실로 받아들여서도 곤란하다. 강박관념이야말로 손실의 지름길인 탓이다. 이번엔 놓쳤지만 다음번엔 꼭 잡고야 말 것이라는 생각도 버려야 한다. 반드시 다음번에도 실패하기 때문이다.

필립 피셔의 '투자자가 저지르지 말아야 할 잘못'

워런 버핏에겐 두 스승이 있다. 벤저민 그레이엄과 필립 피셔다. 모두 당대 최고의 투자가로 유명한 거물이다. 하지만 버핏의 투자 스타일을 봤을 때 그레이엄보다 피셔로부터 더 큰 영향을 받았다. 버핏은 피셔가 1958년에 쓴 《위대한 기업에 투자하라》를 읽고 감동받아 그를 직접 찾아가 스승으로 모셨다.

피셔는 기업 발굴의 대가다. 고전으로 꼽히는 그의 저서는 스탠퍼드를 비롯한 유수의 MBA 스쿨에서 지금도 불멸의 교과서로 쓰인다. 주식투자서로는 최초로 『뉴욕 타임스』 베스트셀러에 오르기도 했다.

성장주 투자의 아버지이자 현대 투자이론의 창시자로 손꼽히는 피셔에게 투자자가 저지르지 말아야 할 잘못을 들어보자. 코스닥에 관심이 많은 개인투자자라면 피셔의 성장주 발굴 원칙을 통해 자신의 잘못을 끄집어낼 수 있다.

먼저 선전하는 종목을 매수해선 안 된다. 선전을 시작한 신생 기업은 대부분 핵심 인물 1~2명이 이끌어간다. 그러다 보니 어떤 국면에선 탁월한 재능을 발휘하지만 다른 능력은 결여돼 있는 경우가 많다. 엔지니어가 창업한 경우가 특히 그렇다. 오래된 기업 중에도 알짜는 많은 법이다.

훌륭한 주식인데 단지 장외에서 거래된다고 무시해서도 곤란하다. 유동성이 떨어진다고 착각하는 대신 적은 거래비용(수수료)에 주목해야 한다. 뛰어난 성장성의 장외기업을 고르는 건 썩 괜찮은 선택이다.

홍보에 속아서도 안 된다. 사업보고서의 '표현'이 마음에 든다고 주식을 매수해선 득보다 실이 많다. 호감을 사기 위한 홍보 기술에 속기보단 문구 이면의 숨은 의미를 읽도록 노력하는 게 먼저다.

굉장히 비싸 보이지만 실제로는 아주 헐값에 거래되는 종목은 꽉 잡아야 한다. 피셔는 "위대한 기업은 다양한 성장잠재력이 있다"며 "순이익 성장세가 꾸준하고 신제품을 내놓을 회사라면 지금의 고평가는 문제없다"고 설명한다.

푼돈 아끼려 너무 적은 호가 때문에 거래를 망쳐서도 안 된다. 좋은 기업이고 주가가 매력적이면 '시장가격'에 사도 괜찮다. 몇 원의 호가

> **투자자가 저지르지 말아야 할 잘못 10가지**
>
> 1. 선전하는 기업의 주식을 매수하지 마라.
> 2. 훌륭한 주식인데 단지 장외에서 거래된다고 무시하지 마라.
> 3. 사업보고서의 '표현'이 마음에 든다고 주식을 매수하지 마라.
> 4. 순이익에 비해 주가가 높다고 덜 오를 것이라 속단하지 마라.
> 5. 너무 적은 호가 차이에 연연해하지 마라.
> 6. 너무 과도하게 분산투자하지 마라.
> 7. 전쟁이 난다고 매수하기를 두려워해선 안 된다.
> 8. 관련 없는 통계수치는 무시하라.
> 9. 진정한 성장주를 매수할 때는 주가뿐 아니라 시점도 정확해야 한다.
> 10. 군중을 따라가지 마라.

차이가 나중에 엄청난 이익을 잃게 할 수도 있어서다.

과도한 분산투자는 금물이다. 계란을 너무 많은 바구니에 나누면 매력적이지 않은 것까지 담길 수 있어서다. 바구니가 많으면 세심한 관리도 불가능해진다. 다양한 영역의 제품군을 보유한 기업이라면 그 자체가 분산투자일 수도 있다.

피셔는 전쟁이 날까 두려워 주식을 사지 않는 것도 잘못이라고 꼬집는다. 전쟁 후 주가는 당연히 오르기 때문이다. 그는 "전쟁 전에 주식을 팔아 현금을 보유하는 건 잘못됐다"며 "되레 천천히 나눠서 사들이는 게 낫다"고 말한다. 이는 북한 문제의 지정학적 리스크를 운명처럼 지고 움직이는 한국 증시에 많은 교훈을 준다.

관련 없는 통계수치의 무시는 필수다. 과거 수치보단 미래 전망이 더 중요해서다. 과거 지표는 수치가 정확해 믿음은 줘도 그 이상의 의미는 없다. 매입 시점을 잘못 잡는 것도 문제로 거론한다. 특히 성장주는 주가보단 시점을 잘 맞춰 사는 게 낫다. 벤처 기업의 주식은 기업이 일정한 수준에 도달했을 때 주가가 이를 반영하기 때문이다.

끝으로 군중심리도 경계 대상이다. 피셔는 "군중을 따라가지 말라"며 "정답은 다수 의견의 반대 방향에 있다"고 강조한다.

윌리엄 오닐의 '투자자가 가장 많이 저지르는 실수'

윌리엄 오닐은 약세장에 강한 투자자로, 결코 지지 않는 게임을 펼치는 것으로 유명하다. 그는 시장 상황과 무관하게 늘 평균 이상의 성과를 올려주는 '캔슬림(CANSLIM) 모델'이라는 자신만의 투자기법을 만들어냈다. 그리고 이 모델을 직접 투자에 적용해 1962~1964년(26개월 간) 무려 2,000%의 투자수익률을 올렸다. 특히 1년 만에 5,000달러의 투자원금을 20만 달러로 키워내는 수완까지 발휘했다. 지금은 투자자 문회사인 윌리엄 오닐 앤드 컴퍼니를 설립해 전 세계 600여 기관투자가에게 투자정보와 분석보고서를 제공한다.

오닐은 투자자가 가장 많이 저지르는 실수를 19가지로 정리했다.

우선 손실을 줄이지 못하는 실수를 지적한다. '손절매'가 약하다는 얘기다. 개인투자자라면 누구나 빠지는 치명적인 유혹인 '물타기'도 실수로 거론한다. 주가가 떨어지는데 물타기를 하는 건 비극적인 종말로 치닫는 지름길이란 판단에서다. 같은 맥락에서 평균매입단가는 낮추기보다 높이는 게 바람직하다.

고가 주식을 조금씩 사기보다 저가 주식을 대량으로 사들이는 것도 잘못이라고 본다. 싼 게 비지떡일 수 있어서다. 또한 신고가주 매입을 대책 없이 두려워할 필요도 없다고 조언한다.

너무 빨리, 너무 쉽게 돈을 벌려는 심리도 꼬집는다. 그러다 보니 주변 말이나 루머에 솔깃해 유혹에 빠진다는 것이다. 오닐은 "무상증자 소식이나 새 뉴스, 낙관적인 전망, TV에 출연한 시장전문가들의 추천과 의견을 들었다고 주식을 사는 건 절대 금물"이라고 강조한다.

종목 발굴을 둘러싼 날카로운 지적도 적지 않다. 가령 배당금 욕심이나 단지 낮은 주가수익비율(PER)에 현혹돼 이류·삼류 주식을 골라선 안 된다고 조언한다. 주식 선정 기준이 없거나 안목이 없어도 제대로 된 주식투자가 불가능하다고 생각한다. 그렇다고 누구나 다 아는 낯익은 전통기업 주식만 사모아도 문제다.

주식을 객관적으로 보지 못하는 것도 필패 이유로 꼽는다. 그러니 중요한 결정을 필요한 순간에 내리지 못하는 것이다. 결국 좋은 정보와 훌륭한 조언을 제대로 알아보고 따를 수 있는 자신만의 눈을 갖춰야 한다. 떨어지는 주식은 계속 붙잡으면서 오르는 주식은 작은 이익에 혹해 쉽게 팔아버리는 세태도 문제로 거론한다. 매입 타이밍은 보면서 매도 전략은 없는 경우도 위험하다.

기관투자가의 매매 패턴을 무시하는 것도 실수 중 하나다. 시장가격 대신 예약 주문을 즐기는 것 역시 잘못된 습관이다. 아울러 단기대박을 노려 선물과 옵션에 과도하게 집중하는 것과 세금과 수수료를 너무 걱정하는 것도 떨쳐버려야 할 실수다.

투자자가 가장 많이 저지르는 실수 19가지

1. 손실이 적고 충분히 감수할 수 있는데도 어리석게 손절매를 하지 않고 손실을 키우는 것
2. 주가가 하락하는데 물타기를 해 비극적인 종말로 치닫는 것
3. 평균매입단가를 높이기보다 낮추는 것
4. 고가 주식을 소량 매입하기보다 저가 주식을 대량 매입하는 것
5. 너무 빨리, 너무 쉽게 돈을 벌려고 하는 것
6. 주변 말이나 루머에 솔깃하거나 시장전문가 의견을 듣고 주식을 사는 것
7. 배당금 욕심에, 혹은 단지 낮은 PER에 현혹돼 이류 주식을 고르는 것
8. 주식 선정 기준이 없거나 안목이 없어 처음부터 제대로 주식을 고르지 못하는 것
9. 낯익은 전통기업 주식만 매입하는 것
10. 좋은 정보와 훌륭한 조언을 제대로 알아보지도 따르지도 못하는 것
11. 차트 활용 없이 신고가 종목의 매입을 두려워하는 것
12. 떨어지는 주식은 붙잡으면서 오르는 주식은 조금만 이익 나면 쉽게 파는 것
13. 세금과 수수료를 너무 걱정하는 것
14. 주식을 산 뒤 언제 어떤 상황이 되면 그 주식을 팔지 전혀 생각하지 않는 것
15. 기관투자가가 적극적으로 매입하는 좋은 주식을 사는 게 얼마나 중요한지 이해하지 못하는 것
16. 단기 고수익을 노려 선물과 옵션에 과도하게 집중투자하는 것
17. 시장가격에 거래하지 않고, 매매주문 때 미리 한계를 정해 예약 주문하는 것
18. 중요한 결정을 필요한 순간에 결심하지 못하는 것
19. 주식을 객관적으로 보지 못하는 것

/
30대가 주식과 통하는 7가지 이유
/

    증권가엔 인맥이 파워풀하다. 어떤 직종보다 끈끈한 모임이 많다. 그중 상당수는 주식 관련 직업을 가진 지인들끼리 결성한 네트워크다. 회사는 달라도 언제 어디서든 밀어주고 당겨주는 탓에 영향력이 상당하다. 학연과 지연을 비롯해 특정한 계기로 만난 이들의 모임은 주 5일 내내 여의도 어디에선가는 반드시 열릴 정도다.

    오래전 필자도 참석했던 H회란 모임이 있다. 대개 1~2개월에 한 번씩 모였는데 공식 목적은 친목 도모였다. 하지만 주식에 관심이 많기에 대화 주제는 정보 교환이 일상적이었다. 이른바 '돈' 되는 비공식 정보가 오간다는 오해도 많아 참석률이 꽤 높았다. 때론 터무니없거나 확인조차 불가능한 온갖 설이 난무했지만, 누구도 불만은 없었다. 으레 그럴 수밖에 없다는 걸 잘 알았기 때문이다.

    다음은 당시 모임에서 나눴던 대화 내용을 정리한 것이다. 벌써 5~6년 전 일이지만 지금과 변화는 거의 없다는 점에서 여기에 소개한다.

A(애널리스트): 요즘 개인투자자들이 너무 똑똑해졌어요. 간혹 투자설명회를 가도 콧방귀만 끼는 것 같아요. 객장엔 사람도 없고요. 사라고 얘기해도 먹혀들지가 않아요.

B(증권사 영업부장): 맞아요. 추천 종목을 전해줘도 반응이 없죠. 그렇다고 장기투자니 분산투자니 원칙만 얘기하기도 그렇고…. 설상가상으로 기대 수준은 높고 말이에요. 답답한 노릇이죠.

C(펀드매니저): 그래도 어쨌든 주식밖에 없잖아요? 부동산을 사겠어요, 그렇다고 채권을 사겠어요? 잘만 하면 주식만 한 게 없는데…. 전략과 수단이 문제지 대세는 'Go' 아닌가요.

A: 그러게요. 2~3년만 지켜봐도 오르는 게 당연한데 사람들이 믿지 않아요. 단기간에 승부를 보려 드니 악순환이 되풀이될 수밖에요. 외국인들 하는 거 보면 참 단순하게 돈 벌잖아요. 뭐, 그게 자금력의 파워지만 말이죠.

D(운용사 사장): 하하하, 우리 집 얘기 해줄까요. 마누라는 죽어도 주식은 안 하겠대요. 친척들한테도 극구 반대죠. 그래서 어느 날 무조건적인 반대도 문제라고 찬찬히 주식투자 메리트를 설명해줬어요. 그다음 주식에 대한 생각이 변했을까요? 네버(Never)!

E(기자): 옛날에 깨진 기억이 워낙 생생해서 그렇겠죠. 기자들 역시 주식밖에 없다는 기사를 쓰면서도 속으론 잘 안 믿어요. 막무가내로 평가절하하거나 무시하는 동료도 많죠. 삼성전자 사라고 해놓고선 뒤로는 은밀하게 코스닥에 들어간다니까요.

그때나 지금이나 증권가는 여전히 주식과의 동고동락에 동의한다는 점에서 흥미롭다. 주식투자는 하면 할수록 불분명하고 어렵지만 주식이 최고의 동반자산일 수밖에 없다는 데도 대부분 찬성한다. 과연 주식투자에는 어떤 메리트가 있는 걸까?

투자 메리트 1. 대세상승, 자본주의라면 지수 상승은 당연지사

2005년 2월, 여의도 증권가엔 연일 축하파티가 열렸다. 증시 역사상 네 번째인 지수 1,000 돌파를 자축하기 위해서다. 분위기는 과거 1,000 돌파 때와 확연히 달랐다. 당시와 비교해 투자 환경이 월등히 개선됐기 때문이다. 본격적인 네자릿수 지수 시대의 개막이자 장기 대세상승의 출발을 알리는 신호탄이었다. 체질과 시스템이 업그레이드된 결과 이젠 주식이 자산시장을 리드할 것이란 전망이 압도적이었다.

그로부터 약 3년 후인 2008년 여름, 몇몇 투자은행이 불러온 금융위기로 증시는 순식간에 바닥 추락을 경험했다. 자본 탐욕이 낳은 신용 팽창이 결국 화를 불러들인 탓이다. 미국 증시를 비롯해 세계 증시가 모두 예외 없이 끝없는 폭락을 반복했다. 특히 위기 진원지가 미국이었다는 점에서 자본주의 시스템의 붕괴라는 초유의 불안심리가 극도로 시장을 지배했다. 마치 내일은 없는 듯했다.

2012년 4월, 금융위기로부터 약 4년이 흘렀다. 지금은 어떨까. 전대미문의 대공포는 확실히 기울였음이 드러났다. 유럽의 재정위기와 일본 지진 등 만만찮은 후속 여진이 발생했지만 세계 증시 중 문을 닫은 곳은 한 곳도 없다. 자본주의는 약간의 궤도 수정에 직면했지만 여전히 견고하다. 한국 증시도 꿈에 그리던 지수 2,000에 재차 올라섰다. 2009년 하반기 800선까지 떨어졌으니 3년도 안 돼 2배 이상 급등한 결과다. 이 기간 호재보단 악재가 많았다. 그래도 주가는 뛰었다.

자본주의 역사가 길수록 실물(유형)자산보단 금융자산을 선호하게 마련이다. 대규모로 자본을 조달하면 성장 모델을 실현할 수 있기 때문이다. 물론 이것이 초유의 금융위기를 불러왔지만 부작용만 통제할 수 있다면 금융 성장의 앞날은 밝다.

이런 점에서 한국의 자본주의 역사는 아직 짧다. 길게 봐야 고작 40~50년 역사에 불과하다. 1960년대 이후 실질적인 자본주의 시대가 시작됐기 때문이다. 그간 도덕적 해이와 정책 개입, 투기세력 때문에 증시만큼 불공정한 시장도 없다는 선입견이 많았다. 하지만 이젠 다르다. 1990년대 중반 경제위기와 2000년대 중후반의 금융위기를 거치면서 한국은 아시아에서 가장 성공한 자본주의 국가라는 타이틀을 얻었다. 물론 평가는 갈리지만 최소한 금융거래가 다변화됐다는 점은 부인하기 어렵다. 즉 실물자산보단 금융자산 메리트가 점점 커지는 국가로 탈바꿈하고 있다는 얘기다.

주가지수가 오른다는 점은 장기적으로 보면 진리에 가깝다. 경제활동이 지속되고 부가가치가 증가하는 한 시장은 열리고 거래는 계속된다. 오름폭과 시간 경과가 문제일 뿐이다. 단기조정도 불가피한 과정으로 '이 보 전진을 위한 일 보 후퇴'로 여기는 게 옳다. 지금까지의 경험이 이를 반증해준다. 길게 봐 저성장 압력을 받게 되면 추세 상승세는 꺾일 수 있을지언정 장기적인 'Go' 양상이 훼손될 확률은 낮다. 무게중심은 상승세다.

결국 중장기적 접근법을 유지하면 주식은 오를 수밖에 없는 구조다. 게다가 한국 경제가 생각보다 건실할 수도 있다. 세계의 시선으로 본다면 한국 경제의 성장은 경이로움 그 자체다. 아무것도 없던 빈곤 국가가 단시간에 고속성장을 반복하며 오늘날 세계경제의 우등생그룹에 포함된 것은 한국 특유의 저력과 생산성을 빼놓고 얘기하기 어렵다.

이쯤에서 금융위기 이전 몇몇 증권사의 주가 전망 자료를 복기해보자. D증권은 2007년 지수 상승을 예견하며 2,000 시대 안착을 예고했다. S증권도 비슷한 시기에 1,700~2,000을 내다봤다. 나머지 증권사도 예측 수준은 비슷했다. 결과는 어땠을까. 주지하듯 금융위기가 낙관론을 단숨에 엎어버리며 주가는 반 토막 이상으로 폭락했다. 남은 건 원망과 비난뿐이었다.

다만 그로부터 5년이 지난 지금, 결과적으로 지수는 2,000에 올라섰다. 단기가 틀렸을 뿐 장기로는 맞았다는 얘기다. 시간이 문제였을 뿐이다. 그사이 증시부침에 휘둘리며 사고팔기를 반복했다면 수익 내기는 사실상 불가능했을 것이다. 아마추어는 내릴 때 팔고 오를 때 사기 때문이다. 반대로 버텼다면 얘기는 또 다르다.

여기서 증권사 전망 자료를 두둔할 뜻도 이유도 없다. 개인적으로는 볼 필요도 들을 근거도 전혀 없다는 게 지론이다. 그럼에도 소개하는 건 "결국 오를 수밖에 없다"는 말을 하고 싶어서다. 휘둘리니 잃지 묻어두면 잃기조차 힘든 게 주식이다(물론 예외는 있다!). 그간 한국 경제는 결코 만만치 않은 경쟁력을 갖춰왔다. 앞으로도 그럴 확률이 높다. 3,000이든 4,000이든 갈 수밖에 없다. 다만 언제냐가 문제다. 30대라면 느긋한 마음자세로 주식과 만나야 하는 이유다.

투자 메리트 2. 저금리 시대, 위험해도 고수익 자산에 관심

저금리 시대다. 돈 벌기가 힘들고 경기가 어렵다는 것을 증명하는 대표적인 수치가 저금리다. 반대로 지갑 사정이 좋아지고 웃음을 안겨주는 첫 번째 신호도 금리다. 금리야말로 경제의 전부라 해도 과언이 아니다. 실물경제의 현재를 뒷받침하는 가장 가치중립적이고 확실한 지표인 까닭에서다. 한창 사회생활을 하고 있는 30대는 물론 데뷔 세대인 20대도 오늘의 금리로 내일의 소득을 가늠해볼 수 있다는 점에서 꼭 눈여겨봐야 할 지표다.

불과 15년 전으로 시계를 되돌려 비교한다면 지금은 확실히 저금리 시대다. 1990년대 중반 외환위기를 변곡점으로 시중금리는 20%대에서 4~5%까지 급락했다. 5%를 웃도는 물가상승률(생활물가)과 세금을 빼면 저축상품의 실질수익률은 마이너스다. 은행에 돈을 맡겨봐야 불리기는커녕 손해일 수 있다는 얘기다.

그럼에도 IMF 외환위기 이후 가속화됐던 저위험·저수익의 안전자산 선호 현상은 여전히 인기 트렌드다. 2000년대 중반 가수요가 동반된 부동산 활황으로 한때 금리가 좀 오르긴 했지만 거품은 곧 꺼져버렸다. 이게 정상적인 흐름이다. 최근의 금융위기 이후 안전자산을 선호하는 현상은 한층 강고해졌다. '덜 벌어도 안 깨지는 자산이 최고'라고 봐서다.

하지만 안전자산은 치명적인 약점이 있다. 안전하지만 수익률이 낮다. 저금리와 경쟁 격화에 따른 고용 없는 성장이 일상적이면서 샐러리맨의 소득 증가는 기대하기 어려워졌다. 근로소득이 그만그만한 상황에서 노후 대비를 위한 자금 축적이 절체절명의 과제로 떠오른 이상 자산소득을 키우는 게 유일무이한 대안일 수밖에 없다. 근로소득을 안전 토대로 구축한 후 자산소득으로 추가 수익을 거두는 게 30대 노후 대비의 중심 구조다.

저금리 시대엔 고금리 시대와 다른 사고방식이 필요하다. 기대수익률만 낮추면 위험자산에도 승산이 있다. 저금리는 증시 부활의 신호탄이다. 금리 하락은 증시에 강력한 상승 에너지로 작용한다. 기업의 이자비용이 낮아지는데다 경제주체의 소비심리도 회복되기 때문이다. 적어도 줄어든 금융(이자)비용만큼 기업 관점에선 사업 선택의 폭이 넓어진다.

저금리는 기업이익의 변동성도 낮춘다. 불확실성이 사라지기 때문이다. 저금리가 유지되면 투자자들은 주식처럼 고수익 자산으로 눈을 돌리게 돼 있다. 고금리 때 채권수익률이 높은 것과 같은 맥락이다. 저금리가 기조로 정착된 2000년 이후 주식수익률은 채권수익률보다 평균 5% 이상 높다. 단기부침은 있을지언정 장기투자가 전제라면 주식은 해볼 만한 게임이다.

미국과 일본도 과거 '저금리 때의 주가 상승'을 똑같이 겪었다. 금리의 장기 하락세가 자산배분 과정에서 주식 선호도를 높였기 때문이다. 특히 절대 저금리(7%) 수준으로 진입한 1981년(일본), 1991년(미국) 이후 증시는 장기 상승추세를 강화했다. 뒤이어 한국도 2002년 이후 절대 저금리 수준 이하로 금리가 떨어졌다. 보수적으로 봐도 저금리는 주식투자 메리트를 높인다. 비교적 안전주식인 배당주만 잘 골라도 시중금리를 웃도는 수익률이 가능하다. 여기에 좋은 회사만으로 압축 매매하면 추가적인 시세차익까지 기대할 수 있다. 무조건 위험하다고 회피하기보단 겁을 내며 신중하게 접근하면 주식은 그에 상응하는 열매를 안겨주는 법이다.

투자 메리트 3. 기업 체질 변화, 옛날 기업 이미지는 버려라

"사실 2000년대 이전은 주식투자 시대가 아니었죠. 그때는 기업의 자기자본이익률(ROE)이 금리를 넘어본 적이 단 한 번도 없었거든요. 금리보다 ROE이 더 낮으니 기업에 투자하는 건 미친 짓이나 마찬가지였습니다. 돈 꿔주고 이자 받는 게 더 쏠쏠했죠. 그런데 이젠 아니에요. ROE이 금리보다 2~3배나 높잖아요. 두자릿수 ROE을 내는 기업이 수두룩합니다. 기업 실적이 좋아졌기 때문이죠. 지배구조가 개선된 것도 고무적이에요. 대주주 전횡이 사라지고 기업가치 증가분은 주주에게 귀속되는 경우가 많아요. 한마디로 기업이 변했습니다."

K자산운용 사장의 주식투자 예찬론이다. 그에 따르면 앞날은 '주식투자 황금시대'다. 가장 큰 이유가 기업 체질의 변화 때문이다.

당장 실적 증가추세가 한층 업그레이드됐다. 재무구조와 수익성이 과거와 달라졌다. GDP 대비 영업잉여 비중을 보자. 미국과 일본 증시를 보면 GDP에서 영업잉여가 차지하는 비중이 증가할 때 증시는 덩달아 올랐다. 미국은 1993~1997년 연평균 7.7%씩 영업잉여가 확대됐고, 그 결과 GDP 대비 비중도 21.7%에서 24.0%로 증가했다. 주가가 뜀박질한 건 물론이다. 일본도 1983~1988년 비슷한 현상을 겪었다. 한국 역시 1999년 이후 GDP 대비 영업잉여가 늘고 있다. 기업이익이 증가했기 때문이다.

게다가 ROE 상승기보단 이후 적정 수준을 유지하는 동안 주가는 더 오른다. 미국은 1990년대 이후 4년간의 ROE 상승기와 이후 5년간의 유지기를 거치면서 장기상승을 이뤄냈다. 우리투자증권에 따르면 ROE 상승기(1992~1996년) 때 다우지수는 3,000대 초반에서 5,000대

후반까지 꾸준히 올랐다. 그 뒤 ROE 유지기(1996~2000년) 땐 6,000에서 1만 1,000까지 치솟았다.

한편 한국은 2001년부터 ROE 상승기에 진입한 상태다. 자금 조달에 따른 비용부담을 능가하는 이익구조의 안착이다. 빌린 돈으로 이자를 갚고도 남을 정도의 수익을 낸다면 큰 장벽이 없는 한 기업 성장은 당연한 결과다. 그만큼 기업의 성장 체질이 업그레이드됐다는 얘기다. ROE 유지기 이후엔 더 안정적인 대세상승이 가능할 것이다.

기업의 수익·안정성 향상은 물량 측면에서도 주식투자 메리트를 높인다. 과거 한국 경제는 팽창지향적이었다. 기업은 늘 자금이 부족했던 탓에 주가가 조금만 뛰면 대규모 물량공세로 자금을 확보했다. 더 오를 만하면 주가가 멈춰 섰던 데는 이런 물량부담이 한몫했다.

하지만 양적 성장은 이제 종지부를 찍고 질적 성장으로 방향을 틀었다. 외국인투자가가 한국 주식을 대규모로 사들이는 이유다. 이에 맞서 기업들은 자사주를 서둘러 사들이면서 경영권 방어에 나섰다. 자사주 누적 매수 규모는 나날이 신기록 갱신 중이다. 2000년대 중반에는 외국인의 순매수 규모보다 많았다. 유통주식이 줄어든다는 신호다.

투명성 강화도 호재다. 그간 한국 경제는 정경유착과 부정부패로 점철돼왔다. 증시도 정보를 독점한 정부와 기업 탓에 투명성이 상당 부분 훼손됐다. 불공정매매와 작전세력이 기승을 부리기도 했다. 결국 불확실성은 늘고 신뢰는 땅에 떨어졌다.

하지만 최근 한국 증시의 투명성은 눈에 띄게 개선됐다. 다양한 감시제도와 규제가 강화되고 있다. 회계감사가 엄격해지면서 신뢰성은 높아졌다. 상장사라 해도 예전엔 개인회사나 마찬가지였지만 더 이상은 아니다. 집단소송이 시작되면 투명성은 한층 높아질 것으로 전망된다. 반대로 정경유착 가능성은 줄어들었다. 자본시장이 정상적으로 작동할 확률이 높아졌다는 얘기다. 기업 관점에선 다른 데 정신 팔지 않고 지상 최고의 목표인 이익 추구에 매진할 수 있게 됐다.

투자 메리트 4. 주식 저평가, 싼 것만큼 좋은 이유 없어

증권가엔 '저평가'란 말이 일상적이다. 종목 추천 근거를 요청하면 저평가는 양념처럼 들어간다. 저평가란 주식이 가치보다 싸다는 뜻이다. 한때 유행한 외국인투자가의 '리레이팅(Re-rating, 재평가)'도 "제값보다 싼 것 같은데 다시 평가해보자"는 식의 문제의식에서 비롯됐다.

실제로 한국 주식은 싸다. 상대적인 개념이지만 외국인투자가를 중심으로 글로벌 전체를 조망하는 해외 시각은 한국 주식을 저평가로 이해하는 분위기가 일반적이다. 국내 기준으로 봤을 때 몇몇 우량주가 비싸다는 얘기도 들리지만 기업이익에 비해서는 여전히 싸다는 의견이 중론이다. 비싸 보이는 건 과거 낮았을 때의 주가를 떠올리기 때문이다. 다만 국내 시각이 아니라 글로벌 경쟁사와 비교하면 턱없이 주가가 낮은 경우도 비일비재하다. 외국인투자가는 이런 저평가 주식을 매입한 뒤 제값이 될 때까지 보유했다가 팔겠다는 속셈이다.

저평가를 논할 때 빠지지 않는 게 PER이다. PER이 낮으면 상대적으로 저평가됐다고 볼 수 있다. '저PER주' 메리트다. 증권가의 추정 보고서를 보면 한국 증시의 평균 PER은 비교적 오랫동안 9~10배를 유지하고 있다. 장세 따라 오락가락하되 큰 폭의 변화는 없다. 이는 다른 신흥시장(Emerging Market)의 평균 PER보다 낮은 것으로 평가된다. 국가경쟁력 등을 감안한 적정 PER은 12배를 비롯해 그 이상이란 의견이 많다. 저평가됐다는 얘기다.

결국 주가도 뛸 수밖에 없다는 논리다. 부동산과 비교해도 저평가됐다. 신영증권에 따르면 평균 PER은 9배인데 서울의 아파트 PER(아파트 가격÷임대료)은 23배에 달한다(2006년). 이때가 부동산 호황이었음을 감안해도 너무 큰 차이다. 아파트는 제값보다 비싸고 주식은 덤핑으로 팔린다는 메시지로 해석된다.

투자 메리트 5. 흔들리는 투자 대안, 포트폴리오의 중심 멤버는 주식

주식과 부동산은 자산시장의 양축이다. 재테크라면 이 둘을 먼저 떠올리는 사람이 많다. 지금껏 자산시장의 절대강자는 부동산이었다. '불패 신화'가 그저 생긴 게 아니었다. 그간 부동산 경제학은 실로 파워풀했다. 하방경직성이 강한데다 엄청난 수익률을 안겨줬다. 굳이 주식처럼 변동성이 심한 자산을 살 이유가 없었다. 처음에 목돈이 들어서 그렇지 일정 부분 자금만 확보했다면 누구나 돈을 벌 수 있는 알짜배기 투자처였다. 레버리지 효과는 타의 추종을 불허했다.

하지만 앞으론 어떨까. 차별화의 수혜를 입지 못하는 대부분의 부동산 자산은 하락 압력을 피할 수 없을 것으로 전망된다. 그 근거는 많다.

먼저 인구 감소다. 사람이 줄면 주택 수요 감소가 불가피해진다. 일각에선 2020년 이후면 신규 주택이 필요 없을 것으로 전망한다. 고령화는 수도권의 입지 메리트를 떨어뜨린다. 나이 들어 유지비가 센 고가 주택에 살기보단 교외나 변두리, 지방 도시를 택할 확률이 높다.

차별화 심화에 따라 부동산 구입을 아예 포기하는 가계도 생겨나고 있다. 젊은 층은 부동산 집착증도 상대적으로 덜하다. 기업 수요 역시 감소한다. 앞으론 대규모 부지가 필요한 중후장대 산업보다 사이버 공간의 활용도가 높은 경박단소 산업이 늘어날 수밖에 없다. 부의 관점이 유형(실물)자산에서 무형(금융)자산으로 옮겨가면서 기업의 부동산 수요는 줄어들게 된다.

IT 산업의 발달로 지리적 공간이 축소되고 있다는 점도 한계로 거론된다. 굳이 값비싼 수도권에서 살 이유가 사라진 셈이다. 그럼에도 공급물량은 더 늘어날 게 확실시된다. 당장 기술 개발로 공기가 대폭 줄어든데다 단기적 시각일지언정 경제성만 확인되면 건설사들은 빠른 속도로 공급물량을 쏟아낸다. 최근 지방 아파트를 비롯해 잘못된 수요 예측 탓에 미분양이 속출하는 것도 같은 맥락에서 이해된다. 정부의 과세 강화도 극복할 과제다. 불로소득은 원천적으로 막겠다는 게 정부 판단이다. 보편적으로 퍼진 투기 수요를 막기 위함이다. 전국 평균 주택보급률마저 100%를 넘어섰다. 장기적인 시각에서 부동산 가격이 '하향 안정화' 될 수밖에 없는 구조다.

부동산을 떠난 자금이 흘러들어 갈 곳은 주식과 펀드시장이 거의 유일하다. 그나마 기대수익률이 높은데다 목돈 마련의 지름길로 인식되기 때문이다. 한편 증식 수단으로서 은행상품은 이제 설 땅이 없어졌다. 채권도 마찬가지로 주식보다 못하다. 안전하긴 해도 남는 게 별로 없어서다. 합리적이고 정상적인 시장이라면 주식의 수익률이 채권보다 낫다. 선진국 시장이 그렇다.

보수적인 투자자라도 이젠 안전자산만 고집해선 수익 내기 어려워졌다. 주식과 펀드시장에도 안전한 투자대상이 적지 않다. 배당투자가 대표적이다. 주식투자 목적은 시세차익만 있는 게 아니다. 미국의 경우 1930~2000년까지 매년 평균 10%의 주식투자 수익이 나왔는데, 뜯어보니 그중 5%가 배당이었다. 3%가 인플레이션에 따른 상승분이었고 시세차익은 정작 2%에 불과했다. '30대 장기투자'처럼 전략만 몸에 맞게 바꿔 채택하면 주식이라도 안전수익이 가능하다는 뜻이다.

투자 메리트 6. 인구구조, 총량은 줄어도 허리는 강력

인구 감소는 증시에 악재일 수밖에 없다. 주식 매입 수요를 떨어뜨리기 때문이다. 인구가 줄면 자산시장에 먹구름이 낀다는 말과 일맥상통한다.

실제로 최근 본격화되고 있는 베이비부머의 은퇴가 자산시장은 물론 경제 전반에 심각한 충격을 줄 것이 확실시된다. 특히 일종의 생활필수품인 주택시장의 경우 인구 감소에 따른 급격한 수요 붕괴가 곧 시작될 것이란 분석에 힘이 실린다.

몇몇 선진국은 이미 빈집이 넘쳐난다. 정도의 차이는 있지만 주식시장도 인구 감소 후폭풍으로부터 결코 자유롭지 않다. 사람이 줄면 성장 활력을 떨어뜨리고 결과적으로 경제활동의 광장인 증시까지 긴축시키기 때문이다. 즉 주식을 둘러싼 발행과 유통시장의 침체다.

그럼에도 앞으로 얼마간은 꾸준한 수요 증가가 예상된다. 총인구는 줄어도 노동인구는 유지 혹은 단발적인 증가가 예상돼서다. 노동인구가 늘면 개별 가구의 가처분소득은 증가한다. 당연히 투자 수요도 증가할 수밖에 없다.

일본의 예를 보자. 일본은 1981년부터 1991년까지 경제활동인구 (15~64세)가 매년 늘었다. 1981년 총인구의 67% 수준에서 1991년 70%로 증가했다. 같은 기간 주가도 뚜렷한 상승곡선을 그렸다. 이것은 다른 이유도 많지만 적어도 인구 변수가 악재가 아니었음을 의미한다. 하지만 1991년 노동인구가 정점을 찍은 뒤 주가는 급락하기 시작했다. 버블 붕괴의 신호탄이었다.

삼성경제연구소에 따르면 한국의 경제활동인구는 2018년까지는 증가할 것으로 전망된다. 2018년(2,668만 명)에 정점을 찍은 뒤 2030년 (2,458만 명)까지 약 200만 명이 줄어든다는 예측이다. 고령화가 뜨거운 감자로 확산 중이지만 여전히 한국의 전체 인구는 증가세다. 서구 선진국처럼 인구 감소가 경기침체로 연결되기까진 시간이 좀 남았다는 의미다. 게다가 인구수 추정은 통일 이후도 고려해야 한다.

무엇보다 주식인구로 한정한다면 노인인구의 위험자산 선호를 뺄 수 없다. 일본은 위험자산을 가장 많이 보유한 계층이 고령인구다. 앞으로 얼마나 더 살지 불안한 60~70대 노인가구가 근로소득이 없으니 한 푼이라도 불려보려는 속셈으로 주식에 눈길을 돌리는 것이다. 이는 한국도 주식을 살 만한 인구가 충분히 늘어날 수 있다는 얘기다.

투자 메리트 7. 바이코리아, 외국인이 한국을 사는 이유

한국 증시는 '외인천하(外人天下)'다. 한때 주춤하기도 했지만 외국인투자가의 '바이코리아'는 1990년대 중후반부터 추세로 정착됐다는 게 중론이다. 이들이 사면 상승 마감하고, 팔면 하락 마감하는 일은 다반사가 됐다.

바이코리아 근거는 몇 가지로 압축된다. 먼저 저평가다. 다른 나라 기업에 비해 한국 기업의 몸값이 훨씬 싸다는 게 매력적이다. 그럼에도 투자가치는 높다. 장기적으로 2~3배 차익이 가능하다고 본다.

살 만한 기업도 많다. 세계 랭킹 1위인 한국 기업은 줄잡아 수십 개다. 반도체·조선·자동차·금융 업종 등엔 세계 수준에 오른 회사가 적지 않다. 게다가 한국은 세계에서 유명한 IT 강국이다. 성장성이 높을 수밖에 없다. '코리아 디스카운트'를 불러왔던 지정학적 리스크 등의 문제도 사실 큰 이슈는 아니다. 불확실성이 일정 부분 예측 가능해졌기 때문이다.

외국인투자가는 펀드로 움직인다. 글로벌 투자대상을 앞에 놓고 투자 규모와 비중을 결정짓는다. 이들은 2000년 이후 달러가치의 추가 하락을 염려해 신흥시장 주식처럼 비달러화 자산에 대한 선호도를 높였다. 결국 신흥시장 강세는 대세다. 글로벌 펀드들은 이미 신흥시장에 필이 꽂힌 상태다. 신흥시장 투자 붐은 글로벌 증시의 큰 흐름으로 정착됐다. 신흥시장의 높은 성장성과 수익성에 매료된 결과다.

자금 유입은 끝이 없다. 글로벌 유동성의 절대지분을 보유한 미국을 보자. 전체 뮤추얼펀드 중 주식형펀드로의 자금 유입은 완만하게 줄고 있지만 신흥시장 관련 펀드 비중은 이미 1990년대 고점(8%)을 넘어섰다. 아무리 둘러봐도 성장 정체에 빠진 선진국보다 돈 흐름이 왕성한 신흥국의 메리트가 두드러질 수밖에 없어서다. 신흥시장의 대표주자인 한국 증시가 뜰 수밖에 없는 구조다.

주식을 이기는
쉽고 단순한 첫걸음

"글쎄요. 만능열쇠야 없겠죠. 난다 긴다는 사람들조차 고꾸라지는 데가 이 바닥이잖아요. 그래도 지름길은 있어요. 자신만의 원칙이죠. 글로 배웠든 몸으로 터득했든 궁합이 맞는 투자원칙을 만들어야 합니다. 생각해보면 참 단순한 건데 나도 그걸 익히는 데 몇 년이 걸렸어요. 수업료도 많이 냈죠. 친하게 지내는 고수들 보면 다 그렇더라고요."

P(49세)씨는 전업투자자다. 1990년대 중반부터 주식투자를 전업으로 삼았다. 가난한 어린 시절을 보낸 탓에 학력은 변변찮다. 그나마 직장 상사와 트러블이 생겨 30대 중반에 샐러리맨 생활을 접어야 했다.

그러다 우연히 주식을 접했고 이게 인생을 바꿨다. 우여곡절과 부침이 많았지만 100만 원이 조금 넘던 투자원금은 100억 원대로 불어났다. 지금은 증권가의 대표적인 슈퍼개미이자 성공한 투자자로 변신했다. 시세차익은 챙기되 배당금은 형편이 어려운 학생들의 장학금으로 매년 쾌척하는 건강한 투자자이기도 하다.

그에게 '투자비법'을 물었더니 "주식을 이긴 사람들의 공통점을 찾아 그걸 자신만의 투자원칙으로 접목할 것"을 권했다. 그럼 주식을 이긴 사람들의 공통분모는 뭘까. 또 물었다.

"정말 몰라서 묻는 거예요? 간단하잖아요. 투자비법은 멀리 있지 않아요. 뜬구름 잡으니 안 될 수밖에요. 고수들 얘기하는 거 잘 들어보세요. 절대 애먼 얘기 안 합니다. 상식만 죽 늘어놓죠. 차이는 아마 추어들은 상식을 머리로 듣지만, 프로들은 가슴으로 끄덕인다는 겁니다. 비법 같은 거요? 애초부터 비법은 없어요. 상식의 실천이야말로 단순하지만 가장 파워풀한 투자비법입니다."

공통점 1. 생활의 발견, 10루타 종목은 바로 옆에 있다

'월가의 살아 있는 전설' 피터 린치는 친척 중 백화점 직원이 없다는 걸 아쉬워했다. "만일 있었다면 일주일에 서너 번은 집에 초대했을 것"이라고까지 말했다. 왜일까. 백화점 직원의 생생한 정보력을 그만큼 높이 샀기 때문이다.

그 대신 차선책을 골랐다. 쇼핑을 즐기는 세 딸과 자주 대화를 나눴다. 대안이었지만 결과는 대만족이었다. 시장의 유행이나 인기 제품에 대한 정보를 얻기에 충분했기 때문이다. 이렇게 해서 청바지 메이커인 갭(GAP) 주식을 발굴해 고수익을 냈다.

애널리스트 보고서는 늦다. 실적 집계와 현실 주가와는 불가피한 시차가 발생하기 때문이다. 분식회계처럼 때론 의도된 왜곡과 편견까지 개입한다. 투자고수들이 가공되지 않은 생생한 현장정보에 목을 매는 건 이런 이유에서다. 가장 중요한 건 현장에 있다. 판매 현장은 기업과 제품의 흥망성쇠를 관찰하는 최적의 장소다.

현명한 투자자라면 생활 속에서 정보를 챙긴다. 할인점에 가면 판매 현황은 물론 경쟁구도까지 한눈에 읽히는 법이다. 자신의 일터도 정보 발굴의 중대한 루트다. 본인의 상식이 남들에겐 핵심 정보일 수 있다. 의사나 약사라면 제약업에, 은행원이라면 금융업에 접근하는 게 승률이 높다. 고급정보란 생활 주변에서 얻어지는 경우가 더 많다.

투자정보의 '생활 속 발견'은 사실 가치투자의 핵심 개념이다. 가령 워런 버핏은 '생활밀착형 기업'을 선호했다. 아메리칸익스프레스, 코카콜라, 워싱턴포스트 등 몇몇은 "죽기 전엔 절대 팔지 않을 것"이라고까지 말했다. 하나같이 일상에서 대하는 제품과 서비스를 생산하는 소비재기업이다. 수익모델도 잘 모르는 IT 관련주에 소문만 믿고 투자해선 망하기 십상이다. 이런 기업에 연연해선 될 것도 안 된다.

실생활에 밀접한 내수 관련주만 골라도 투자할 기업은 수두룩하다. 같은 값이면 내용이 단순하고 이해하기 쉬운 게 좋다. 모르는 회사는 금물이다. 알되 정확하고 자세히 알아야 한다. 결국 핵심은 대장주다. 이른바 독점 여부로 경쟁자가 없거나 특허권·브랜드·독창성 등이 탁월한 기업이 매수 우선순위다. 이런 게 바로 내재가치다.

10배 이상 뛸 종목을 찾아내 이를 '10루타'라고 표현한 피터 린치의 얘기를 들어보자.

"10루타 종목은 멀리 있지 않아요. 생활 주변에서 찾을 수 있죠. 평범한 투자자라도 1년에 두세 번은 우량주 매수 기회가 있어요. 투자자가 성공 종목을 찾으려 노력할 때 실상은 그 주식들이 되레 투자자를 찾고 있죠. 신발가게 주인이 항공사 주식을 사는 건 바람직하지 않아요. 자신이 잘 알거나, 유리한 상황에 있는 회사를 골라야 합니다. 샐러리맨이라면 자신이 속한 업종의 사업 내용과 전망을 월가 분석가보다 6~12개월 정도 더 빨리 알 수 있어요. 장부상에 없는 고급정보도 알죠. 당신이 알고 있는 회사에 투자하세요. 황금 같은 기회를 안겨줄 10루타 종목은 널려 있습니다."

공통점 2. 다 먹지 마라, 생선 머리는 고양이에게 줘라

과유불급이랬다. 넘치면 모자람만 못하다. 투자 실패의 대부분은 과욕이나 조바심 때문이다. 기대나 욕망이 지나쳐 화를 자초한다. 주식투자를 하다 보면 대부분은 통제력을 잃기 쉽다.

승리하는 프로는 심리를 정복한다. 그 반면 실패하는 아마추어는 심리에 진다. 투자는 욕심을 극복하는 과정이다. 스스로의 성찰과 마인드 컨트롤이 필요한 건 이 때문이다. 성공 투자자들은 절대 시장의 단기 움직임에 일희일비하지 않는다.

앞에서도 살펴봤듯 주식투자엔 블래시 전략이 있다. 이것만 잘 지키면 주식으로 돈 잃을 걱정은 없다. 최소 위험에 최대 이익을 보장하기 때문이다. 하지만 이것만큼 뜬구름 잡는 허망한 전략도 없다. 블래시는 한마디로 싸게 사서 비싸게 팔라는 것이다. 말은 간단하지만 지키기는 여간 어렵지 않다. 싸게 사서 비싸게 파는 타이밍을 잡는다는 건 신의 영역이다. 운이 좋아 1~2회는 가능할지 몰라도 결국 단 한 방의 엇박자에 먹은 걸 모두 토해내는 게 현실이다. 바닥에서 사 천장에서 파는 최고의 타이밍을 잡기란 애초부터 불가능하다고 봐야 한다.

다만 욕심을 버리면 못할 것도 없는 게 또 이 전략이다. 생선의 꼬리와 머리는 고양이에게 과감히 던져주자. 생선도 다 먹으려 들면 체하는 법이다. 머리와 꼬리에 대한 미련과 욕심 때문에 몸통을 먹을 기회조차 버려선 곤란하다. 무릎에서 사 어깨에서 팔라는 말도 있지 않은가. 욕심을 버려야 한결 여유로운 투자가 가능해진다. 평상심이 지켜지면 매매 타이밍을 잡기도 훨씬 수월하다. 대박을 바란 투자자 치고 망하지 않은 사람은 없다. 이건 역사가 증명해준다.

기대수익률을 현실적으로 낮추자. 시중금리 4~5%대의 한국 시장에선 리스크를 감안해도 10~12%면 썩 괜찮은 성적표다. 그것도 1년 타깃일 때다. 하지만 이 수익률이 매년 반복되면 환상의 복리 마법이 펼쳐진다. 대박은 환상일 뿐이다. 목표 수익에 도달했다면 욕심을 버리자. 시장은 늘 욕심과 공포 탓에 출렁인다. 투기보단 합리적인 투자 수단으로 주식을 봐야 노후 대책을 성공적으로 완성할 수 있다.

투자 실패는 과욕에서 비롯된다. '몰빵'이 대표적이다. 주식투자는 단타 게임이 아니다. 은퇴 후 20~30년까지 계속할 수 있는 장기 레이스다. 한 종목에 자금을 모두 넣어 잘못되면 재기하기 어렵다. 주식투자에선 목숨 긴 게 최고다. 오래 버티면 사이클에 올라탈 가능성도 그만큼 높아진다. 누구나 버는 큰 폭의 대세상승 기회는 10년에 한 번씩은 찾아온다.

만약 놓쳤다면 10년 후 다시 기회가 있다. 단, 준비가 돼 있어야 한다. 패배 충격에 빠져 주식과 결별하면 그걸로 끝이다. 롱런하자면 마지막 돈 하나는 쥐고 있어야 한다. 재기의 발판인 셈이다. 거금으로 단기간에 욕심을 부린 투자자 치고 롱런하는 사람은 없다. 몇 번 잃으면 아예 이성을 상실하기 때문이다. 투자와 투기는 탐욕의 역사다. 탐욕을 끊는 사람이 건강하게 장수하는 법이다.

공통점 3. 용감한 투자, 비명을 반기는 이유

　부자들은 냉정하다. 어지간해선 세파에 흔들리지 않는 뚝심을 자랑한다. 옆에서 제아무리 달래고 을러도 고집을 꺾지 않는다. 완전히 '고래심줄'이다. 이들의 '마이웨이'는 또 십중팔구 역주행이다. 늘 남들과 다르게 움직인다. 보통 사람으로선 위험스럽기 짝이 없지만 정을 맞을지언정 모난 걸 포기하지 않는다.

　어쩌면 되레 즐기는 쪽에 가깝다. 외로워야 돈 번다는 걸 동물적인 감각으로 알아서다. 이들은 모든 사람이 멈춰 섰을 때 전력투구하고 남들이 뛸 때 앉아서 쉰다. 폭락을 반기는 대신 폭등은 경계한다. 한마디로 '역발상'이다. 현명한 투자자는 내일 지구가 멸망한다는 소리에 기꺼이 거금을 투자한다. 사람들의 비명이야말로 둘도 없는 투자기회이기 때문이다. 그래서 이들은 돈을 번다.

　주식은 소수의 게임이다. 쓸쓸해야 성공한다. 한편 대다수는 양떼처럼 몰려다닌다. 이게 맘 편하고 좋다. 하지만 앞에 가는 양의 엉덩이만 보고 따라가다가 첫째 양이 절벽에서 떨어지면 모두 다 떨어진다. 이른바 '양떼이론'이다. 투자는 양떼처럼 해선 절대 안 된다. 군중심리는 비정상적이다. 영리한 시장은 늘 군중을 따돌린다.

　모두가 큰 시세를 기다리면 절대 오르지 않는다. 떨어지기를 기다려도 하락은 없다. 군중심리가 일치할 때 주가는 항상 거꾸로 움직인다. "소문에 사고 뉴스에 팔라"는 건 이런 군중심리를 반영한 격언이다. 대중이 사려 할 때 미리 사둔 주식을 팔겠다는 의도다. 이처럼 주식 격언 중엔 역발상을 강조한 게 많다. "대중이 안 가는 뒤안길에 꽃밭이 있다"든가 "모두가 좋다는 건 피하는 게 좋다" 등도 마찬가지다.

주식투자는 미인대회다. 곰보라도 심사위원 맘에만 들면 된다. 주식도 마찬가지다. 인기주라면 고가에 거래되는 게 당연하다. 사려는 사람이 많으면 가격이 뛰어서다. 그런데 현실은 정반대일 때가 많다. 인기주지만 정작 주가는 그대로다.

그 반면 소외주가 단번에 뛰는 경우가 적지 않다. 왜 그럴까. 인기주는 많은 투자자가 이미 사뒀을 확률이 높다. 좋다는데 안 살 사람도 없지 않은가. 사놨다면 으레 추천 코멘트가 많아질 수밖에 없다. 합창 소리가 높을수록 팔려는 이가 많다는 반증이다. 그럼 주가는 떨어지게 돼 있다. 차익실현 매물 때문이다.

역발상은 매매 타이밍 잡기에 효과적이다. 군중심리를 이기면 한발 앞선 투자가 가능해서다. '팔자'가 대세일 때 '사자'는 외롭지만 지나고 나면 이만큼 효과적인 전략도 없다. 비관론이 팽배할 땐 용감하게 주식을 사모아야 한다. 급락은 매수 기회다. 반대로 모두가 광분할 땐 빠져나오는 게 정답이다. 대중은 주가가 폭등하면 더 사려 든다. '예술적 투자가'로 불리며 유럽 증시를 주도한 앙드레 코스톨라니의 '청개구리' 작전도 일종의 역발상이다.

"단위면적당 바보가 제일 많은 곳이 증권사 객장이에요. 절대다수가 매매 타이밍을 잘못 잡거든요. 비쌀 때 사서 쌀 때 파는 일을 수없이 반복합니다. 패닉 땐 열에 아홉이 투매에 동참하죠. 쉽진 않겠지만 남들과 반대로 하세요. 마음은 좀 불편해도 청개구리처럼 행동하면 실패 확률을 최소화할 수 있습니다."

물론 말이 쉽지 역발상은 난제 중의 난제다. 대중이 군중심리를 거스른다는 건 어지간한 용기가 없으면 힘들다. 그래도 해야 한다. 공짜 점심은 없듯 넉넉한 노후도 그냥 오지 않는다. 역발상을 완성하기 위해선 끊임없는 공부와 용기가 필요하다. 공부를 해야 확신이 생기고 확신이 들어야 과감히 실천하는 법이다.

심리와 행동의 불일치는 인간 본성이지만, 성공 투자자는 이 벽을 넘어야 한다. 수익률은 군중심리와 정반대로 움직인다. 역발상은 자전거 타기와 같다. 몸에만 익히면 습관적으로 롱런할 수 있다. 물론 수치만 봐선 바닥과 꼭지를 알 수 없다. 이럴 땐 군중심리를 역이용하라. 비관론이 판치면 사들이고 장밋빛 전망이 지배적이면 팔 준비를 하는 식이다.

다만 조심할 게 있다. 대세까지 역행해선 곤란하다. 시장에 맞서지 말라는 얘기다. 시장은 따라가는 게 좋다. 시장 추세도 보지 않고 '무조건 반대로' 해봐야 무용지물이다. 대세엔 순응하고 대중에는 역행하는 게 좋다. 시장을 따라가기는 어렵다. 가령 IT 붐이 한창일 때 과열 조짐을 핑계로 기술주 투자를 등한시했다면 그건 판단 미스다. IT는 일시적 유행이 아닌 장기 트렌드로 판명 났지 않은가. 그러자면 주도면밀한 공부가 선행조건이다. 알아야 역발상도 가능하다.

공통점 4. 공짜 점심? 부동산 사듯 주식을 사라

공짜 점심은 없다. 투입이 있어야 산출도 있다. 거저먹겠다면 '도둑놈 심보'다. 유독 주식시장에서 이렇게 공짜 점심을 바라는 사람이 많다. 부동산만 해도 발품은 필수가 아닌가. 그런데 증시만큼은 손 안

대고 코 풀려는 경우가 적지 않다. 너무나 쉽고 간단히 산다. 오죽했으면 피터 린치가 "새 냉장고 사듯 종목을 고르라"고까지 했을까.

그만큼 '함부로' 주식을 산다. 종목 발굴에서 실패하면 모든 게 무용지물이다. 노후 대비는커녕 종잣돈까지 날릴 수 있다. 그 반면 잘 고른 주식 하나는 노후자금의 화수분이 된다.

부동산을 산다고 치자. 이때 발품은 기본이다. 중개업소와 매물 현장 한 번 가보지 않고 계약하는 사람은 한 명도 없을 것이다. 분양 땐 모델하우스 방문이 상식이다. 꼼꼼한 이들은 수십 번씩 확인에 확인을 거듭한다. 한번 사면 5~10년은 살아야 하기 때문이다.

쇼핑도 그렇다. 이리저리 뜯어보고 비교해보고 사는 게 당연하다. 두부 한 모를 사도 두세 번은 들었다 놔야 직성이 풀리지 않는가. 하물며 노후자금을 벌겠다고 재테크 할 땐 발품과 손품이 필수다.

그런데 현실은 그렇지 않다. 감만 믿고 혹하는 얘기만 듣고 덜컥 주식을 사는 사람이 많다. 뭐하는 회사인지도 모르고 거금을 쏟아붓는 간 큰 투자자가 많다.

주식투자는 '누구나' 할 수 있다. 하지만 '아무나' 돈을 벌진 못한다. 기회만큼 위기가 많아서다. 오직 '정글의 법칙'만이 적용되는 피 말리는 싸움터다. 주식으로 큰돈 번 사람 치고 소 뒷걸음에 쥐 잡은 경우는 없다. 자신이 산 종목은 밤새 썰을 풀 만한 정보를 갖고 있다.

주식으로 돈을 벌자면 끊임없이 공부하고 분석해야 한다. 피터 린치는 연구 없는 투자를 '패를 보지 않고 배팅하는 것'이라고 했다. 수익률은 시간과 노력의 비례함수다. 살아남자면 스스로 영리해지는 수밖에 없다. 기회는 소녀처럼 왔다가 토끼처럼 달아난다고 했다. 토끼를 잡자면 토끼를 잘 아는 게 먼저다. 프로란 피눈물 나는 훈련 코스를 통과해야 얻어지는 타이틀이다.

공부하겠다면 방법은 많다. 투자 환경이 좋아져 클릭 한 번에 각종 정보를 구하는 시대다. 기본적으로 주식투자 관련 서적 3~5권은 독파해야 한다. 읽다 보면 용어를 자연스레 알게 된다. 판이 돌아가는 모습도 얼추 이해된다. 증시는 살아 있는 동물이다. 그때그때의 경제 관련 이슈를 이해하는 게 급선무다. 그러니 경제신문은 꼭 챙겨 읽자.

증권사 보고서도 마찬가지다. 참고서의 가치가 충분하다. 투자일지를 쓰는 것도 좋다. 가계부를 쓰면 효율적인 자금관리가 가능한 법이다. 주식투자도 그렇다. 투자 당시의 매매 상황과 선정 이유, 수익률 등을 기록해두면 나중에 피가 되고 살이 된다. 투자는 반복된다. 같은 실수를 안 하려면 투자일지에서 그 해답을 찾을 수 있다. 성공한 투자자는 십중팔구 '투자일지 마니아'다.

단, 너무 많이 알려고 하면 안 된다. 반드시 다친다. 적당한 공부가 좋다. 주식투자는 두뇌싸움이 아니다. 차라리 순발력이 승패를 좌우한다. 많이 안다고 많이 벌 것 같으면 경제학자나 증권기자는 모두 부자가 돼야 하는데 현실은 그렇지 않다. 펀드매니저 중엔 자기 집조차 없는 사람이 많다. 이들은 '아는 게 병'이란 딜레마에 쉽게 빠진다. 지나치게 많이 알면 제대로 된 투자활동은 불가능하다.

어설프게 알아도 문제지만 너무 빠삭하게 알아도 독이다. 피터 린치는 이런 말을 했다. "IQ로 볼 때 일류 투자자는 반드시 상위권 3%와 하위권 10%에 속하는 사람들"이라고. 지식과 투자는 긴밀히 연결되지만 그렇다고 결정적인 관계는 아니다.

성공 마침표를 찍는
주식매매 노하우

"주식도 잘만 하면 돈 번다는 소린 귀가 따갑도록 들었어. 문제는 뜬구름 잡는 원론만 강조하다 끝난다는 거야. 실전에 도움이 될 만한 얘길 해줘야지. 늘 본론에 들어가기 전에 끝나. 책이든 기사든 뭐든 말이야. 아마추어들이 이해하고 받아들일 수 있는 실전 노하우를 알려줬으면 좋겠어. 종목은 어떤 기준으로 고르고, 그 뒤에 챙겨야 할 것들은 뭔지, 또 어떨 때 팔아야 하는지 등등. 중요한 얘기는 정작 빼먹고 '장이 어떠니 이 종목 사라'는 식의 조언은 더는 안 먹힐걸. 선심 쓰듯 물고기 한두 마리 던져주지 말고 실전 낚시방법을 알려줘야지."

지인들과 얘기를 나누다 보면 자주 듣는 말이다. 전문가랍시고 들려주는 훈수란 그만큼 쓸데없는 공해라는 얘기다. 실전에 전혀 도움이 안 돼서다. 고작해야 종목 선정 기준인 '왜'는 알려줘도 '어떻게'란 실전매매 노하우를 알려주지는 않는다. 언론 기사도 그렇다. 정작 중요한 뼈대는 빼고 어정쩡한 주변 이슈만 건드리다 끝난다.

한 친구는 한때 웬만한 주식특강은 단골로 참석했다. 뭐라도 건질 게 있을까 해서다. 물론 지금은 발을 끊었다. 이른바 '찍어주는 종목'의 허황됨을 깨달았기 때문이다. 그 대신 '자습'의 길을 택했다. 누가 가르쳐주길 기다릴 바에야 스스로 배우겠다는 심정에서다.

재야고수로 손꼽히다 지금은 경제전문가이자 정치평론가로 변신한 '시골의사' 박경철 원장이 늘 강조하는 말이 있다.

"남의 도움을 받는다는 건 어불성설이에요. 주식투자의 도(道)는 말로 전할 수 없어요. 전할 수는 있으되 말할 수는 없죠. 본인이 느끼는 수밖에요. 이런 걸 '도'라고 팔아먹는 사람은 경계해야 합니다. 돈 버는 방법을 가르쳐주겠다는 순간 사이비임을 인정하는 겁니다. 목소리가 클수록 사기꾼일 확률이 높죠. 고수는 없어요. 증권사 상무도 연봉 이상 벌 자신이 없으니까 샐러리맨 생활을 하는 게 아닐까요. 개인적으로 한국의 최고 고수는 거의 만나봤어요. 감히 주장하는데, 재야 전문가 중 90%는 쓰레기예요. 제도권 90%는 쓰레기는 아닐지언정 득될 게 없는 사람들이고요. 가장 좋고 믿을 만한 전문가는 자신뿐이에요. 자신을 믿으세요. 주식으로 돈을 벌려면 자신만의 투자원칙을 세워야 합니다."

가장 좋고 믿을 만한 전문가는 자신뿐

성공 투자에 이르는 답은 자신에게 있다. 사람마다 투자 여건은 천차만별인 법이다. 시골의사의 코멘트처럼 전문가란 때로 없는 게 더 좋을 수도 있다. 그렇다고 전문가의 존재감을 필요 이상 격하해선 곤란하다. 산전수전 다 겪은 실력파 프로까지 평가절하해선 안 된다.

그들은 앞서 주식투자의 길을 걸었던 탓에 아마추어가 겪지 못한 수많은 경험과 그만큼의 수업료를 지급해야 했다. 우리는 이들의 충고를 반면교사로 삼아야 한다. 낚시를 잘하려면 적어도 좋은 목을 골라내는 감각이 필요하다.

지금부터 동서고금의 많은 프로가 이구동성으로 밝힌 '성공 주식투자를 위한 메시지'를 살펴보자. 앞서 주식투자 첫걸음으로 대략적인 기본기를 알아봤다면 여기서는 매매와 관련된 실전 전략을 알아볼 것이다. 단, 메시지는 메시지일 뿐이다. 이를 자신의 투자전략으로 체화시키느냐는 자신에게 달렸다.

차트 분석, 참고자료라면 챙기는 게 효과적

차트는 확실하게 이해하고 쓰거나, 잘 모르면 아예 쓰지 않거나 둘 중 하나의 문제다. 어설픈 의존이야말로 손실을 부르는 자충수이기 때문이다. 그만큼 차트 분석은 신중하게 접근해야 한다. 차트는 잘만 활용하면 종목 선정과 매매 타이밍을 알려주는 보조지표로 손색이 없다. 만능 차트는 없지만, 안 보는 것보단 보는 게 나아서다.

물론 약점도 많다. 후행적인데다 노출된 정보인 탓에 함정과 오류 가능성이 상존한다. 그렇다고 대놓고 차트를 무시하는 건 좋지 않다. 모든 차트를 챙겨보는 건 무리일지라도 몸에 맞는 2~3가지 차트라도 챙기자. 그것만으로도 충분히 10루타를 칠 타석 조건을 갖출 수 있다. 이때 반드시 챙겨야 할 것이 주가의 거울로 비유되는 거래량이다.

차트는 양날의 칼이다. 적을 벨 수도 있지만 자신이 베일 수도 있다.

따라서 차트를 보는 실력을 키워야 한다. 그럼에도 차트는 답안지가 아닌 참고서라는 사실을 잊어선 안 된다. 즉 목적이 아닌 도구다.

시장 관찰, 튕기듯 연애하되 싫으면 헤어져라

주식은 연애 상대이지 결혼 상대가 아니다. 언제든 헤어지자면 결혼은 금물이다. 시장 변덕은 죽 끓듯 하고 종목 가치는 믿는 도끼에 발등 찍히듯 투자자를 배반하기 일쑤다. 시장이 급변하듯 기업도 시시각각 변하게 마련이다.

특정 주식과 결혼하면 변화 흐름을 체크하기 어렵다. 그 대신 내 주식은 뜰 것이란 근거 없는 편견 속에 집착만 키울 뿐이다. 별 볼 일 없는 주식이면 서둘러 헤어지는 게 최선이다. 집착과 편견에서 비롯되는 맹신은 경계 대상이다. 상대는 변하는데 나의 사고만 경직돼선 곤란하다. 곁눈질로 다른 이성을 훔쳐보듯 주식은 늘 비교돼야 한다.

확실한 배필이 아니면 현금이 최고다. 맘에 들지도 않는데 사귀거나 결혼해선 안 된다. 주식투자의 목적은 수익이다. 특정 종목과 사랑에 빠지기 위해 투자하진 않는다. 돈을 못 벌어오는 주식은 버리자. 물론 주식과 결혼해야 할 상황도 있다. 누가 봐도 훌륭해 오랫동안 함께해도 괜찮은 상대를 골랐을 때다. 백년해로는 기업의 존재 이유나 내재가치가 훼손되지 않거나 계속 좋아질 때에 한정된다.

초심 망각, 욕심 생겨날 때 조심하라

주식투자는 마라톤이다. 초심을 잃으면 중도 탈락이 불가피하다. 주식 초보들은 웬만하면 잃지 않고, 잃어도 적게 잃는다. 시장을 두려워하는데다 잘 모르니 겸손하고 신중하게 접근하기 때문이다. 하지만 한두 번 매매로 수익을 내면 애긴 달라진다. 과욕과 자만심이 생겨나 감정 통제에 실패한다.

감만 믿고 불나방처럼 달려드는 일이 비일비재하다. 조바심과 두려움에 휘둘려 무리수와 자충수를 반복한다. 하지만 초심을 잃은 대가는 값비싸고 처절할 뿐이다. 대박은커녕 연속 삼진에 퇴출 위기를 자초한다.

월가 고수들 역시 적지 않은 수업료를 지급하고서야 초심의 파워를 깨달았다. 또 겸손하게 초보의 심정으로 되돌아가 감정을 통제하고 원칙을 지키기 시작하면서 기적처럼 손실을 회복했다. 수업료는 적게 낼수록 좋다. 길을 잘못 들어 앞이 안 보일 땐 원점으로 되돌아가는 게 현명하다. 초심으로의 회귀는 빠르면 빠를수록 좋다. 초심이야말로 개인투자자를 정글에서 지켜줄 가장 중요한 생존 무기다.

손실 관리, 샀는데 떨어지면 마이너스 10%에서 끊어라

주식투자로 돈 버는 방법은 100가지가 넘는다. 하지만 잃는 이유는 딱 하나뿐이다. 손실 관리의 실패다. 실패하는 사람은 다 똑같다. 욕심에 눈이 멀어 손실을 눈덩이처럼 키운다.

턱 아래에 거꾸로 난 비늘, 역린(逆鱗)을 건드리면 용이 크게 노해 건드린 사람을 죽인다. 하락하는 주식도 마찬가지다. 굳이 하락추세를 건드려 깡통을 자초할 필요는 없다. 손절매 잘하는 사람이 주식투자 9단이다. 10종목을 사서 9종목이 떨어져도 손실만 적게 끊으면 나머지 1종목의 수익만으로 얼마든 만회할 수 있다.

가치투자자든 차티스트(기술적 분석가)든 손절매는 필수다. 산전수전 다 겪은 월가 고수들이 손절매를 강조하는 데는 그만한 이유가 있다. 궁합이 맞지 않는 주식은 서둘러 버리자. 주저해봤자 손실만 키울 뿐 밑지는 장사다.

잘 잃어야 잘 따는 법이다. 수익은 통제하지 못해도 손실은 노력 여하에 따라 누구든 컨트롤할 수 있다. 적게 잃을 수만 있다면 등판 기회는 늘 주어진다. 살아남아야 안타든 홈런이든 칠 게 아닌가. 얼추 마이너스 10%까지 떨어지면 거침없이 내다 팔자.

매매종목, 5개 안팎으로 집중 공략하라

아마추어라면 분산투자보단 집중투자가 좋다. 물론 투자원론에서야 위험관리 차원에서 종목 분산을 권유한다. 하지만 실제는 다르다. 아마추어에게 분산투자는 약효보다 부작용이 더 클 수 있다. 분산을 위한 분산투자에 얽매여 백화점식 잔고로 전락할 수 있어서다.

개인투자자라면 분산할 만큼 투자금액이 크지 않을뿐더러 분산해봐야 관리조차 되지 않는 게 보통이다. 베스트셀러를 내놔도 될동말 동한데 안 팔리는 재고 아이템만 잔뜩 갖고 있어봐야 아무 소용 없다.

대부분의 월가 고수도 초보에겐 소수 종목에 대한 투자집중을 권유한다. 1,400개 이상의 종목을 보유했던 피터 린치조차 "개인이라면 3~10개면 충분할 것"이라고 했다. 개인투자자라면 최소한의 종목 보유가 좋다. 남들이 권한다고 분산에만 매달려봐야 '빛 좋은 개살구'다.

다만 집중투자엔 전제조건이 있다. 우량주를 고르되 만약을 대비해 엄격한 손절 기준을 정해두는 것이다. 동시에 잦은 포트폴리오 유지 보수로 될성부를 떡잎에 가장 많은 금액을 배치해야 한다. 초보라면 보유 종목은 5개 안팎이 바람직하며 최대 10개를 넘겨선 곤란하다.

수수료 함정, 사고팔 땐 세 번 이상 생각하라

주식거래엔 돈이 든다. 세금과 수수료 때문이다. 운용수수료와 마케팅 비용까지 드는 펀드는 더 말할 것도 없다. 하지만 거래비용은 안 보인다. 많은 사람이 '가랑비에 옷 젖듯' 한참이 지나고서야 거래비용에 부담을 느끼는 이유다.

현명한 투자자는 늘 거래비용을 생각한다. 그 때문에 세후수익을 위협하는 잦은 매매는 지양한다. 실제로 어렵게 얻어낸 차익에서 차 떼고 포 떼듯 세금과 수수료를 제하면 자칫 '밑지는 장사'일 수 있다. 사고팔기를 반복할수록 잔고는 줄어들 수밖에 없다. 거래비용에 둔감한 투자자 치고 성공한 이가 없듯 절반의 승률조차 비용 요소를 감안하면 결국 손실일 수밖에 없다.

적은 수익을 위해 자주 매매해선 곤란하다. 물론 투자자라면 매매 유혹에 휩싸일 수밖에 없다. 이럴 땐 개인투자자 출신의 고수 니콜라스 다비스의 경험담을 떠올려보자. "하루라도 거래하지 않으면 좀이 쑤셨는데, 몇 달간 거래해보니 결국 손실이었죠. 수수료가 원금을 조금씩 갉아먹더니 마침내 전부를 먹어 없앴습니다."

기대수익, 오래 살아남으려면 적게 먹어라

주식매매는 심리전이다. 상대방의 속내를 아는 것만큼 자신의 감정을 통제하는 게 결정적이다. 주가는 탐욕과 공포에 따라 오락가락한다. 성공하려면 공포는 사고 탐욕은 팔아야 한다. 이게 반복되면 누구든 10루타를 날릴 수 있다.

특히 중요한 게 탐욕을 파는 행위다. 과도한 욕심은 주식투자의 최대 걸림돌이다. 바닥매수·천장매도는 이론일 뿐 현실에선 실천하기 어려운 과제다. 생선의 머리와 꼬리는 고양이에게 주듯 작은 수익에 만족하고 다음 투자를 노리는 게 좋다.

월가 고수들에 따르면 감정통제에 실패하면 손실을 낼 수밖에 없다. 단기간에 남의 돈으로 큰 수익을 거두겠다는 건 어불성설이다. 탐욕은 초조함을 낳고 초조함은 또 강박관념과 무리수로 이어지는 법이다. 기대수익을 낮춰라. 연 10~15%면 충분하다. 이 정도 수익도 쌓이다 보면 금방 짭짤한 대박종목으로 연결된다.

분할매입, 맘에 들더라도 찔끔찔끔 사들여라

주식투자에서 신중한 접근은 백번 강조해도 모자람이 없다. 매매 타이밍을 잡을 땐 특히 그렇다. 살 땐 조금씩 돈을 나눠 천천히 사는 게 좋다. 바로 분할매입이다. 상승종목에 올라탄 걸 확인한 뒤 평균매입단가를 높임으로써 손실은 줄이고 수익은 길게 가져갈 수 있다.

물론 최고의 주식이란 확신이 드는데도 한 방이 아닌 찔끔찔끔 사들인다는 건 쉽지 않다. 끈질긴 인내심이 필수다. 하지만 월가 고수들은 분할매입을 당연하게 받아들인다. 실전 경험을 거쳐 분할매입의 파워를 온몸으로 느꼈기 때문이다.

실제로 판단 착오일 수도 있는 몰빵 베팅 대신 신중하게 확인하며 돈과 시간을 나누는 전략은 꽤 효과적이다. 한 방에 걸면 한 방에 망하는 법이다. 분할매입은 유혹에 빠지기 쉬운 개인투자자의 심리를 통제할 수 있는 중요한 장치다.

적어도 3회 이상 시간을 두고 나눠 사는 게 좋다. 일부만 산 뒤 냉정한 시각으로 검증하고 그래도 옳은 것 같다면 추가로 사자. 다만 팔 땐 일괄매도가 바람직하다. 경험상 바닥없이 추락하는 경우가 많아서다. 이럴 때 물타기를 하는 건 자살행위나 마찬가지다.

매도 이유, 사귈 때부터 헤어짐을 준비하라

소득세 납부 1위까지 기록했던 일본 증시의 마지막 승부사 고레카와 긴조는 잘 파는 데 실패해 거액의 수업료를 내야 했다. 일확천금의 기회를 여러 번 쥐었음에도 빈털터리 노년 신세를 보내야 했던 이유가 바로 매도 전략의 실패 때문이었다.

매도 기술은 성공 투자의 마침표다. 제아무리 완벽한 주식을 골라도 잘 파는 데 실패하면 모든 게 무용지물이다. 손실을 줄이고 수익을 확정짓는 가장 중요한 행위가 매도 기술인 까닭에서다.

무엇보다 주식을 살 때부터 명확한 매도 원칙과 근거를 갖고 있어야 한다. 월가 고수들은 하나같이 단순 명쾌한 자신만의 매도 원칙을 세워두고 철저히 지켰다. 시세에 휘둘리지 않으면서 감정 조절에 성공하려면 초연한 원칙 준수만이 유일한 방법이기 때문이다.

아마추어라면 매도 원칙을 종이에 적어 늘 체크하는 게 좋다. 왜 샀는지를 알면 왜 팔아야 하는지도 저절로 알 수 있는 법이다. 손실은 짧고 수익은 늘리는 게 매도 조건의 대전제다. 쉽진 않겠지만, 잘 파는 기술을 연마해야 성공 투자에 성큼 다가설 수 있음을 명심하라.

/
30대에 권하는
100년짜리 주식 조건
/

"몇 년 전 아이들 앞으로 각각 2,000만 원의 주식계좌를 터줬어요. 장기투자를 대비해 미래지향적인 2개 종목을 사둔 겁니다. 30년 후에 없어져도 그만이라고 보고 말이죠. 단, 30년 후에 아이들한테서 아버지의 세상 보는 안목을 평가받겠다는 욕심은 있어요. 앞으로 30년을 내다보고 기업 흥망에 승부수를 던진 셈이니 중간에 팔지도 않을 작정입니다. 아이들의 미래와 함께 그 기업이 성장하는 걸 보고 싶어요. 지금 당장 안전하고 좋다고 장기투자에 적당하다고 봐선 곤란합니다. 미래 수익성이 더 중대한 잣대죠. 장기투자 메리트란 바로 성장성입니다. 내 경우엔 바이오와 인터넷 솔루션 종목에 나눠 묻어뒀어요."

의사보다 투자전문가로 더 유명한 '시골의사(박경철)'에게 "대물림할 주식이 뭐냐"고 물었더니 이렇게 에둘러 대답이 돌아왔다. 하지만 끝까지 자녀를 위해 사뒀다는 2개 종목을 구체적으로 밝히진 않았다. 확실한 건 '성장성'뿐이다.

그는 아마추어의 경우 성공 확률이 50% 이하라며 주식투자를 극구 반대한다. 그래도 하겠다면 "전문 분야나 생활 속 종목 발굴을 통한 장기투자뿐"이라고 밝힌다. 그에 따르면 노후 대비용이든 재산 상속용이든 우량주 매수 뒤에 긴 호흡으로 묻어두는 게 최고의 전략이다.

전문 분야 또는 생활 속 종목 발굴이라면 범위가 너무 넓고 추상적이다. 손에 잡히는, 좀 더 구체적인 종목 선정법은 없을까. 2,000개에 육박하는 거래종목 중 적어도 10~40년은 묵혀둘 만큼 장기 설명력을 가진 우량주 발굴 전략은 뭘까.

선정 기준은 몇 가지로 압축할 수 있다. 제일 중요한 건 세대를 뛰어넘는 전통 가치로, 쓰면 쓸수록 빛을 발해야 한다. 또한 남들이 따를 수 없는 희소성이 있어야 한다. 물론 대물림 주식이 곧 대박은 아니다. 다만 폭락 위험은 비교적 낮다. 따라서 단기 고수익보단 장기 안정적 수익을 기대하는 게 바람직하다.

명품 주식, 세대 뛰어넘는 전통 가치와 희소성 필수

'월가의 영웅' 피터 린치에게 대물림이 가능한 종목 선정법을 배울 수 있다. 그의 얘기를 들어보자.

"완벽한 주식을 산다는 건 얼마나 신나는 일인지 아세요? 일단 이해하기 쉬운 주식을 고르세요. 이해하기 쉽다는 건 완벽한 주식의 특징이죠. 통신위성보단 팬티스타킹이 나아요. 사업은 단순할수록 좋으니까요. 바보라도 경영할 수 있는 회사가 완벽한 주식이죠."

완벽한 주식은 따분하거나 혹은 우스꽝스럽게 들린다. 복잡한 이름은 이목을 집중시키지만, 우스운 이름은 흔히 무시돼 충분히 싸게 살 수 있다는 장점이 있다. 따분한 사업을 해도 합격이다. 병뚜껑을 만든다면 따분한 만큼 관심을 끌지 않는다. 혐오감을 불러일으키는 사업도 좋다. 따분하면서 혐오스럽다면 최고다. 구질구질한 사업 아이템을 분석하려는 전문가는 별로 없기 때문이다.

뭔가 침울하게 하는 아이템도 괜찮다. 가령 실적과 성장세가 아무리 좋아도 죽음과 관련된 아이템은 외면 대상이다. 성장세가 멈춘 것도 호재다. 고성장 업종은 경쟁이 거센 대신 저성장 산업은 라이벌의 공격도 없다.

또한 사람들이 꾸준히 사는 물건을 만들면 최고다. 완구보단 면도날이 나은 법이다. 변덕스러운 구매 취향에 의존하는 업체에 승부를 걸면 후회할 일이 생긴다.

남들이 거들떠보지 않는 틈새에 있어도 좋다. 보석보단 채석사업이 독점을 누릴 수 있다. 인기가 없으면 경쟁도 없어서다. 독점권은 곧 가격 경쟁권의 확보다.

분리 독립한 자회사도 괜찮다. 기업의 특정 부서가 독립해나간 업체는 대개 수익구조가 좋다. 명성 악화를 우려한 모기업이 도와줘서다.

자사주를 사들이는 회사도 우선순위가 높다. 자사주 매입은 그 자체가 주주공헌 활동인데다 유동주식 감소로 주식가치도 오를 수 있다. 특히 내부자들이 자사주를 사면 더할 나위 없이 좋다. 매입 주체가 부하직원일수록 상승할 확률이 높다. 경영진이 지분을 갖고 있으면 두말할 필요가 없다.

지금부터 대물림을 해도 괜찮을 정도로 좋은 주식이란 뭔지 그 조건을 살펴보자. 필자의 개인 의견이지만 검증받은 월가 고수들의 주장과 맞물려 선정한 기준이기에 알아두면 좋을 것이다.

독점 파워, 1위 업체는 무조건 관심권에 둬라

독점은 영속적인 기업 실적을 보장하는 성공 키워드다. 경쟁 없는 시장 지배일수록 대형 파이를 오랫동안 차지하는 지름길이다. 실제로 독점효과는 파워풀하다. 악재에는 덜 휘둘리고 호재에는 승승장구한다. 선점했다는 이유만으로 2~3위 업체와의 격차를 더 벌린다.

아마추어라면 독점기업의 저가매수를 노리는 게 좋다. 시장점유율이 가장 높은 독점회사를 비관적인 분위기가 최고조에 이르렀을 때 싼값에 사는 게 핵심이다. 월가 고수들이 이구동성으로 독점기업을 권하는 데는 이유가 있다. 성공 투자를 담보하는 가장 강력하고 유일한 전략이기 때문이다.

독점기업은 업종 대표주이면서 시세 주도주. 호황에 따른 주가 상승 수혜를 가장 많이, 빨리 받는다. 또 오를 땐 더 오르고 내릴 땐 덜 내린다. 가격 결정권이 있기 때문이다. 2등과의 독점 격차는 클수록 좋다. 경쟁논리에 휘둘리는 2등주보단 독점을 향유하는 1등주가 훨씬 나은 법이다. 사업에서 경쟁은 독점보다 결코 좋을 수 없다.

PER, 가치투자라면 10배 이하만 챙겨라

PER은 주가를 주당순이익(EPS)으로 나눈 수치다. PER이 5배라면 5년간 순이익만으로 투자원금을 회수할 수 있다는 뜻이다. 당연히 PER은 낮을수록 좋다. 간단한 개념이지만 저평가 여부를 진단하는 가장 효율적이고 대표적인 수치다. 시장·업종 평균 PER보다 낮은 것만 골라도 우량주 발굴의 1차 관문은 통과하는 셈이다.

월가 고수들에 따르면 저PER은 상상을 초월하는 잠재력을 가졌다. 그만큼 오랜 기간 검증받은 확실한 투자전략 중 하나다. 피터 린치는 "다른 건 다 잊어버려도 고PER주는 사지 않는다는 점만 명심하라"고까지 했다. 경기순환주만 아니라면 저PER일 때 사서 고PER일 때 팔면 된다.

월가 고수들은 저마다 PER의 상한선을 두고 저PER주 위주로 운용해왔다. 요약하면 두자릿수(10배) 이하에 투자할 것을 권한다. IT 기업처럼 고PER이 용인되는 업종조차 PER 배수는 낮을수록 좋다.

다만 저PER엔 함정이 있다. 가치 대비 저평가된 저PER주가 있는 반면, 쌀 수밖에 없는 잡주도 많아서다. 이럴 땐 과거의 이익추세나 배당수익률 등을 꼼꼼히 챙겨 미래 성장성을 확인하는 게 바람직하다. 더불어 저PER처럼 소외주를 사자면 역행투자는 필수다.

EPS 증가율, 3년 연속 꾸준히 늘면 찜하라

아마추어 투자자라면 2가지만 명심하자. EPS 증가율은 높을수록 좋고, 최근 3~5년간 상승세가 꾸준하면 무조건 매수 후보 리스트에 올리라는 것이다. "오직 EPS 증가율만 눈여겨볼 것"이란 윌리엄 오닐의 조언엔 그만한 이유가 있다.

EPS 없는 증권 분석은 무의미하다. EPS은 실적을 반영한 최소한의 투자지표인 동시에 그 증가율은 미래 수익성을 단적으로 상징한다. 가치투자자들은 우량주 발굴 때 EPS과 EPS 증가율을 반드시 챙긴다.

될성부를 떡잎을 골라내는 데 이만한 투자지표가 없기 때문이다. 월가 고수들은 최근 몇 년간 EPS 증가율이 꾸준히 오른 기업이면 이구동성으로 합격점을 줬다.

고수들마다 하한선은 다르지만 얼추 3~5년 동안 연간 10% 이상의 EPS 증가율이면 투자 가시권 안에 넣었다. 단, EPS 추세를 좀 길게 보자는 건 속임수를 염려해서다. 회계장부의 일시적 조작에 따라 EPS 수치는 바뀔 수 있다. 따라서 적어도 3년 이상 과거 흐름을 추적하되, EPS을 결정짓는 매출액 수치까지 동반 확인하면 함정에서 벗어날 수 있다. 강조컨대 EPS 증가율이 추세적으로 상향곡선을 그리는 주식이라면 우량주로 손색이 없다.

ROE, 10% 위에서 3년 연속이면 넣어둬라

월가 고수들은 ROE이 최소 10~15% 이상이면서 변동폭이 작은 기업이면 당장 매입하라고 이구동성으로 주장한다. ROE이 높다는 건 그만큼 성장성이 좋고, 또 추세가 꾸준하다면 자본 효율성이 탁월하다는 의미인 까닭에서다.

장부가치를 잘 믿지 않는 워런 버핏조차 재무 상태를 확인할 때 ROE만큼은 꼭 챙겼다. 그만큼 수익성장성을 가늠하는 중요한 투자지표다. ROE로 종목을 선정할 때 합격선은 시중금리다. 시중금리보다 낮으면 은행에 맡기는 게 낫기 때문이다. ROE은 높을수록 좋다.

다만 회계 조작으로 임의로 ROE을 부풀릴 수도 있어 분자(순이익)와 분모(자기자본)의 변화 모습을 살펴봐야 한다. 다시 말해 ROE과 함께 삼각관계를 갖는 PER, 주가순자산비율(PBR) 등을 보란 얘기다. 한국의 시중금리를 감안했을 때 ROE이 10% 이상이면 투자가치는 충분하다.

한국은 2002년 이후 'ROE 혁명'을 맞았다. 상장사 평균 ROE이 사상 최초로 두자릿수를 기록하면서 주식투자 메리트를 높였기 때문이다. 최근 넘쳐나는 현금(순이익)을 신규 투자 대신 금고에만 쌓아둬 ROE이 훼손된 기업이 넘쳐나지만, 그럼에도 10%대 이상을 유지하는 알짜 기업이 수두룩하다. 잘만 고르면 ROE만으로도 짭짤한 수익을 거두는 시대가 됐다.

배당수익률, 5% 이상이면 걱정 말고 챙겨라

흔히 주식투자 하면 시세차익을 떠올린다. 하지만 월가 고수들은 배당이익의 짭짤함을 이구동성으로 강조한다. 생각보다 안정적인데다 시세차익까지 덤으로 기대할 수 있어서다. 시가총액 상위 종목 중 배당수익률이 높은 것으로만 포트폴리오를 구성했더니 장기간 시장 평균을 웃도는 수익을 냈다는 이른바 '다우의 개(Dogs of Dow)' 전략이 대표적인 사례다.

시장부침에 흔들리지 않는 꾸준한 누적수익을 기대한다면 배당투자만큼 효과적인 게 없다. 지난 100년간 미국 증시의 평균수익률 10% 중 실적 성과는 4.8%였던 것에 비해 배당이익 의존도는 5%로 집계됐다. 또 배당투자는 일종의 가치투자다. 수익·자산 지표와 함께 마지막에 배당가치를 더함으로써 가치투자를 완성한다. 워런 버핏 역시 전환우선주 투자로 막대한 배당이익을 거뒀다.

배당수익률이 높은 종목은 하나같이 우량주다. 꾸준한 실적 증가가 동반돼야 배당성향도 높게 유지할 수 있기 때문이다. 2000년 이후 한국 증시는 배당투자 시대가 본격적으로 개막됐다. 저금리에 기업 체질은 개선되고 주주 중시 경영까지 안착되면서 배당금을 늘리는 기업이 추세적으로 늘고 있다.

대략 3년 정도 배당이 꾸준했다면 고배당 종목으로 봐도 무방하다. 오너 지분이 높으면서 배당수익률이 시중금리를 웃돈다면 배당투자로 제격이다. 적립식 투자처럼 매월 일정액을 고배당 종목에 정기적으로 투자하는 게 좋다.

큰손 지분, 선도 세력이 매입하면 뒤따라 사라

증시에 참가한 개인투자자는 핸디캡 천지다. 정보도 없고 돈도 적다. 그 때문에 늘 시장에 휘둘리고 승률은 떨어진다. 반대로 기관투자가와 외국인투자가는 파워풀한 자금과 투자 노하우를 내세워 엄청난 투자효율로 시장을 장악한다.

증시를 쥐락펴락하는 이들 선도세력의 매매 패턴을 그대로 따라 해보자. 큰손들 뒤만 따라가도 짭짤한 초과수익을 기대할 수 있기 때문이다. 반드시 고수익을 내는 건 아니지만 적어도 상승 흐름에서 소외되는 일은 줄일 수 있다.

선도세력 벤치마킹은 간단하다. 이들이 특정 종목을 사면 뒤따라 매입하고 반대로 내다 팔 땐 연이어 매도하면 된다. HTS만 챙겨도 선도세력의 매매 동향과 지분 변화를 알 수 있다. 특히 기관투자가보단 외국인투자가의 움직임에 주목할 필요가 있다. 한국 증시의 수급 주도권을 외국인이 쥐고 있어서다. 외국인 지분이 높으면 관심권 안에 두되, 지분율이 꾸준히 늘어날 경우 뒤따라 사들이는 게 좋다.

소외, 버려진 여자라도 예쁘면 대시하라

가치투자란 저평가 우량주를 싸게 사 제값 때까지 보유하는 전략이다. 이때 중요한 건 저평가 종목을 싼값에 사는 것이다. 그 뒤엔 기업가치 훼손이 없는 한 끝까지 보유하면 된다. 저평가 원인은 많지만 결과는 2가지뿐이다. 시장 관심 밖에서 외롭게 고군분투하고 있다는 점(소외)과 조명을 못 받으니 몸값이 싸다는 점(저가)이다.

월가 고수들은 경쟁이 치열한 레드오션을 피한다. 쓸데없는 과도한 관심과 경쟁이 주가를 교란해서다. 그 대신 시장 관심 밖의 소외주를 집중 공략해 고수익을 거둔 경우가 많다. 내재가치는 충분한데 유행에 밀려 외면당한 종목에 주목하자. 아무도 쳐다보지 않는 주식 중 알짜배기를 골라내는 건 가치투자의 또 다른 정의다.

단지 규모가 작거나 사양업종이라고 푸대접을 받는 소외주는 의외로 많다. 사업모델이 따분하고, 혐오스러우며, 우울하다는 이유로 비현실적으로 과소평가되는 경우다. 어제의 소외주가 오늘의 황제주로 변신하는 일은 다반사다.

인기주는 시장 변덕 앞에 자유롭지 않다. 아마추어라면 소외주를 공략하는 게 합리적이다. 피터 린치의 '완벽한 주식'과 필립 피셔의 '위대한 기업'은 모두 소외주를 뜻하는 동의어나 마찬가지다.

저가, 보석인데 푸대접하면 양껏 거둬들여라

싼 것이야말로 최고의 투자 메리트다. 좋은 주식인데 규모가 작거나 일시적으로 흔들리거나 소외된 업종이라는 이유로 찬밥 취급을 받는다면 서둘러 매수하는 게 좋다. 적은 비용으로 많은 주식을 살 수 있기 때문이다.

  월가의 투자고수 중 상당수는 저가주만 공략해 천문학적인 수익률을 거뒀다. 월트 슐로스는 저가주만으로 720%를 거뒀고, 존 네프는 무려 5,600%를 기록했다. 가치투자의 창시자인 벤저민 그레이엄도 내재가치보다 50% 이상 낮게 거래되는 저가주를 좋아했다. 이들에 따르면 인기 없는 저가주를 사들여 장기간 보유하면 시장평균보다 훨씬 나은 수익률을 거둘 수 있다. 절대가격이 낮은 까닭에 약간의 관심과 탄력만으로도 주가가 오를 확률이 높기 때문이다.

  1달러 이하짜리 104개 종목을 사들여 4년 만에 4배로 키워낸 존 템플턴은 규모가 작고 젊으면서 기초가 튼튼한 중소형주라면 바겐세일 때 물건 사듯 적극적으로 매입하라고 권한다. 남들이 알고 덤비기 전에 한발 앞서 선취매해두면 걸출한 수익을 거두는 건 물론이다.

  조심할 건 잡주와 저가주의 구분이다. 내재가치를 꼼꼼히 살펴본 뒤 주가가 왜 싼지 그 이유를 알아야 한다. 쌀 이유가 없는데 푸대접을 받는 경우에만 적극적으로 매수하는 게 관건이다.

30대 노후 대비 프로젝트 2
부동산

부동산과 노후의
불편한 퍼즐

H대 경제학과 김호진(59세) 교수는 1가구 3주택자다. 부모에게 물려받은 분당 근교의 단독주택과 강남권 아파트 2채를 갖고 있다. 시가로 따지면 얼추 25억 원은 넘는다. 시세야 늘 변화가 있지만 부동산 버블이 본격화됐던 2000년대 초반에 비해 어쨌든 3~4배 이상 올랐다. 스스로 "불로소득의 참맛을 제대로 봤다"고까지 밝힌다.

한국에서 아파트 1~2채 갖고 있다면 사실상 부동산 전문가다. 냉탕과 온탕을 오가는 정부 정책마저 제법 확실히 분석하고 전망하는 능력이 있다. 때로는 정부 정책에 맞서거나 앞서며 눈치 빠른 선제대응을 하는 경우도 많다. 김 교수도 크게 다르지 않다. 재산을 지키고 불리려는 맘이야말로 자연스러운 발로이니 공부가 저절로 될 수밖에 없다.

그의 말을 들어보자.

"내가 그래도 명색이 경제학 교수 아닙니까. 그런데 부동산만큼은 잘 모르겠어요. 정상적인 작동 논리라면 수급조절로 가격이 움직여야 하는데 실제 그렇지 않아요. 바로 심리 때문이죠. 한계효용체감법칙이니 기회비용이니 합리적 기대가설이니 아무리 갖다놓고 봐도 잘 먹혀들지 않는 게 한국 부동산시장이에요. 강남 불패 신화를 얘기하는데 고비용을 치르고서라도 강남에 들어가겠다는 대기수요가 줄지 않는 한 가격은 떨어질 리 없죠. 또 모르죠. 한순간에 심리가 꺾이면 버블이 꺼질지도. 내가 보기엔 부동산은 알면 알수록 요지경입니다."

부동산 보유 비중 70~90%, 편집증과 토지 신화

한국인에게 부동산은 참으로 뜨거운 감자다. 라이프스타일이나 사회인식과 맞물려 사지 않을 수도 없거니와 팔지 않을 수도 없기 때문이다. 젊어선 전세로 시작해도 기회가 되면 꼭 사려는 게 인지상정이다. 대출을 낀 무리수는 상식이다. 그 반면 늙어선 집 한 채가 되레 고민거리다. 당장 생활비가 없으니 파는 게 옳지만 될 수 있으면 버티려는 게 속내다. 노후 생활의 딜레마다.

그 이유는 명확하다. 토지 신화 때문이다. 부동산은 보유만 하면 언젠가 큰돈으로 되돌아온다는 숱한 경험담이 선호와 보유 의지를 높인다. 문제는 거래비용과 기대수익의 불일치다. 과거엔 어디든 통했던 레버리지 효과가 이젠 다소 불분명해졌기 때문이다. 무리해서 샀는데 시세차익은커녕 원금 손실과 이자비용이 발생하는 경우가 적지 않다.

이 때문에 부동산을 뺀 노후 대책이란 있을 수 없다. 다만 방향은 부정적이다. 집값이 계속 오를 것이란 장담이 불가능해서다. 반대로 오를 것이란 기대감이 꺾이지 않는 한 버릴 수도 없다. 이런 고민이 계속될수록 노후 생활은 갑갑해진다. 집은 가졌으면서도 당장의 생활비 곤궁은 피하기 어려운 현실 때문이다. 한마디로 흑자부도 압박이다.

한국의 부동산 편집증은 꽤 유명하다. 해외 부동산 붐이 한창일 땐 나라 밖 부동산마저 거침없이 먹어치워 외신의 톱뉴스에까지 심심찮게 등장했다. '토지 신화'니 '불패 신화'가 괜히 생긴 게 아니다. 특히 부동산은 그 파워풀한 존재감을 확인하는 3040세대 이후부터 핵심 이슈로 떠오른다. 상당수의 설문조사 결과를 종합하면 노후의 믿을 만한 투자자산 중 1순위는 부동산이다. 예금 등 현금과 주식·펀드 등 금융자산은 한참 떨어지는 후순위다.

또 다른 사례를 봐도 부동산이 최고 자산이란 인식은 광범위하게 퍼져 있다. 예전에 중앙일보가 초등학교 교장 50명에게 자산 운용 방법을 물었더니 '대기업 CEO형'이 중론으로 꼽혔다. 대기업 CEO형은 총자산에서 부동산 비중이 60% 이상이면서 안전자산(고정금리)을 선호하는 스타일이다. 스포츠 선수형(자산의 위탁관리)이나 의사형(보험), 벤처기업형(주식·펀드)은 소수에 머물렀다. 몇몇 다른 설문조사 결과를 종합해도 부동산 자산 비중은 60~80%에 이르고 나머지는 극히 일부분에 머물렀다. 한마디로 부동산 편식이다.

실제 통계를 보자. 통계청에 따르면 2011년 3월 기준 한국의 가계자산 중 실물자산은 무려 76.8%에 이른다. 이 중 부동산은 73.6%다. 이는 2005년 한국은행·건설교통부(현 국토해양부) 통계(69.2%)보다 오히려 더 늘어난 것으로, 부동산 경기가 호황이던 2000년대 중후반 보유 비중을 늘렸기 때문이다. 이 수치는 평균 30~40%대로 분석되는 미국이나 일본 등에 비해 거의 2배에 달하는 수준이다.

그 반면 금융자산 보유 비중은 아주 낮다. 한국 가계의 평균 금융자산은 23.2%로 대개 40% 이상인 OECD 국가보다 현저히 낮다. 미국은 현금·예금이 14.1%, 주식·펀드가 43.6%로 위험자산이 많고 일본은 각각 54.6%, 11%로 집계됐다. 그나마 한국은 일본처럼 현금과 예금 비중이 아주 높은 편이다.

특히 연령이 높을수록 부동산 등 실물자산 비중은 더 늘어난다. 선진국의 고령층 금융자산은 연령이 높을수록 오히려 늘어나지만 한국은 정반대다. 은퇴가 본격화되는 50대 중후반 이후엔 실물자산이 대개 80%를 웃돈다. 유동성 확보 차원에서 금융자산을 준비해둬야 할 시점에 되레 부동산 등에 거액의 돈을 묶어두는 현상이 발생하는 것이다.

한국의 실물자산 의존도와 선호도는 그만큼 높다. 문제는 시대가 엄연한 노인국가로 변하고 있음에도 부동산 편식이 완화될 조짐이 별로 보이지 않는다는 점이다. 통계에서 살펴봤듯 2008년의 금융위기 이후도 부동산 자산의 일극집중 현상은 별로 완화되지 않았다. 부동산의 불로소득적인 부가가치 창출 신화가 비교적 건재하다는 방증이다. 팔고 싶어도 경기침체로 매수세가 없어 어쩔 수 없이 물려 있다지만 크게 설득력은 없다. 가격을 낮추면 팔리게 마련이다.

그렇다면 외국은 어떨까. 외국 가계의 부동산 비중은 일정 부분을 유지한다. 20~30%에서 많게는 40~50%에서 균형감각을 유지한 채 포트폴리오를 완성해왔다. 선진국 중 대표적인 부동산 불패 신화를 경험한 일본도 버블 붕괴 직전인 1990년 부동산 보유 비중(63%)은 꼭지를 찍었다. 미국 등 서구 선진국은 부동산보다 주식의 보유 비중이 더 높다. 전체적으로 볼 때 부동산은 20%대에 불과하며 주식(30%)과 현금자산(20%), 기타 투자(20%)로 분류된다.

한국의 부동산 일극집중은 한동안 지속될 확률이 높다. 빌려서 쓴다는 렌트(전세) 개념이 확산 중이라지만 대세는 어쨌든 '내 집 한 채 정도는 보유'다. 결혼·출산 등의 생애곡선에 선 3040세대도 예외는 별로 없다. 사회생활로 비교적 안정적인 소득을 확보하고 있는 이들에게 지상 최대 과제는 내 가족의 안전한 둥지 마련이다. 동시에 시세차익 기대감도 여전하다. 잘만 사두면 집 한 채야말로 현역·노후 생활을 아우르는 여러 메리트를 안겨준다는 경험법칙이다.

은퇴예비군, 부동산 과다비중 줄이는 게 관건

실제로 노후 생활과 부동산은 불가분의 관계다. 무엇보다 탁월한 보험 기능 때문이다. 안정적인 노후 생활을 위해 되도록 부동산을 보유하겠다는 게 기본 전략이다. 내 집만 있으면 인플레를 따라갈 수 있는데다 주거의 안정성도 확보할 수 있다. 최소한 지금까지라면 부동산은 웬만한 자식보다 나은 보험 기능을 맡아왔다. 가격은 늘 올랐고 임대수익에 시세차익까지 가능하니 부동산만큼 노후를 확실히 책임져줄 자산은 없었다. 인생을 살면서 꼭 필요한 5대 자금(결혼, 주택, 학비, 노후, 긴급)은 부동산 1~2개면 큰 문제 없이 해결하고도 남았다.

부동산이 노후 생활에 제격인 건 특별한 노동의 대가 없이도 부가가치를 계속 유지하거나 상승시킬 수 있었기 때문이다. 돈이 돈을 버는 식으로 부동산 보유만으로 시간이 추가적인 가치를 만들어줬다는 얘기다. 부동산 시세곡선을 보면 단기적으론 꼭지와 바닥의 부침이 있어도 추세로는 우상향(／) 그래프 안에서 수렴됐다. 정부 정책도 수급(수요·공급) 논리를 깨진 못했다. 중장기적인 공급 확대 없이 진행된 단편적인 투기 단속과 통제는 되레 불패 신화를 거들어줬다. '가격 상승→규제→공급 축소→투기→추가 규제→공급 축소→가격 상승'의 악순환 고리다.

여기서 부동산의 보유가치에 태클을 걸 생각은 없다. 대세상승이니 지속폭락이니 각종 토론 사이트엔 온갖 주장이 난무하지만 어느 쪽이나 다들 근거가 있다. 정밀하거나 타당한 장기예측이 없다 뿐이지 그럴 개연성은 존재한다. 다만 조심할 건 그에 휘말릴 필요는 없다는 점이다. 주장은 주장일 뿐 자신의 상황 논리와 인식 기반이 먼저다. 가격 전망은 신도 할 수 없다. 어떤 전문가도 마찬가지다. 이럴 때 그나마 중요한 판단 잣대는 역사의 교훈과 해외 사례다.

늙어 내 집 한 채는 필요하다. 은퇴 후엔 집이 없어도 된다는 사람도 있지만 이 의견에 동의하기는 어렵다. 적으나마 투자 메리트가 있는 데다 설사 없어도 주거 안정성 측면에서 은퇴 후 내 집 보유는 필수다. 투기를 조장할 의도는 없지만 잘만 고른다면 값이 뛸 확률도 존재한다. 물론 집은 노후 계획과 소득수준에 맞아야 한다.

나이가 들면 현금이 더 필요하다. 운용 전략 중 1순위에 놔야 할 게 유동성 확보다. 부동산도 마찬가지다. 필요할 때 언제든 현금화할 수 없다면 그림의 떡이다. 질병이나 사고 등 위기 상황을 가정할 때 노후엔 금융자산 비중을 늘려 유동성을 높이는 게 먼저다. 일례로 생활비가 부족하면 보유 부동산은 파는 게 맞다. 더 오를 것 같다고 미적대면 남는 건 초라하고 빈곤한 노후 생활뿐이다. 집을 담보로 매월 일정

액을 연금 형식으로 받는 역모기지도 대안이다. 필요하면 전세를 월세로 전환하는 것도 좋다. 상속을 원한다면 시기는 되도록 늦추자. 돈이 있어야 자식에게도 대접받는 법 아닌가.

은퇴 후 부동산은 안정성이 최고 잣대다. 젊어서야 불린다는 의미에서 리스크를 짊어져도 되지만 나이 들어선 곤란하다. 이미 내 집을 보유했다면 넓히기보단 줄이는 작업이 필요하다. 갈아타기를 통해 남는 자금으로 수익(임대)형 부동산에 묻어두는 게 합리적이다.

아쉽게도 내 집이 없다면 서둘러 마련해야 한다. 적어도 30대부터 액션 플랜을 세워 자금을 마련한 후 40대엔 내 집을 사는 게 좋다. 60대 이후라면 내 집 마련도 다른 전략이 필요하다. 집을 사는 게 능사는 아닐 수 있어서다. 무엇보다 부동산을 둘러싼 과도한 빚은 금물이다. 이젠 차별화 시대다. 모든 부동산이 다 뜨는 시대는 갔다.

늙어간다는 사실은 피할 수 없다. 나이 들면 불안감이 높아진다는 점도 사실이다. 그 반면 돈을 벌어들일 방법은 줄어든다. 우스갯소리로 은퇴를 앞둔 50대들에게 유명한 '3대 바보'가 있다. 첫째 바보는 자식한테 집 물려주고 얹혀살며 용돈 타 쓰는 부류다. 여기에 손자까지 봐주면 둘째 바보다. 셋째 바보는 나이 60이 다 돼 집 넓혀가는 사람들이다.

그러니 내 집은 꼭 갖고 있되 사회 변화와 소득구조에 맞춰 감량지향적인 부동산 포트폴리오에 나서자. 결국 30대 노후 대책의 열쇠는 현역 시절에 어울리는 필수 부동산의 보유와 노후 대책에 활용할 부동산의 전략적인 포트폴리오 수정에 있다.

부동산, 과연 누구 말을 믿을까

A씨: 이제 부동산은 끝났죠. 미분양 사태나 강남 상황 보세요.

B씨: 맞아요. 거품이 낀 만큼 반드시 폭락할 겁니다.

C씨: 무리하게 샀다면 더 떨어지기 전에 버리는 게 낫죠.

2012년 상반기의 시장대세론이다. 2008년 금융위기 이후 추락 중인 아파트 값이 여전히 하향 압박에 떨고 있어서다. 비단 금융위기가 아니라도 가격수준이나 수급 상황으론 클라이맥스를 찍었다는 의견이 많다. 실제로 인터넷 토론 사이트를 보면 하락 주장이 대다수다.

D씨: 아니죠. 지금은 조정 과정일 뿐 조만간 다시 뛸 수밖에 없어요.

E씨: 그러게요. 심리만 풀리면 다시 불이 붙을 겁니다.

F씨: 불이 안 붙어도 조건 갖춘 우량 물건은 롱런할 수밖에 없죠.

그 이유도 들어보면 각양각색이다. 2000년대 이후의 아파트 붐은 많은 국민을 부동산 전문가로 키워냈다. 관심이 없을 수가 없는 중차대한 주제였던 까닭이다. 그만큼 오를 이유와 내릴 이유가 막상막하다. 그렇다면 앞으로는 어떻게 될까. 최소 50년짜리 장기 마라톤에 나선 30대라면 고민스럽지 않을 수 없다. 적어도 내 집 한 채와 관련해선 사야 할지 말아야 할지 헷갈릴 수밖에 없다. 가수요란 폄하는 둘째치고 자산 운용 수단으로 생각한다면 더욱 갈등의 골이 깊어진다.

결론은 잘 모르겠다. 이게 솔직한 답이다. 부동산을 이론과 현실 등 여러 각도에서 장시간 지켜봐 왔다고 생각하지만 미래 예측만큼은 난공불락이요 지레짐작일 뿐이다. 내릴 이유만큼 오를 이유도 많고 어떤 결과가 나와도 사후 분석만큼은 화려한 게 자산시장의 특징이다. 시장이란 말도 많고 설도 많으며 목소리까지 높은 곳이다.

하지만 누구도 미래 가격은 예측 불가다. 아마추어든 전문가든 여기엔 예외가 없다. 그만큼 시장의 가격 결정 메커니즘은 복잡하고 다양해지고 있다. 수급만으로 설명되는 시대도 지나갔다. 오히려 계측이 불가능한 시장심리가 결정적인 중대 변수란 데 이견이 없다. 그러니 어렵다. 비교적 정밀하고 치밀한 투자지표를 가진 증시마저 "주가는 신조차 모른다"는 상황인데 부동산은 두말할 필요가 없다. 술 취한 취객의 걸음걸이나 마찬가지다.

그럼에도 로또의 여섯 숫자만큼 내일의 부동산 값을 알고 싶은 욕구는 하늘을 찌른다. 알기만 한다면 벼락부자는 시간문제이기 때문이다. 다만 결론은 불가능하다고 이미 언급했다. 불가능한 걸 좇는 건 어리석음의 극치다. 그렇다고 무시하기엔 부동산의 존재가치가 너무 크다. 적어도 40~50년 동안 결정적인 자산으로 부동산과 함께해야 할 젊은 주자들이라면 특히 그렇다.

이쯤에서 부동산 가격 전망과 관련해 관전할 때 챙겨봄 직한 몇 가지 포인트를 소개한다. 정답지는 아니며 참고자료에 불과하다는 점을 먼저 강조한다. 많은 사람이 원하니 시장엔 부동산 가격 전망이 난무한다. 바로 이런 얘기를 들을 때 도움이 될 만한 팁이다.

사실 전망 내용보다 중요한 게 누가 언제 그런 예측을 했을까 하는 의심이다. 꼭 그렇진 않지만 업자는 대개 언제나 상승 쪽이다. 상승 중이면 "더 오른다", 하락 중이면 "이젠 바닥"이란 코멘트가 기본이다. 부동산으로 밥을 먹고 사는 사람이면 일단은 긍정적으로 볼 수밖에 없는 태생적 한계다. 그래야 돈을 벌 수 있으니 말이다.

그 반면 비관론은 더 위험하다. "떨어질 것"을 입버릇처럼 강조하는 부류는 과연 누굴까. 일단 업자를 비롯한 전문가는 별로 없다. 그럼 남는 건 현실감이 떨어지는 학자다. 생생히 살아 숨 쉬는 현장감이 부족하기에 이론만으로는 설득력이 낮다. "○○가 된다면 ○○처럼 될 것"이란 투의 전제조건도 많다. 피해 나갈 구멍을 만들어둔 것이다.

특히 하락에 따른 실제 피해자와 상대적 박탈감에 태클을 거는 소외그룹의 비관론을 조심해야 한다. 이익은커녕 손실을 봤거나 조달비용 변제로 고전하는 사람들이라면 그 선택의 기회비용이 얼마나 큰지 잘 안다. 토론 사이트의 하락 경험과 신세 한탄이 대표적이다. 여기에 가격 상승 때 소외됐거나 박탈감이 컸던 시장 비참가자들의 과잉반응이 맞물려 폭락 주장을 재생산한다. 이해관계가 있으면 '하락=피해'를 주장하기 어려운 게 인지상정이다.

같은 맥락에서 통계 다시 보기도 필요하다. 주장에는 근거가 필요하다. 이때 통계수치만큼 유효한 증거자료도 없다. 문제는 통계 착오다. 주장을 정당화하려고 통계 결과를 왜곡하는 일이 비일비재하기 때문이다. 유리하게 해석하려고 관련 통계를 짜 맞추는 일은 생각보다 많다. 똑같은 현상을 두고 극과 극의 통계 근거가 제시되는 것도 이 때문이다. 통계란 불완전할 수 있다는 점을 잊어선 곤란하다.

자가당착적 해석, '이젠 끝났다' vs '아직 더 간다'

노후 대비에 나선 30대라면 부동산시장을 관망할 때 2가지 이슈로 접근하기를 권한다. 현재와 관련이 깊을뿐더러 무엇보다 앞날의 선택에 중요한 키워드가 될 수 있다. 첫 번째 키워드는 불패 신화다. 확실히 예전보단 줄어든 것처럼 보이지만 계속될 거라는 주장도 적지 않다. 이때 두 번째 키워드가 나온다. 바로 차별화다. 될 건 되지만 안 될 건 안 된다는 얘기다.

즉 '흔들리는 불패 신화 속의 차별화 논리'가 유력한 포인트가 될 수 있다. 훼손된 불패 신화 속에서 평균은 현상 유지 또는 하락 지속일 확률이 높지만 차별화된 물건만큼은 그런 와중에도 계속 상승할 것이란 얘기다. 이런 점에서 앞으로 펼쳐질 장세는 지금껏 겪어보지 못한 새로운 지배논리에 장악당할 것이란 데 공감대가 형성되고 있다.

중요한 것은 사라진 무조건적인 동반 버블이다. 산다고 다 오르던 시대는 지나갔다는 의미다. 물론 버블이 발생할 여지는 있다. 차별화 물건이 유력한 가운데 시장심리와 유동성이 결부되면 시장 전체의 버블 발생도 배제할 수 없다. 다만 과거보다 그 확률이 여러모로 낮아졌다는 점에서 노후를 준비하는 30대라면 누구보다 버블 신호를 정확히 인식하는 것이 필요하다.

그렇다면 버블이 뭘까. 여러 정의가 있겠지만 종합하면 '탐욕이 개입된 가수요가 내재(시장)가치 이상의 가격을 형성하는 것'이다. 에드워드 챈슬러는 자신의 저서 《금융투기의 역사》에서 이를 '투기적 광기(speculative mania)'로 봤다. 과거 버블 사례를 살펴보면 딱 맞다. 사상 최초의 버블로 규정된 튤립 버블(1630년대), 영국 정부마저 속은 사우스시 버블(1720년대), 금융공황을 낳은 철도 버블(1840년대), 대공황 시발이 된 주식 버블(1920년대) 등이 투기적 광기의 희생물이 됐다. 한국의 경우 주식 혐오증을 낳은 건설주 버블(1978년)과 코스닥 버블(1999년)이 좋은 예다.

버블 발생과 붕괴엔 공통분모가 있다. 우선 일반 대중은 물론 전문가조차 '이번엔 다르다'라는 신념(환상)으로 일확천금을 노려 투기대열에 뛰어들었다는 점이다. 가령 사우스시 버블 땐 당대 최고의 물리학자인 뉴턴도 2만 달러를 날렸다. 그는 "천체 움직임은 계산하겠는데 사람들의 광기는 예측하지 못하겠다"는 말까지 남겼다. 기하급수적인 부채의 확대재생산을 낳았다는 점도 일맥상통한다. 자신감도 강했다. 대부분은 버블 징조를 감지하고서도 자신들은 붕괴 직전에 시장을 빠져나올 수 있다고 확신했다. 결국 그 자신감은 시장 몰락 앞에 무참히 무너졌다. 버블 붕괴 후 국가경제는 큰 타격을 입고 짧게는 몇 년 이상 심각한 불황기를 겪은 것도 공통점이다.

가격 전망의 날선 공방과
관전 포인트

　노후 준비는 미래의 이슈지만 현재 과제다. 지금 준비해두지 않으면 '노후=불행'은 피하기 어렵다. 다만 걸림돌이 많다. 당장 하지 않아도 큰 탈이 없기에 미루기 좋고 미루도록 조장하는 유혹도 많다. 특히 본격 시합에 나서려는 30대에겐 어떤 레이스에서 뛰어야 할지 적잖이 헷갈린다. 될 수 있으면 상황이 좋은 길에서 뛰고 싶기 때문이다. 부동산에 한정한다면 값이 오르는 물건을 찾고 싶은 바람이다.

　그러자면 미래를 읽어내는 눈이 필요하다. 불가능한 가격 예측 따위는 접어두고 될성부를 떡잎을 골라 키우기 위해서다. 그러려면 무엇보다 길고 넓은 시각이 우선된다. 정밀하진 않더라도 시장 전체의 움직임을 내다볼 수 있어야 한다. 이때 유념할 것은 자신만의 판단이다. 결정과 책임은 자신의 귀책사유가 아닌가.

　하수상한 시절 탓인지 미래 예측서가 봇물처럼 쏟아진다. 권위기관부터 재야 전문가까지 광범위한 미래 이슈를 다룬다. 아쉽게도 속 시

원한 해답은 어디에도 없다. 전제조건이 많거나 검증되지 않은 가설을 다룬 예측서도 적지 않다. 눈길을 끌고자 지나치게 낙관적인 비전이나 반대로 묵시록처럼 절망적인 상황을 담은 시나리오도 있다.

그럼에도 미래 분석은 필요하다. 미래를 읽어내는 해독 능력이야말로 생존을 결정하는 지름길인 까닭이다. 남보다 한발 앞서 새 기회를 포착하고 실행했는데, 성공하지 못할 사람은 없다. 있다면 너무 앞서서 시대를 즐기지 못한 탓이다. 선지자의 충고는 최소한 조기경보만으로 생각해도 값어치가 충분하다. 적어도 손해날 일은 아니다.

이를 염두에 두고 한국의 부동산시장을 살펴보자. 한국은 과연 어떤 상황일까. 일단 어떤 이유에서든 큰 폭의 상승 후 조정과 하락 단계에 진입했다는 점은 부인할 수 없다. 그렇다면 현재 가격은 정상치일까. 예단은 어렵다. 여전히 버블이 끼었다는 시각과 아직도 저평가됐다는 의견이 팽팽하다. 사람마다 판단이 십인십색이라 다른 게 당연하다. 여기서 자신만의 시선과 미래 50년을 결정할 의지를 도출해내면 그것만으로 충분하다.

지금부터 부동산 미래 전망과 관련된 두 가지 논리를 구체적으로 살펴보자. 강조컨대 중요한 건 모두가 현재 지표를 중심으로 한 예측에 불과하다는 점이다. 이해하되 절대 맹신해서는 곤란하다.

예측 1. 너무 비싸다, "내릴 일만 남았다!"

한때 '버블 세븐' 논란이 있었다. 서울 강남 3구를 비롯해 목동, 분당 등 7곳의 인기 지역 물건이 과도하게 올라 거품일 수 있다는 경고가 제기된 것이다. 특히 그 진원지가 집값을 잡기 위해 나선 정부라는 주장이 불거지면서 단순한 '옐로카드'를 넘어 '레드카드'라는 경고 압박으로 해석됐다. 숫자만 보면 버블 붕괴는 우려할 만했다. 강남 집값이 단시간에 급등했기 때문이다. 강남 아파트 평균시세(평당)가 2003년 11월 2,000만 원을 넘기더니 2006년 4월 3,000만 원까지 뚫었다. 2003~2006년 3년간 강남 아파트 값은 52%나 올랐다.

강남만이 아니었다. 웬만한 유망 동네 치고 2~3배 이상 오르지 않은 곳이 없었다. 그 결과 부동산 시가총액(3,500조 원)이 GDP(2005년)의 4배까지 부풀려졌다. 문제는 상승 속도였다. 표준편차 안에서 움직이는 상승률이면 크게 문제될 게 없었다. 투기 수요라면 시장과 시간이 적정 가격을 자연스레 정리해주기 때문이다. 하지만 금융위기 이전까지의 상승률은 너무 가팔랐다. 누가 봐도 버블 혐의를 지우기 어려웠다.

다만 금융위기 이후 상황은 급변했다. 미증유의 대공황으로 표현되듯 경기침체가 우려되면서 부동산은 예외 없이 하락 역풍을 맞았다. 강남의 인기 물건은 거의 반 토막에 가까운 하락세를 보이며 전체적인 한랭전선을 확대시켰다. 하락 정도가 차이 날 뿐 아파트의 경우 오른 곳은 손에 꼽을 정도로 희귀해졌다. 그럼에도 위기 이전에 워낙 상승폭이 컸던 까닭에 여전히 거품이 남았다고 보는 시각도 적지 않다.

수요 측면만 봐도 그렇다. 베이비부머의 은퇴와 이를 뒷받침할 만한 젊은 세대의 부재가 부동산 가격을 떨어뜨릴 것이란 논리가 대표적이다. 현재 수요는 가수요이거나 곧 줄어들 수밖에 없어 하락이 불가피하다는 주장이다. 부동산 전공학자인 제러미 시겔도 2005년 논문에서 미국의 베이비부머(1950~1960년대 출생)와 이후 X세대(1960년대 후반~1970년대 초반 출생) 간 자산 수급 불일치로 부동산(자산) 값은 폭락할 수밖에 없다고 했다.

《베이비붐 랠리》(김영호 지음)에서도 국내 인구의 절대감소로 부동산이 KO 펀치를 맞을 것으로 예상한다. 한국의 베이비부머는 810만여 명으로 추산된다. 이들이 줄줄이 퇴직하면 부동산 수요는 줄 수밖에 없다. 특히 한국 가계의 부동산 자산 의존도를 감안할 때 자산 디플레 압력은 더 가중될 것으로 전망된다. 위험관리 차원에서 과다 보유분부터 내다 팔기 시작하면 거품 붕괴가 현실화될 수 있다는 우려다.

중장기 저성장 국면도 가격 하락의 불가피성으로 거론된다. 앞으로 성장 활력이 감소하면 부동산시장은 침체될 수밖에 없어서다. 산업경쟁력이 약화되면 산업 공동화가 일어난다. 제조라인을 해외에 설치하고 영업라인은 판매 현장에 두기 때문이다. 당장 산업용지부터 수요가 줄어들 것이다. 내수성장이 없으면 곧 상가시장도 어려워진다. 돈도 안 되면서 팔리지도 않으면 애물단지로 전락할 수밖에 없다.

주택은 직접적인 타격을 입는다. 저성장에 따른 가계의 가처분소득이 줄어들어서다. 저금리도 그렇다. 부동산 값이 천정부지로 치솟은 건 저금리 때문이다. 불경기에도 대출금리가 낮으니 돈을 빌려 집을 사고 늘렸던 것이다. 그런데 금리가 소폭이지만 조금씩 오르면 상황은 달라진다. 적어도 대출을 낀 투기 수요는 줄어들 공산이 크다.

예측 2. 아직 싸다, "욕망이 있는 한 오른다!"

오른다는 쪽은 업계 전문가가 주류를 이룬다. 시장심리를 잘 꿰뚫고 있다는 점에서 탁상공론식 주장보단 설득력이 높다. 다만 여기엔 일정 부분 시각 차이가 존재한다. 가치와 가격 등의 해석이 달라서다. 요약해보면 "금융위기까지 겹치면서 부동산시장의 버블은 완전히 없어졌다"로 정리된다. 즉 "과도하게 떨어진 게 더 문제"라는 얘기다. 기류가 바뀌면 언제든 다시 시장에 뛰어들 대기매수세가 적지 않다는 점 역시 더 오를 것으로 보는 이들의 공통 주장이다.

금융위기 이전에 한국을 방문했던 부동산 학자 수전 왁터 펜실베이니아대 와튼스쿨 교수는 "정부 정책이 가격 상승 원인일 뿐 거품은 없다"고 해 화제를 모았다. 오락가락에 뒷북치기의 엇박자 정부 정책이 시장불안과 투기심리를 가중시켜 역설적으로 가격을 더 올렸다는 분석이다. 이 때문에 정부 정책을 예견해 미리 움직이면 더 큰 돈이 될 거라는 반응도 많다. 즉 경기침체라면 규제를 풀어 부양할 것이니 호조건일 때 들어가자는 식이다. 일종의 학습효과인 셈이다. 실제로 정권 교체 후 규제와 완화가 반복됐다. 하락(경기침체)을 방치할 정부는 없으니 저성장이 지속될 땐 완화정책이 나올 수밖에 없고, 가격은 뛸 수밖에 없다는 연결고리다.

수요 측면을 봐도 오를 것이란 주장이 있다. 앞서 베이비부머의 은퇴가 대기수요 감소로 부동산 가격을 떨어뜨릴 것이란 분석과는 정반대다. MIT 경제학과 교수인 제임스 포터바는 2001년 유산동기 가설을 내세워 자산시장 붕괴는 없다고 설명했다. 사람들이 자산을 축적하는 건 후세대에게 유산으로 물려주기 위한 의도도 많아 인구가 준다고 급격히 자산 소비까지 줄지는 않는다는 논리다. 다시 말해 인구 감소로 수요가 줄어도 자산시장의 직접적인 붕괴 요인으로는 작용하지 않는다는 것이다.

실제로 미국 사례를 보면 그랬다. 《경제원론》의 저자 그레고리 맨큐는 1989년 '베이비붐과 주택시장'이라는 글에서 베이비붐 세대의 주택 수요 감소로 20년 뒤 주택 가격이 47% 내릴 것으로 전망했다. 하지만 그의 예측은 틀렸다. 2000년대 이후 미국 주택 경기는 호황을 반복했다. 금융위기로 떨어지긴 했지만 베이비부머의 매물 출시가 가격 하락을 유도했다고 보긴 어렵다. 노후자금을 마련하고자 보유자산을 처분할 것이란 주장은 적어도 기우로 돌아간 셈이다.

공급이 많다는 점도 상승 쪽은 경계한다. 주택보급률이 100%를 넘어도 주택 수요는 계속 발생하기 때문이다. 학계 분석에 따르면 애초 선진국에선 대략 110~120% 안팎에서 집값이 진정된 걸로 조사됐다. 그런데 주택보급률이 110%인 미국이나 프랑스 등은 여전히 무주택자 문제로 골머리를 썩고 있다. 한국도 비슷하다. 2002년 주택보급률이 100%를 넘었지만 시세는 그때부터 오히려 더 뛰었다. 수급을 넘어서는 또 다른 문제를 짚어야 할 필요성이 있다.

그 답은 심리에 있다. 행복을 갈망하는 인간의 욕망이 존재하는 한 집값은 뛸 수밖에 없다. 신혼 땐 지하 월세에서 살아도 나중엔 좋은 지역의 대형 평형으로 옮기려는 게 본능이다. 눈높이가 높아져 로열층에 살고 싶으면 웃돈을 줘서라도 옮길 수밖에 없다. 자연스러운 시장가격이 형성되는 것이다. 욕망은 수급을 뛰어넘는 '보이지 않는 손'인 셈이다. 욕망이 있는 한 집값은 오르며, 이를 버블로 봐서도 곤란하다. 욕망을 줄인다는 건 사실상 불가능해서다. 결국 인간 속성이 변하지 않는 한 욕망이 최대한 실현된 인기 상품은 값이 뛰는 게 당연하다.

인구구조와 자산시장, '58년 개띠에 담긴 뜻'

인구가 감소하면 총수요가 떨어져 자산시장에 악영향을 미칠 것이란 전망이 지배적이다. 특히 높은 가처분소득과 경제활동의 정점에 선 베이비부머의 은퇴가 치명적인 것으로 알려졌다. 이 때문에 이들의 움직임을 체크해볼 필요가 있다.

58년 개띠는 베이비붐의 상징처럼 굳어졌다. 이유는 간단하다. 개띠해인 1958년에 태어난 아이가 유독 많았기 때문이다. 통계를 보면 58년 개띠를 포함해 이후 네 살 밑(1962년 출생) 아이까지 500만 명에 육박한다. 58년 개띠가 초등학교에 들어간 1966~1968년은 콩나물 교실이었다. 2부제 수업은 일상사가 됐고, 한 반 정원은 60명을 가뿐히 넘겼다. 20년 뒤 1978년, 이들은 대학생이 됐지만 교육 인프라는 여전히 열악했다. 그해에 졸업정원제가 생겨 대학 졸업 정원의 130%를 합격시켰다.

올림픽에 들뜬 1988년, 58년 개띠는 30세가 됐고 곧 결혼을 했다. 적어도 200만 쌍의 커플이 앞다퉈 탄생했다. 신접 살림에 필요한 집만 200만 채 이상이 필요하게 된 셈이다. 정부가 수도권에 200만 호 아파트 공급을 추진했지만 역부족이었다. 그 대신 1987~1994년까지 부동산 값은 폭등했다. 이후 이들은 아파트 값을 좌우하는 최대 변수로 떠올랐다.

2003년, 58년 개띠는 45세에 이르렀다. 소득도 높고 재산도 적잖이 모은 세대로 부각됐다. 평균 두 자녀 이상 둔 까닭에 교육 문제에도 민감했다. 수요는 강남의 중대형 아파트로 몰렸다. 2012년, 58년 개띠는 54세로 접어들었다. 샐러리맨의 평균 은퇴 연령대와 겹치기 시작했지만 노후 준비는 별로다. 먹고살기 바빠 쟁여둔 여유자금이 별로 없다. 이들이 보유 부동산을 어떻게 처리할지가 앞으로 한국 부동산의 방향을 결정할 주요 변수로 떠오른 이유다.

/
고령국가가 알려주는
부동산 성공 힌트
/

"겪어보지 않으면 몰라요. 엄청났죠. 지금도 기억이 생생합니다. 한국이 예전에 경험한 외환위기 때와 비슷하다고 할까요. 온통 잿빛 천지였어요. 문제는 누구도 실감하지 못했다는 점이죠. 다들 지나고 나서 '이게 복합불황이구나' 하고 알았으니까 말이죠. 그래도 처음엔 좀 나쁘다 좋아지겠거니 했어요. 1980년대만 해도 워낙 일본 경제가 잘 나갔잖아요. 이렇게 쉽게 무너질 거라곤 생각도 못 했죠. 그런데 시간이 갈수록 이건 아닌데 싶더라고요. 회사가 문 닫고 동료들은 잘리고, 또 노인들은 빚을 못 갚아 자살하는 사태가 줄을 이었어요. 빈 상가 건물이 늘어나고 곳곳에 급매물이 쏟아졌어요. 땅값은 추락했죠. 일본 사람들은 부동산 버블로 많은 걸 배웠을 겁니다. 10년이 훨씬 지났지만 지금도 악몽에서 깨어나지 못한 사람들이 적지 않죠."(2006년 인터뷰)

일본계 종합상사 간부(한국사무소)인 H씨는 벌써 한국 근무가 두 번째다. 1990년대 말 본사에 복귀했다 2002년 다시 컴백했다. 그는 버블 붕괴의 직접적인 피해자 중 하나다. 1990년대 중반 한국으로 발령받는 바람에 어렵게 마련한 '마이 홈'을 눈물을 머금고 시세의 50%에 넘겼기 때문이다. 그의 표현처럼 "다들 그랬지만 한 몇 년은 잠도 못 잘 만큼" 스트레스가 심했다.

그나마 직장이 튼실하고 해외 근무라는 피난처가 있어 남들보단 나았다. 지난 2001년엔 싼값에 또다시 아파트도 샀다. 노후 생활을 위한 실수요 목적이었지만 기대감이 없지 않다. 버블 붕괴 때의 실패를 교훈 삼아 장고 끝에 내린 결정인 건 물론이다.

그로부터 6년이 흐른 2012년, H씨는 정년퇴직 후 일본의 고향마을에서 노후를 즐긴다. 샐러리맨 특혜의 절정이라는 대기업 정규직이었던 까닭에 3층 연금에다 퇴직금까지 받았기에 넉넉한 노후 생활을 영위하고 있다. 여기엔 부동산도 크게 이바지했다. 2000년대 중반 이후 구입한 역세권 맨션(한국의 아파트 개념)이 효자 노릇을 톡톡히 해서다. 대출까지 보태 3채를 샀는데 매달 들어오는 월세수입이 그를 노후 귀족으로 변신시켰다. 스포츠카를 타고 온천욕을 즐기며 친구들과는 골프로 우정을 쌓고 있다. 가족 만족도도 최상이다.

그는 이렇게 말한다.

"부동산은 버블 붕괴 후 끝난 줄 알았죠. 바보만 부동산 산다는 말이 있었을 정도예요. 그런데 부동산 말고는 여유자금을 운용할 만한 대상이 없더라고요. 그래서 일본에 있던 아내의 도움으로 자료를 수집·분석하면서 임대소득이라도 얻을 작정으로 투자를 결정했어요. 처음에는 1채로 시작해 2채, 3채로 늘어났죠. 대출이자가 워낙 싸니 부담은 크게 없었어요. 그런데 임대수익이 참 짭짤하더군요. 시중금리보다 월등히 높아요. 금융위기 때 조금 주춤했지만 다행히 역세권 물건은 값이 안 떨어졌죠. 잘하면 시세차익까지 가능할 정도로 오히려 올랐어요. 무조건 안 된다는 건 편견이에요."(2012년 인터뷰)

일본의 버블 교훈, 정책 실패와 자산 가격의 복수

한국의 부동산을 얘기할 때 빠지지 않는 게 일본의 버블 붕괴 사례와의 비교다. 단골 비교 대상으로 떠오른 지 벌써 오래다. 한국과 일본의 버블 비교는 실제 유사점도 차이점도 많다. 비슷한 건 둘 다 경기침체기에 버블이 시작된데다 방어정책이 효과가 없었으며 중앙에서 지방으로 버블이 확산됐다는 점 등이다.

한편 버블의 직접적 계기와 투기대상이나 주체가 달랐다는 것은 차이점다. 버블 규모로 해석되는 상승률도 일본에 비하면 '새 발의 피'다. 우려되는 건 한국이 일본의 버블 붕괴를 답습할지다. 그 가능성 여부를 떠나 실패를 배울 수 있는 반면교사가 있다는 점에서 먼저 일본의 버블 발생과 진행 그리고 붕괴 과정을 알아볼 필요가 있다.

일본의 경우 1983~1991년 9년간 지가(땅값) 상승이 급격히 이뤄졌다. 처음엔 도쿄 도심에서 시작됐지만 시차를 두고 지방으로 확산됐다. 중소 부동산업자의 주도로 오피스용 지가가 상승한 게 버블을 낳은 원흉으로 꼽힌다. 1980년대 후반 6대 도시 평균 지가는 3배 이상 급등했다. '땅값은 절대 하락하지 않을 것'이란 토지 신화(토지본위제)가 바탕에 깔려 있었던 결과다. GDP 대비 부동산 총액 비중은 1980년대 초반 3배에서 1980년대 후반 5.5배까지 급등했다. 토지는 늘 부족했고 수요자들은 항상 넘쳐났다. 투기세력이 횡행한 건 물론이다.

버블은 1985년 플라자합의 이후 급격히 생기기 시작했다. 플라자합의로 '외환시장 개입에 따른 강(强)달러 조정'이 결의됐기 때문이다. 일본 경제는 곧 내리막을 탔다. 당시 260엔 대에 거래되던 엔·달러 환율은 2년 뒤 120엔까지 급락했다. 이후 한때 100엔을 밑돌기도 했다. 달러 강세는 일본 기업에 치명타를 던졌다. 엔고 탓에 제조업이 큰 타격(수출채산성 악화 등)을 받으면서 경기가 둔화되고 투자 의욕이 눈에 띄게 감소했다. 설상가상으로 당시 은행권은 치열한 대출경쟁 과

한국과 일본 부동산 버블 형성기의 경제 상황 비교

구분	일본	한국
시기	1985년 플라자합의 이후~1991년	2001~2007년
대상	(주식 →) 오피스용 토지	주택(아파트) → (택지개발) 토지
투기심리	오피스시장의 초과수요	주택시장의 초과수요
확산 과정	도쿄(도심지 → 주택가) → 대도시 → 지방	서울(강남 재건축, 주상복합) → 수도권 신도시·충남 토지
버블 주체	법인(중소 부동산업자)	가계
경제 상황	경기둔화기	경기침체기
정부 정책	엔고에 따른 경기후퇴 방지 • 경기부양책: 내수확대 • 금융완화정책: 저금리, 과잉유동성	경기 회복과 금융시장 안정 • 경기부양책: 재정지출과 내수확대 • 금융완화정책: 저금리, 과잉유동성
금융 환경	금리자유화와 규제완화 진전	규제완화 급속 진전
금융기관	• BIS 비율 시행 앞두고 자본 확충 • 부동산업에 대한 대출 적극 확대 • 부동산 담보 가계대출 확대	• 금융기관 대형화와 수신 급증 • 기업에 대한 대출 회피 • 주택 담보 가계대출 확대

출처: 현대경제연구원, 필자 조정

정에서 부동산 관련 대출을 과도하게 늘려 화를 자초했다.

결과론적으로 일본 정부도 화를 키웠다. 침체에 빠진 내수경기를 살리는 게 급했던 정부는 당장 저금리(금융완화)로 방향을 틀었다. 규제는 낮추고 대출은 풀어줬다. 그 결과 1986년 5% 수준이던 기준금리가 1989년 2.5%까지 떨어졌다. 아쉽게도 금리 인하는 내수 부양보단 투기 조장에 이바지했다. 금리 인하와 함께 부동산, 주식 등의 가격이 급등했기 때문이다. 1987년 한 해에만 부동산 값이 70% 폭등했다. 급격한 상승세는 1990년까지 계속됐다. 유동성과 거품 사이에서 잘못 내린 선택이 '자산 가격의 복수'를 불러온 셈이다.

결국 1990년대 개막과 함께 토지 신화는 깨지기 시작했다. 버블의 특성상 한번 깨진 버블은 빠르고 넓게 시장에 확산됐다. 장기 복합불황은 이렇게 시작됐다. 긴축정책, 세제개혁, 총량(대출) 규제 등 일본 정부의 전방위적인 버블 확대 억제정책도 먹혀들지 않았다. 가수요 매물은 순식간에 쏟아져 나왔다. 개인파산도 이때부터 늘어났다. 땅만 나오면 사들였던 일본 기업들은 저성장 개막과 함께 부동산 정리, 공장 해외 이전 등을 이유로 매도세에 동참했다. 자금난은 일본 열도의 최대 화두로 떠올랐다. 거품 붕괴 후 일본 상업용지는 80% 이상 폭락했다. 주택 가격은 절반 이상 떨어졌다.

고공행진 물건 확인, 인구 감소에도 차별화 부각

2012년 봄, 버블 붕괴와 금융위기 등 숱한 위기를 겪은 일본의 부동산시장은 어떻게 변했을까. 버블의 후유증과 고령국가의 전형답게 수요 부족으로 가격 상승은 기대하기 어렵다는 애초 평가는 다소 빗나갔다. 전반적으로는 흐림이지만 국지적인 맑음이 꾸준해서다. '미니버블'을 우려할 정도로 일부 지역은 오래간만에 큰 장이 선 분위기다. 경기 회복세와 규제완화, 초저금리 등이 맞물린 결과다. 일본 가계의 주택구매 능력도 최고 수준에 근접했다.

선두주자는 도심역세권 맨션이다. 물량이 달려 짓는 대로 팔려나간다. 특히 도쿄 도심은 확실히 공급자 중심으로 재편됐다. 사려는 이가 늘어나서다. 2008년 금융위기 이후 발생한 새로운 기현상이다. 그렇다고 시장 전체가 살아난 건 아니다. 음지인 곳은 아직도 휑하다. 빈집 천지에다 가격조차 없는 주택이 넘쳐난다.

여기서 포인트는 2가지다. 부동산시장의 총아는 '맨션+도(부)심'의 공통분모다. 이는 곧 인기 붐업은 '맨션+도(부)심'의 합작품에 한정된다는 얘기다. 언론도 맨션시장 부활 스토리를 집중 조명하고 있다. 신문이나 방송 가리지 않고 진단과 분석에 열심이다. 그게 20년째 기다리던 내수 회복의 신호탄일 수도 있다고 봐서다.

특히 도쿄 도심을 도는 JR순환선(山手線) 주변의 신규 맨션은 인기 절정이다. 일례로 최근 단계적으로 판매 중인 프라우드 이케부쿠로 혼마치(池袋本町)는 시황 회복의 대명사처럼 거론된다. '순간 증발'로 표현될 만큼 순식간의 매진행진을 기록하고 있다. 이는 노무라(野村)부동산이 내놓은 785채의 대형 물건인데 직주(職住, 직장과 주거지) 근접성이 주효했던 걸로 분석된다. 모델하우스 대부분이 텅텅 비었던 지난해와 비교하면 괄목상대의 변화다. 역세권에 병원과 상업지 등 편의시설이 구비된 경우 고가라도 예약이 넘쳐난다. 70제곱미터 방 3개짜리의 경우 7,000만 엔대면 비싼 편인데도 문의가 끊이질 않는다. 미나토(港)구에선 2억 3,000만 엔대의 맨션이 당일 매진 기록을 세웠다.

맨션시장의 수요를 이끌어낸 주역은 30~40대다. 라이프사이클에 발맞춘 이들의 수요 확대도 맨션시장엔 우호적인 변수다. 그중에서도 연봉이 1,000만 엔 전후의 비교적 고소득층이 중심 역할을 맡고 있는 것으로 알려졌다. 30~40대는 결혼과 육아 등으로 주택 구입을 본격적으로 검토하는 단계다. 하지만 2008년 금융위기 이후 많은 사람이 부동산 구입을 주저하거나 미뤘다. 이들이 요즘 움직이기 시작했다는 게 대체적인 평가다. 부동산업계의 말을 빌리면 "젊은 세대를 중심으로 봄 이후 수요가 마그마처럼 확산되기 시작했다"고 한다.

30~40대는 1970년 전후에 탄생한 2차 베이비부머다. 1947~1949년 1차 베이비부머 부모를 둔 세대들로 사실상 마지막 인구 피크 세대다. 그만큼 인구구성이 탄탄하다. 같은 맥락에서 도쿄 도심으로의 인구 유입은 끊이지 않는다. 1996년 이후 3대 대도시권 중 인구 유입이 유일한 곳이 도쿄다. 특히 2000년대 이후 매년 10만 명가량이 도심으로 들어오고 있다. 이들 유입 인구가 그간의 임대 수요에서 매수 수요로 돌아서고 있다는 점도 주목할 만하다.

맨션시장 호황 장세는 철저히 차별적이다. 현재의 맨션시장을 단적으로 표현하는 키워드가 '도심회귀'이듯 붐은 도쿄를 중심으로 한 도심과 부심의 역세권에 한정된다는 얘기다. 공급물량 중 수도권이 절반에 달하는 것이 그 증거다. 게다가 도심 맨션이라면 투자 차원에서도 전망이 어둡지 않다는 게 대체적인 시각이다. 신규 공급을 위한 입지가 별로 없다는 점 때문이다. 동시에 도쿄 물건의 경우 전매차익을 얻을 수 있다는 기대감도 존재한다.

실제로 잘 팔려나가는 맨션 물량의 절대다수가 출퇴근에 편리한 부도심을 중심으로 퍼져 있다. 시내 도심과 멀찍이 떨어진 교외 물건은 여전히 불황한파에 몸서리친다. 일례로 도쿄 도심은 공급호수가 늘지만 수도권은 거듭 감소세다. 도심에서 벗어난 교외는 단독주택이 대세다. 교외의 경우 업계 부도로 맨션 공급이 급감한 가운데 편리성보단 환경성을 추구하는 구입자를 대상으로 토지가 딸린 2층 건물을 3,000만 엔 이하로 공급하는 형태가 각축을 벌이고 있다. 아니면 세대소득 400만 엔 전후에서 구입할 수 있는 맨션이 유력한데 현재로선 갈 길이 멀다는 게 중론이다.

그렇다면 맨션 호황은 언제까지 이어질까. 전망은 엇갈린다. 호조세가 국지적인 만큼 시간 경과로 정책 수혜가 사라지면 브레이크가 걸릴 것이란 시각과 함께 고령화·저성장 등을 감안할 때 도심·소형의 맨션시장 인기는 계속될 것이란 낙관론이 팽팽하다. 인구구성이 탄탄하고 구매 욕구가 한창인 30~40대의 매수행진이 끝나면 시장은 재차 식을 것이란 의견도 설득력이 있다. 이들은 중고 주택의 유통 촉진 등 근본적인 대책을 마련할 것을 요구하고 있다.

그 반면 고령자의 편의 추구와 일자리를 찾는 인구 유입, 핵가족과 단신세대 추세 강화 등을 생각하면 적어도 도쿄 도심의 소형 맨션 수요는 계속 늘어날 수밖에 없을 것이라는 전망도 설득력이 높다. 다만 이 두 시각의 공감대는 있다. 회복세 지속 여부는 엇갈려도 최소한 바닥을 찍었다는 의견 통일이 그렇다.

또 다른 부활 몸짓의 트렌드는 재개발로, '미니 버블'의 진원지다.

요즘 업체의 재개발 프로젝트는 봇물처럼 터졌다. 도쿄 도심엔 공사현장이 유독 늘었다. 재개발과 재건축을 위한 신축공사가 한창이다. 곳곳에 건축용 타워크레인이 목격된다. 정부도 경기부양 차원의 '힘 싣기'에 나섰다. 관급공사의 대량발주를 통해 건설 경기를 후원하고 나섰다. 도로 포장을 바꾸는 등 SOC 사업에 열심이다. 압권은 '뉴타운 재개발 프로젝트'다. 1960~1970년대 전국에 지었던 49개 뉴타운을 재개발한다는 계획이다. 아예 신도시로 확대 개발할 방침도 섰다.

일본의 부동산시장 흐름이 한국에 던지는 메시지는 크다. 어차피 한국이나 일본은 땅덩어리가 좁다. 저출산·고령화로 상징되는 인구감소도 변수다. 국토 전체의 개발보단 도심의 이용가치를 높이는 게 효과적이다. 이미 지방엔 빈집이 넘쳐나는 등 양극화는 심화된다. 수요가 꾸준한 일부 지역이나 물건이 아니라면 입질 자체가 감소세다. 반대로 시대 상황을 반영한 인기 물건은 '부르는 게 값'일 수도 있다. 역시 차별화가 답이다.

일본 부동산시장의 회복세를 주도하는 새로운 테마를 읽는 건 한국에 여러모로 득이 된다. 버블 붕괴를 앞서 겪었다는 점에서 최악의 경우 생존 전략을 세우는 데 방향타를 얻을 수 있다. 여기에 블루오션은 아닐지언정 미래지향적인 유력한 투자대상을 고르는 실력도 키울 수 있다. 앞선 자의 발걸음이란 맞든 틀리든 뒤 따르는 이들에겐 나침반 구실을 하는 법이다. 부동산에 뛰어들어야 하는 30대라면 일본 교훈을 곱씹어볼 필요가 있다.

부동산 첫걸음, 30대의 내 집 마련 전략

'춘래불사춘(春來不似春)', 봄은 왔는데 봄이 온 것 같지 않다. 금융위기 이후 부동산 투자심리는 한겨울이다. 불황한파가 여전히 기승이다. 시장엔 호재보다 악재가 눈에 띈다. 논쟁의 초점은 "더 떨어질까" 혹은 "이젠 바닥 아닐까" 정도다. 모두 하향세를 염두에 둔 분석이다.

내 집을 가졌다면 '역(逆)부의 효과(negative wealth effect)' 탓에 소비심리마저 한층 냉각시킨다. 자산 버블 때의 기분 좋은 당겨쓰기와 정반대다. 하지만 가지지 못한 자들에겐 먹구름 천지의 부동산시장이 오히려 더 반갑다. 내 집을 마련하거나 갈아타기에 둘도 없는 호기일 수 있어서다.

여윳돈을 움켜쥔 투자자도 마찬가지다. 그러다 보니 천정부지로 치솟던 예전이었다면 지레 포기했을 실수요와 투자심리가 살아나기도 한다. 실제로 생애 최초로 내 집을 가져보려는 3040세대에게 불황은 본격적인 매수 시점과 매물 탐색에 나서는 시기와 일치한다. 불황을

역이용하면 만족스러운 값에 원하는 집을 마련할 수 있기 때문이다.

그렇다면 불황을 전제로 매수 의지가 있는 30대라면 언제 어떤 집을 살 것인가가 관건이다. 타이밍부터 보자. 불황 때 협상 주도권은 사는 쪽에 있다. 매수자 입장에선 바닥 확인 때까지 여유롭게 버티는 게 좋다. 물론 차일피일 미룰 수만은 없다. 상황 논리상 빠른 속도로 반등할 수 있다는 염려 때문이다. 주도면밀하게 타이밍을 재되 투자 심리 개선세가 확인됐을 때 들어가도 늦지 않다.

이때 중요한 건 자신의 성향과 라이프스타일에 맞춘 결심이다. 이게 실은 속 편한 타이밍이다. 공격적이면 승부수를 던지되, 아니면 보수적 접근이 최고다. 더불어 기대수익률은 낮추는 게 현명하다. 장기 미분양에서 알 수 있듯 사두면 무조건 오른다는 식의 고정관념은 경계 대상이다.

지금껏 그래 왔듯 소득보다 가파르게 뛰는 집값을 생각하면 내 집 마련 대기층인 3040세대는 타이밍 이슈를 소홀히 해선 곤란하다. 뒷짐만 지다간 닭 쫓던 개 지붕 쳐다보는 격이 될 수 있다.

중요한 건 라이프스타일과 맞춤투자

'청약통장 3형제', 즉 청약저축과 예금·부금을 활용하는 건 물론이다. 딱히 어느 게 좋다고 줄 세우기는 어렵다. 사정에 맞게 가입하거나 업그레이드하면 된다. 직장 초년병이거나 가점 낮은 신혼부부라면 가점 적용을 받지 않는 청약저축이 유리하다. 평수는 작지만 불입액 부담이 낮고 소득공제도 가능하다. 예금은 금액에 따라 민영주택 청약이 가능하다. 부금은 예금처럼 가입 2년 후 1순위가 되며 부양가족이 많은 중장년층에게 유리하다.

청약점수를 높이는 것도 중요하다. 총점이 높을수록 인기 지역에서도 당첨될 확률이 높아져서다. 무주택 기간(32점), 통장 가입 기간(17점), 부양가족(35점) 등을 계산하면 점수(만점 84점)를 알 수 있다. 산정 방식은 간단하지만 계산 과정에서의 요건 등은 다소 까다롭다.

가점을 높이기 위해서는 통장 가입을 서두르고, 부양가족 숫자를 늘리며, 여유자금이 있다면 대형 평형을 공략하는 게 유리하다. 또 2주택자라면 1주택을 처분하는 게 좋다. 최근 무용론이 제기되고 있지만 저축의 경우 날이 갈수록 공공 물량이 늘어난다는 점에서 성급한 해약은 금물이다. 개인 사정에 따라 통장을 리모델링해 증액이나 감액을 하는 방법도 고려할 만하다.

다만 특별하거나 확실한 이유가 없는 한 일단은 빚을 무리하게 내는 건 자제하는 게 좋다. 만약 대출이 필요하면 금리 인상에 대비해 대출 유지 또는 신규 대출 전략을 바꿀 필요가 있다. 대체적인 원칙은 고정금리 상품을 활용하는 것이다.

가계대출의 대부분은 주택 담보다. 주택 담보의 8할 이상은 변동금리가 적용된다. 기준은 91일짜리 CD다. 이 때문에 시중금리가 뛰면 대출이자도 동반 상승할 수밖에 없다. 특히 제2금융권 대출은 최대한 보수적일 필요가 있다. 통상 은행권보다 대출 규모가 큰데다 이자부담도 많기 때문이다. 후순위 대출이면 부담은 더 커진다. 대출금 상환은커녕 이자조차 못 내는 경우가 생길 수 있다. 제2금융권 대출자라면 최대한 빨리 변제하거나 갈아타는 게 좋다.

'변동금리→고정금리'의 갈아타기에도 전략은 필수다. 유력한 대안은 주택금융공사의 모기지론으로 갈아타는 방법이다. 모기지론 금리는 유동적이지만 가입 당시 약정이자는 이후에도 고정된다. 갈아탈 때의 절약분과 중도상환수수료를 비교해 이익이면 옮기는 것도 방법이다.

대출 있으면 금리 변동 따라 조건을 바꿔라

같은 맥락에서 금리 인상은 부동산시장에 적지 않은 충격을 입힌다. 레버리지(지렛대) 효과를 노린 투자자에겐 치명적이다. 레버리지 효과를 누리자면 조달 금리가 낮거나 차익 규모가 커야 하는데 이 조건을 충족하기가 쉽지 않다. 금리 인상이 추세적으로 굳어질 경우 대출이자에 부담을 느낀 매도매물이 쏟아질 수도 있다. '금리 인상→대출금리 인상→상환부담 증가→매물 증가→가격 하락'의 연쇄효과다. 금리 동향을 면밀히 관망하며 보유와 매도의 저울질이 필요하다.

결국 적절하고 통제할 수 있는 대출 전략이 최선이다. 물론 여기에 정답은 없다. 사람에 따라 빚의 성격과 목적이 천양지차이기 때문이다. 다만 대체적인 부채비율 룰은 통용된다. 일단 이자가 저축 가능 금액(소득-지출)을 초과하지 않는 범위가 바람직하다. 그 이상은 위험해 무리한 대출로 본다.

소득과 부채를 비교한 기준도 있다. 대표적인 게 금융권에서 쓰이는 총부채상환비율(DTI)이다. 연간 기준 대출 합계가 가계소득의 40% 이내라면 적당한 채무 수준으로 본다. DTI가 60%를 초과하면 가계

파산은 시간문제로 보기도 한다. 안정적인 부채관리 차원에선 20~30%를 권한다.

가처분소득을 분모로 둔 부채비율도 자주 사용된다. 이 기준에서 봤을 때 현재 한국 가계의 금융부채는 가처분소득 대비 150%에 달해 위험수위다. 2002년 118%에서 매년 치솟은 결과다. 어떤 이유의 빚이든 임박한 금리 인상 가능성이 예사롭게 보이지 않는 이유다.

다음은 물건 선택의 문제다. 가장 민감한 이슈지만 그만큼 불확실성도 높은 게 어디에 어떤 집을 살 것이냐 하는 고민이다. 물건 선택은 신중할수록 좋다. 자고 나면 어떤 물건이든 다 오르던 인플레 시대는 이제 끝났다. '투자의 룰'이 변했다는 얘기다. 어정쩡한 아파트 대신 교통·교육·환경의 수급 3박자가 협화음을 내는 경우가 좋다. 이게 충족되면 입질이 끊이지 않는다. 최소한 동반하락 때도 덜 떨어지는 장점이 있다.

수급 3박자는 곧 지역 차별화로 이어진다. 앞으론 차별화 코드를 읽지 못하면 성공 투자는 힘들어진다. 차별화란 탄탄한 수요가 뒷받침돼 상승 잠재력을 갖춘 물건과 그렇지 않은 물건의 격차가 커진다는 의미다. 차별화의 3가지 양상은 '지역·가격·평형 차별화'로 요약된다.

/
노후를 함께할
차기주자 찾는 방법
/

상전벽해(桑田碧海)가 따로 없다. 서울을 벗어나 경춘가도에 들어선 지 한참이 지났는데 창밖 풍경은 농촌보단 도시에 가깝다. 예전 기억으론 분명 논밭이거나 산이었던 공간에 지금은 어엿한 고층 아파트가 빼곡히 들어섰다. 막 완공한 듯 깨끗한 아파트 외벽과 함께 공사 잔해가 남아 있는 곳도 적지 않다. 산 하나를 깎아 신도시처럼 만든 아파트 단지도 간혹 눈에 띈다. 4차선 도로를 넓히는 작업이 곳곳에서 진행 중인 탓에 차는 멈췄다 가다를 반복한다. 간만에 시골 향기를 맡으려 차창을 내려도 밀려드는 문명 냄새가 코끝만 어지럽힌다.

가만히 보니 이들 아파트 단지는 거의 새 건물이다. 하나같이 깨끗한 만큼 한편에선 썰렁함을 감출 수 없다. 인근 상가 역시 대낮인데도 절반 이상이 셔터를 내린 상태다. 당장 사람 흔적이 별로 없다. 게다가 몇몇 소형 아파트 단지는 '나 홀로' 뚝 떨어져 있다. 주변엔 상가 건물은커녕 논과 밭뿐이다. 입주 전이라서 그런가 했더니 그것도 아니다. 저녁 귀경길에 다시 봤더니 한 동에 5~6가구는 불이 켜져 있다. 나중에 알아보니 이들 대부분은 전형적인 미분양 아파트였다.

지방 미분양에서 살펴보는 부동산 경제학

실제로 지방시장엔 미분양 아파트가 골칫덩이로 떠오른 지 오래다. 서울과 수도권 등 인기 지역 아파트와는 '같은 하늘 아래 다른 세상' 처지로 전락했다. 미분양 물량은 2000년대 중반 이후 6~7년째 약 7만 채 수준을 유지하고 있을 정도로 고질적인 문제다. 금융위기 이전이나 이후나 큰 차이도 없다. 전세 물량이 늘어나 서울에 가까운 수도권의 물량은 다소나마 숨길이 트였다지만 나머지는 여전히 앞의 풍경 묘사처럼 을씨년스럽다.

지방은 더 심하다. 요즘 뜨고 있다는 부산을 빼면 대다수가 유령 단지처럼 회색 콘크리트만 서 있을 뿐 사람이 거의 없다. 공급과잉이 심했던 대구 등 일부 지역은 엄청난 미분양 물량으로 고전 중이다. 초기 계약률이 10% 미만으로 떨어진 곳도 드물지 않다.

미분양 아파트를 떨어내려는 건설사의 판촉 경쟁은 뜨겁기 그지없다. 계약금 인하는 기본에 중도금 무이자 융자, 프리미엄 보장제, 계약금 리콜제까지 나왔다. 분양가보다 낮은 마이너스 프리미엄 아파트도 등장해 출혈경쟁이 시작됐다. 그래도 사겠다는 사람은 거의 없다.

암이 무서운 건 퍼지기 때문이다. 치명적인데다가 부지불식간 퍼져서 더 무섭다. 알아차렸을 땐 이미 늦은 경우가 태반이다. 순식간에 탐욕과 공포를 오가는 투자자의 기본 심리도 마찬가지다. 하지만 늘 그렇듯 느닷없진 않다. 미약하게나마 신호가 있게 마련이다.

같은 맥락에서 지방 아파트의 미분양 현상이 부동산시장의 하향 추세를 알리는 징후라면 지나친 억측일까. 설령 전방위적인 가격 붕괴까진 아닐지언정 미분양 물량 유지가 심상찮은 신호임은 틀림없다. 사두면 오른다는 식의 아파트를 둘러싼 고정관념을 버리라는 메시지일 수 있기 때문이다. 물론 아직은 그래도 점잖은 권유다. 하지만 시간이 갈수록 위협적인 협박을 넘어 실제 상황으로 번질 수 있다.

아파트가 위험하다는 경고문을 곳곳에서 확인할 수 있다. 대표적인 게 인구 악재다. 앞으로 몇 년 안에 인구 감소의 후폭풍으로부터 자유로운 몇몇 아파트를 빼면 대다수 아파트는 매수 입질조차 없어질 수 있다는 위기감이다. 실제로 상당수 아파트의 시세상승률은 물가상승률 따라가기도 벅차다. 추가 상승 기대감조차 어려운 실정이다.

즉 이젠 아파트 시대가 끝날 수도 있다는 얘기다. 아파트 전성시대의 종언인 셈이다. 굳이 눈앞의 위기론이 아니라도 아파트의 인기몰이는 막바지에 달했다. 사실 한국의 아파트 선호 문화와 이에 따른 특수(特需) 현상은 세계적으로 유례가 없다.

원래 선진국에선 아파트가 서민주택의 상징이다. 구매력이 떨어지는 서민계층의 주거 안정을 위해 교외에 집단 거주시설을 만든 게 아파트의 유례다. 한국의 아파트도 첫 출발은 서민계층의 주거 안정에 목적을 뒀다. 초기엔 아파트에 대한 저항도 대단했다. 처음 아파트를 선보였던 1960년대는 물론 1970년대 초반까지도 아파트를 둘러싼 거부감이 엄청났다. 집단생활에 마당이 없는 건 그나마 참을 수 있다지만 방 옆에 화장실이 붙은 건 상식적으로 이해되지 않는 설계였다.

하지만 아파트는 곧 경제성을 회복했다. 좁은 국토에서 많은 인구가 살아야 한다는 딜레마를 풀자면 이만한 대안이 없었기 때문이다. 대안이 아닌 최고의 선택이었다. 《아파트 공화국》이란 책을 낸 발레리 줄레조 마른라발레대학 교수의 말을 들어보자.

"아파트를 향한 한국인의 열광은 영토 부족에 대한 강박관념과 현대적인 삶의 상징성, 그리고 고속성장의 포드주의(Fordism)적 양산 체제에 제격이었기 때문이에요. 여기에 경제적 능력이 높아지면서 투기 바람을 타고 아파트를 신화로까지 만들었죠. 즉 아파트는 한국 특유의 상황과 코드가 통했어요."

남들과 구별되는 그들만의 네트워크를 쌓는 데도 제격이다. 하지만 외국은 그렇지 않다. 한국처럼 좁은 영토와 높은 인구밀도가 특징인 벨기에나 네덜란드조차 아파트를 그다지 선호하지 않는다.

한국은 '아파트 공화국'이다. 집이라고 일컬어지는 공간의 둘 중 하나는 아파트다. 강남은 그 비율이 약 80%에 달한다. 가히 세계 최고다. 앞으로는 어떨까. 지금 아파트는 너무 많다. 과도한 물량 배출로 전국이 신음 중이다. 그래도 일부는 여전히 모자란단다.

강남 등 몇몇 인기 지역은 몰라도 대다수는 최소한 시세차익을 노릴 경우 경쟁력이 없다. 앞으로 이 추세는 더 심화될 확률이 높다. 경제 성숙도와 아파트 선호도는 마이너스 관계다. 주거공간의 편리함보단 인간다운 안락함을 원하는 게 본능이다. 남들과 부대끼지 않으며 흙과 더불어 살려는 젊은 층이 많아지고 있다는 게 반증이다. 아파트야말로 비인간성의 산물이다.

아파트시장 키워드, 지역·가격·평형 차별화

실수요자든 투자자든 30대의 고민 깊이도 그만큼 깊다. 아파트가 아니라면 그럼 뭘까. 어디에 묻어둬도 짭짤한 수익이 어렵단 뜻일까. 물론 답은 'No'다. 어려워진 건 사실이지만 방법이 없는 건 아니다. 찾아보면 상당한 시세차익을 안겨줄 대상도 없지 않다.

요약하면 대다수의 어정쩡한 아파트가 돈이 되는 시대가 끝났다는 뜻이다. 어쨌든 30대라면 노후 대책 프로젝트에서 부동산을 뺄 수 없다. 문제는 앞으로 부동산시장을 지배할 트렌드 읽기다. 코드를 읽어내야 기회를 잡을 수 있기 때문이다.

대표적인 유력 키워드는 '차별화(양극화)'다. 흔히 강남지역은 불패신화가 없을 것이란 전망이 압도적이다. 그 이유는 차별화 때문이다. 차별화란 탄탄한 수요가 뒷받침돼 상승 잠재력을 갖춘 물건과 그렇지 않은 물건 간의 격차가 커진다는 얘기다. 벌써부터 차별화는 곳곳에서 심화되고 있다. 차별화 코드는 우연히 툭 튀어나온 개념이 아니다. 경제가 고도화되면 어쩔 수 없이 생겨나는 불가피한 현상이다.

빈부 격차도 일종의 차별화다. 경기곡선이 한 번 회전하면 빈부 격차는 더 커진다. 20%의 고객이 80%의 매출을 장악한다는 '파레토 법칙'도 같은 맥락의 개념이다. 차별화는 부동산만의 현상이 아니다. 어디든 뭐든 비교우위에 따른 차별화는 대세상승(고성장)이 종료된 뒤의 만고의 진리다.

부동산시장의 차별화 양상은 크게 3가지로 나뉜다. 먼저 지역적 차별화다. 한강을 경계로 강남과 강북 지역의 격차 확대가 대표적이다.

동일 평형과 브랜드지만 강남과 강북 아파트의 가격 격차는 2~4배 이상이다. 앞으로는 더 심화될 것이다. 이유는 많다. 교통과 교육, 환경부터 확장성 등 한강 이남의 비교우위가 뚜렷해서다. 강남·분당·판교·용인·화성 등 강남권에서 시작된 네트워크 확대는 앞으로 주요 이슈로 떠오를 것으로 전망된다. 거품 논란에도 이들 검증된 지역의 아파트에 대한 선호 현상은 끊임없는 수요 창출 덕분에 유지될 게 확실시된다. 불황기에조차 차별화 수혜 지역은 유리하다. 떨어질 때 덜 떨어지는 하방경직성 때문이다. 강남을 떠받치는 수요 행진은 일시적인 쉼표는 몰라도 마침표로 연결될 확률은 낮다.

가격 차별화도 뺄 수 없다. 비슷한 아파트인데 가격이 다르다고 이상하게 생각해선 곤란하다. 당연한 결과다. 고가 아파트와 저가 아파트는 겉모습은 똑같아도 내재가치는 천양지차다. 비싼 아파트엔 분명 비싼 이유가 있다. 같은 동네, 같은 평형이라고 같은 값에 살 수는 없다. 오를 만큼 올랐으니 조만간 떨어질 것이란 평가는 어불성설이다. 내재가치에 근거한 미래 가격은 측정이 불가능하다. 과거 시세는 걸림돌일 뿐이다.

평형 차별화도 마찬가지다. 과거엔 평형 차이가 곧 가격 격차였다. 큰 평형이 작은 평형보다 가격이 높은 건 당연했다. 하지만 이젠 이 잣대를 버려야 한다. 불과 금융위기 이전까지 중소형과 대형 평형의 가격 격차는 대단했다. 20평형대 2채 팔아 30평형대 1채 사기도 어려운 곳이 부지기수였다. 중소형 평형이 1억 원 오를 때 대형 평형은 2억~3억 원 오르는 게 보통이었다. 이때만 해도 투자가치만 본다면 대형 평형이 최고였다.

하지만 이 논리는 요즘 붕괴되는 모습이다. 실수요 위주의 소형 평형에 살겠다는 사람이 늘어나면서 부담스러운 대형 평형 인기는 줄고 중소형 평형이 강세다.

평형 차별화는 시대 상황의 반영이다. 즉 시대 수요에 따라 인기 평형은 달라진다. 1990년대만 해도 20~30평형이 대세였지만 이후 금융위기 때까지는 40평형이 인기를 얻었다. 지금은 다시 소형 평형이 패권을 쥔 모습이다. 저출산·고령화 등 핵가족화와 단독세대를 감안하면 앞으로의 가격 주도권도 중소형 평형이 쥘 여지가 충분하다.

후행성·순환곡선 읽으면 부동산 차기주자가 한눈에

앞으로 인기를 얻을 투자처를 찾아낸다는 건 꽤 고단한 작업이다. 과거 30~40여 년간 겪어보지 않은 미증유의 길인 까닭이다. 당장 아파트를 버린다는 것 자체가 쉽지 않은 문제다. 하지만 아파트 투자가 과거만큼 만족스러운 고수익을 가져다주긴 어렵다는 게 대세다. 일이 꼬이면 기본으로 돌아가는 게 좋다. 방향이 헷갈리면 과거 사례를 통해 수요와 심리 변화를 체크하면 의외로 답이 보일 수 있다. 경기곡선을 따라가는 게 대표적인 방법이다.

경제는 호황과 불황을 반복한다. 부동산시장도 그렇다. 부동산 경기곡선은 큰 흐름에서 봤을 때 실물경기에 후행한다. 짧게는 6개월, 길게는 1년 정도 늦다. 주식의 선행성과는 반대다. 단순하게 보면 주식이 활황을 겪고 난 1년 뒤부터 부동산도 활황을 맞이할 가능성이 높다. 이와 동시에 사이클만 봤을 때 특정 시장에서 버블이 거론될 땐 천장에 임박했을 확률이 높다. 그 반면 공포(보유했을 때)가 잇따르고 투매가 계속되면 바닥이란 게 정설이다. 이렇듯 심리곡선을 따르는 것도 방법이다.

마지막으로 부동산 자산끼리의 순환 기회를 노리는 것도 현명한 방법이다. 부동산시장엔 여러 투자자산이 있다. 아파트는 그중 하나에 불과하다. 상가도 있고 땅도 있다. 부동산시장이 주목받기 시작하면 가장 빨리 뜨는 게 아파트다. 수급 자체가 충분한데다 유동성 측면에서도 아파트를 따를 건 없다. 주식시장 상승 초기 때 금융·건설주가 뜨는 것과 같은 이치다. 아파트 중에서도 인기 절정의 대장주가 먼저 시세를 주도한 뒤 차차 바통이 후순위 아파트로 넘어간다.

아파트 투자가 대세일 때 발 빠른 선수들은 상가로 넘어간다. 아직 관심이 옮겨지기 전인데다 임대수입까지 가능해 아파트 바통을 이어받기에 제격이다. 상가시장까지 때가 타면 그다음은 땅이다. 원래 땅은 무겁고 늦어 장기투자가 아니라면 덤비기 어려운 투자자산이다. 하지만 잘만 잡아두면 대박 가능성이 가장 높은 게 또 땅이다.

2000년대 초반 이후 진행된 부동산시장 순환주자도 아파트, 상가, 땅 순서로 정확히 일치한다. 땅마저 마무리되면 얼마간 휴지기를 거친 뒤 다시 아파트로 매기가 옮아간다. 현명한 투자자라면 부동산 경기곡선과 순환매매 타이밍을 한 수 앞서 읽어야 한다. '길목 지키기'는 끈기가 필요하지만 효과는 큰 재테크 기본 전술 중 하나다. 30대라면 몸으로 익혀야 할 운용 테크닉이다.

/
30대가 찾는 성공 물건의
5가지 공통분모
/

"안녕하세요. 돈 되는 짭짤한 물건이 있어 전화를 드렸습니다. 고객님께만 특별히 알려드리는 거예요."

요즘에야 뜸하지만 한때 기획부동산의 전화 한 통 받지 못한 사람은 없을 것이다. 이런 전화 한 통 못 받았다면 돈 없다는 증거란 우스갯소리까지 떠돌았다. 심지어 대학생 자취방에까지 전화해 '귀한 물건'을 소개하겠다고 기승을 부렸다.

안타까운 건 이 덫에 걸려드는 사람이 적지 않다는 점이다. 신문이나 방송에서 그렇게 경고했는데도 '이번엔 다를 거야'란 생각에 기획부동산의 손을 덥석 잡는 피해자가 수두룩했다. 순진해서도 그렇겠지만 반대로 이들의 작품 기획력이 그만큼 설득적이란 해석도 가능하다.

이들의 설득 근거는 사실 완벽하다. 전문가가 들어도 혹할 수밖에 없는 이중삼중의 화려한 청사진을 제시하는 게 보통이다. 돈 되는 부동산의 공통분모는 거의 모두 포함된다. 일반인의 상식을 뛰어넘는 고차원적인 투자가치까지 거침없이 쏟아낸다.

검찰의 집중 단속 결과 검거된 기획부동산의 고객 명단을 잠깐 봤다는 어느 기자는 "의외로 배울 만큼 배운 고학력 전문직 종사자가 많다는 사실에 놀랐다"고 전했다. 이들이 내놓은 화려한 언변과 투자가치가 사실이라면 대박은 당연한 결과다. 2~3배는 물론 수십·수백 배 차익은 기본이다. 문제는 그 투자 근거가 모두 거짓이란 점이다. 아귀 맞추듯 디자인을 완벽하게 해 사실처럼 보일 뿐이다.

그럼 돈 되는 부동산의 공통분모는 뭘까. 어떤 포인트가 시세차익의 근거로 작용하는 것일까. 크게 될 나무는 떡잎부터 다르듯 될성부를 부동산도 태생부터 다르다. 부동산이란 게 움직이는 상품이 아닌 까닭에 일단 고정입지가 가장 중요하다. 물론 여기에 후천적인 '플러스알파'도 때로 결정적인 파워를 자랑한다.

돈 되는 부동산을 찾는 건 그리 어렵지 않다. 결코 모래사장에서 바늘 찾듯 어려운 작업이 아니다. 일례로 좋은 부동산엔 당장 사람들이 줄을 선다. 내가 살고 싶은 집은 남이 봐도 좋은 법이다. 즉 탄탄한 수요가 있다. 이걸 바탕으로 '플러스알파'를 찾으면 된다. 여기엔 약간의 정성과 열정이 필요하다. 내재가치와 희소가치는 몰라도 눈에 보이지 않는 미래가치를 찾으려면 관심과 경험이 있어야 한다.

공통분모 1. 탄탄한 수요, 교통·교육·환경의 3박자 화음

경제학의 기본 원칙은 '수급 논리'다. 수급이 균형점을 찾을 때 시장가격이 형성된다는 게 핵심이다. 자산시장도 마찬가지다. 게임의 룰 중 설명력이 가장 높은 게 바로 '수급'이다. 수요가 늘면 가격이 뛰고, 공급이 늘면 가격은 떨어지게 마련이다. 인기주에 매기가 쏠리는 건 사려는 투자자가 그만큼 많다는 얘기다. 소외주는 정반대다.

부동산에서 수급은 필수 체크 사항이다. 어떤 변수도 수급 앞에선 우선순위가 밀린다. 전문가들이 동사무소까지 찾아가 인구구조를 챙기는 데는 이유가 있다. 사려는 사람이 많다는 건 그만큼 투자·주거 가치가 높기 때문이다. 단, 수요 변수를 챙길 땐 타이밍을 살펴야 한다. 사람들이 흥분해서 덤빌 땐 꼭지일 확률이 높다. 일찌감치 선점해 길목을 지켜야 효과적이다.

집값을 결정짓는 요인은 수두룩하다. 많게는 수십 개 결정변수가 어우러져 시장가격을 결정짓는다. 교통 접근성, 생활편의시설, 교육 여건, 쾌적한 환경, 투자가치 등 수없이 많다. 그중에서도 특히 교통·교육·환경 변수의 영향력이 절대적이다. 탄탄한 수요야말로 결국 교통·교육·환경의 3박자로부터 비롯되기 때문이다. 이들 3박자가 착착 들어맞아야 '부르는 게 값'인 명품 반열에 오를 수 있다.

교통은 도로망이나 지하철 등을 보면 편리성 여부를 단번에 알 수 있다. 교육의 경우엔 학군으로 구분된다. 명문대 진학률이나 학원가 조성 등도 교육 변수의 세부 항목이다. 환경은 산이나 강, 공원 등과의 인접성과 조망 경치를 통해 확인할 수 있다.

이 셋의 우선순위는 없다. 다 갖추면 금상첨화지만 아니라면 역순으로 가중치를 두는 게 현명하다. 경제구조가 선진화할수록 교통보단 환경을 중시하는 경향이 일반적이기 때문이다.

한편 교통·교육·환경 변수는 라이프스타일에 따라 각각 시차를 두고 시장을 지배한다. 가령 젊은 시절 최대 변수는 교통이다. 내 집 마련의 최우선 고려사항도 교통 문제로, 이땐 단순한 물리적 거리보단 실제 통근시간이 중요하다. 도로망 확충보다 자동차 보급 속도가 더 빠르다는 점에서 교통만큼 중요한 게 없다. 신혼부부나 신입사원 등 젊은 세대의 수요가 계속되는 한 접근성이 탁월한 역세권 집값은 오를 수밖에 없다.

다음은 교육이다. 교통 문제가 해결되면 이제 슬슬 자녀 교육환경이 눈에 들어온다. 건설산업연구원이 입지 선호도를 조사했더니 강남의 경우 교육 여건이 35.9%로 1순위에 꼽혔다. 강남에 사는 가장 큰 이유가 교육 여건 때문이라는 결론이다.

탄탄한 학원가와 높은 명문대 진학률은 강남권 부동산에 입질이 끊이지 않는 결정적인 배경이다. 비슷한 이유로 강북의 대치동으로 불리는 중계동과 전문직의 집성촌인 목동의 학원가 밀집 지역도 '맹모삼천지교(孟母三遷之敎)'의 상징이다. 물론 자녀가 취학 연령이 아니라도 교육은 집값을 끌어올리는 전통적인 호재다. 높은 교육열은 몇천 년간 이어져 온 한국인 특유의 공통 DNA다.

교통·교육도 좋지만 앞으로 고려해야 할 건 환경 변수다. 경제가 선진국화되고 국민소득이 늘면 주거환경에 신경을 쓰는 게 당연하다. 먹고살기 힘들 때야 출퇴근이 편리한 곳을 선호하고, 어느 정도 안정되면 자녀 교육에 '올인'하는 게 우리네 현실이다. 환경은 그다음 문제다. 흔히 국민소득이 2만 달러에 접근할 때 환경 변수가 뜨겁게 주목받는다. 지금이 딱 그렇다. 아직 교통·교육 변수보단 우선순위가 밀리는 분위기지만 앞으론 환경이 이 둘을 능가할 확률이 높다.

단, 환경 요소가 중요해진다고 전원생활이 부각될 것으로 보면 오산이다. 1990년대 후반 인기몰이의 주역이었던 전원주택이 왜 쇠퇴했는지 생각해보면 답은 명확해진다. 시골생활이란 실제로 살기가 만만치 않은 환경이다. 커뮤니티는 물론 생활편의시설도 턱없이 부족하다. 살아본 이들은 하나같이 전원생활의 어려움을 토로한다.

그럼에도 환경 변수가 부각된다면 도심에서의 틈새지역을 노리는 게 정답이다. 그나마 녹지 공간 혹은 조망권이 확보된 도심이 유리해진다는 얘기다. 같은 맥락에서 저층 아파트나 타운형 주거단지, 단독주택 단지가 그 대안이다.

공통분모 2. 저평가, 재건축 아파트가 주목받는 이유

증권가의 화두 중 하나는 '저평가주' 발굴이다. 싸다는 것만큼 매력적인 투자 메리트도 없어서다. 실제로 저평가를 타이틀로 내건 펀드 중 상당한 고수익을 거둔 사례가 많다. 투자고수들도 저평가 매물을 찾는 데 안테나를 총동원한다. 발품과 손품을 파는 가장 큰 이유 역시 남들이 미처 알아채지 못한 저평가 투자대상을 찾기 위함이다.

저평가엔 2가지 의미가 있다. 가격이 싸다는 현실적인 판단 기준과 앞으로 더 오를 수 있다는 미래지향적인 전제다. 가격이 싸다는 건 어떻게 알까. 여기엔 비교 잣대가 필요하다. 가장 흔히 사용되는 비교대상은 주변 시세다. 인근 아파트 시세나 분양가보다 낮은 곳이면 일단 후보 명단에 넣을 수 있다. 하지만 단순히 가격이 싸다고 덜컥 매수해선 곤란하다. 많이 떨어졌으니 이만큼은 오를 것이란 단편적인 판단은 금물이다.

단순히 싼 건 피해야 한다. 싼 이유와 함께 앞으로 값이 오를지 여부를 꼭 챙겨야 한다. 가격은 정직하다. 싼 데는 이유가 있다. 하지만 싼 이유와 가격은 현재가치에 근거를 둔다. 가격이 더 오를 수 있는 미래가치가 반영되지 않았다면 그야말로 '알짜배기'다. 부자와 고수들이 저평가 물건의 투자 메리트에 반한 이유는 바로 여기에 있다.

내재가치는 말 그대로 겉에선 잘 보이지 않는다. 뜯어봐야 '내재'된 가치를 찾을 수 있다. 예를 들어보자. 도심의 허름한 단독주택만 사들이는 사람들이 있다. 겉만 봐선 투자가치가 전혀 없다. 임대조차 어려워 보이지만 이들은 다음 수를 노린다. 땅의 가치다. 건물을 허물어버리는 순간 도심의 알토란 땅으로 변하기 때문이다.

건물 값을 버려도 땅에서 창출되는 부가가치가 훨씬 크다. 재건축 아파트가 주목받는 것도 사실 건물보단 땅 때문이다. 시간이 흐를수록 건물 가치는 떨어지지만 토지 가치는 오른다. 재건축·재개발 때 대지지분이 많은 곳에 매기는 쏠릴 수밖에 없다. 대지지분을 챙기듯 내재가치를 꼼꼼히 살피는 게 우선이다.

저평가 기회는 사이클에서도 찾을 수 있다. 호·불황 사이클은 정확히 가격을 반영한다. 불황일 땐 가격이 떨어지고 호황일 땐 오른다. 폭락 또는 하락 국면이야말로 매물을 싸게 살 수 있는 절호의 기회다. "폭락장을 즐기라"는 증시 격언은 부동산에도 통하는 룰이다.

가치투자의 백미도 사실 저평가된 투자대상을 찾는 데서부터 비롯된다. 바닥일 때 사서 묻어두면 회복과 활황 국면 때 꽤 많은 시세차익을 거둘 수 있게 마련이다. 이런 게 '매수 후 보유' 전략의 파워다. 워런 버핏이 '담배꽁초 줍듯' 싼 주식을 사모은 건 저평가 종목의 투자 메리트를 누구보다 잘 알고 있었기 때문이다.

공통분모 3. 희소성, 스타벅스 주인과 커피 재배 농부의 차이

"스타벅스 커피는 비싸고 잘 팔리는데 왜 커피를 재배하는 농부들은 가난할까?" 아리송하다. 그럼 다음 질문을 보자. "영화〈괴물〉이 흥행 신기록을 세웠다지만 왜 영화 스태프들은 가난할까?" 역시 대답은 자신이 없다. 마지막 질문이다. "석유가 물보다 비싼 이유는 뭘까?"

이 3가지 질문은 답이 같다. 바로 '희소성의 원칙'이다. 이는《경제학 콘서트》에 나오는 질문과 답변이다. 자산시장에선 수많은 참가자가 서로 치열한 심리와 파워 게임을 펼친다. 그리고 그 게임의 지배자는 눈에 보이지 않는 '희소성'의 힘을 확보한 사람이다. 다시 말해 돈의 흐름은 희소성의 원칙에 따라 흐른다.

이는 단순하지만 명쾌한 설명이다. 요약하건대 경제학은 선택의 문제다. 선택의 결과로 효용과 만족을 얻는 대신 기회비용을 지급한다. 희소성의 원칙이란 인간의 욕망은 무한한데 이를 충족시킬 자원이 부족해서 발생한다. 이 원칙에 따르면 재화는 둘로 나뉜다. 희소한 자원을 사용해 생산한 재화와 서비스는 '경제재'로 역시 희소성을 띤다. 대부분의 자원이 여기에 해당하며 비용 지급은 필수다.

그 반면 대가를 지급하지 않아도 구할 수 있는, 즉 희소성이 없는 건 '자유재'로 불린다. 공기 등이 여기에 해당한다. 다만 경제재도 희소성이 사라지면 자유재로 변한다. 반대로 자유재도 희소성이 생기면 경제재로 탈바꿈한다. 호숫가 물은 일종의 자유재지만 팩에 담긴 생수는 경제재다.

부동산시장 역시 희소성의 원칙이 적용된다. 수요는 많은데 공급이 적으면 가격은 뛰게 마련이다. 길 하나 차이인데도 가격 차이가 2~3

배나 벌어지는 이유가 희소성 때문이다. 인기 지역 아파트가 비싼 것도 땅은 한정돼 있는데 물량이 적어서다.

특히 강남권엔 신규 물량이 적어 새 아파트의 가격 오름세가 뚜렷하다. 이제 새 아파트를 지을 만한 땅이 없어서다. 희소성은 그만큼 파워풀한 결정변수다. 펜트하우스가 비싼 이유도 한 동에 1~2개밖에 없기 때문이다. 희소성을 갖춘 부동산은 뛸 때 많이 뛰고 떨어질 땐 덜 떨어진다. 늘 초과수요이기 때문이다. 성공 투자자는 흔한 부동산은 절대 사지 않는다.

공통분모 4. 미래가치, 지하철 개통 후엔 시세 상승 끝

고수들은 미래가치에 투자한다. 지금 교통이 편리하고 학군이 좋으며 편의시설이 많고 환경이 쾌적해도 그건 현재가치일 뿐이다. 고수들의 머릿속엔 늘 미래의 개발 모습이 담겨 있다. 그래서 지금 입주조건이 열악해도 기꺼이 투자를 감행한다.

흔히 주거환경이 나빠 이사했더니 옮기고 난 뒤 가격이 급등했다고 푸념하는 사람이 적지 않다. 이들은 미래가치를 간과했기 때문에 굴러들어온 복덩이를 스스로 차버린 케이스다.

거주가치와 투자가치는 다르다. 가령 전세가는 실제 주거가치를 반영해 결정되지만 매매가는 현재 주거가치보단 미래의 재산적 가치에 따라 산정된다. 며칠 만에 수억 원대의 프리미엄을 얹어주고 사는 건 미래가치를 높게 본 결과다. 주거가치만 보면 이해되지 않는 행동이지만 미래가치와 투자의 룰을 읽는 사람에겐 당연한 선택이다.

미래가치를 읽으려면 트렌드를 읽는 눈이 필요하다. 상상력의 발휘는 필수다. 1990년대만 해도 명동은 한국의 'No.1' 상권이었다. 수많은 발길을 흡수한 탓에 땅값은 천정부지로 치솟았다. 하지만 이젠 강남 상권의 도전이 거세다. 몇몇 지역은 강남 상권이 명동 상권을 능가한 곳까지 생겨났다. 한국의 부가 강북에서 강남으로 전이되는 트렌드를 반영한 결과다.

또 다른 예로 지하철 개통을 보자. 고수들은 지하철 건설 계획과 동시에 미래 모습을 상상한다. 하지만 일반인은 개통 후의 풍경과 트렌드 변화가 읽히지 않는다. 통상 지하철 호재는 집값에 세 차례 영향을 준다. 지하철 건설 계획 발표 때 처음 오른 뒤 착공 때 재차 뛰고, 완공됐을 때 마지막으로 오른다. 하지만 정작 개통 후엔 '동작 그만'이다. 세 차례 오를 때마다 가치가 가격에 반영됐기 때문이다. 재개발과 재건축에 주목하는 이유도 순전히 미래가치 때문이다.

현재가치만 보면 곤란하다. 미래가치를 읽음과 동시에 새로운 가치를 더하려는 적극적인 자세가 필요하다. 그래야 부동산의 숨은 가치를 찾아낼 수 있다. 공개된 뉴스보단 개발계획과 도시계획법 변경 등의 감춰진 정보를 챙겨보는 게 현명하다.

성공 투자자는 개발 중심지보다 주변 지역에 눈독을 들인다. 관심에서 비켜난데다 저평가돼 높은 수익률을 기대할 수 있어서다. 이른바 '도넛 효과'다. 미래의 주택 문화를 반영한 '유비쿼터스' 주택 건설 열기도 미래가치 차원에서 해석하는 게 좋다. 편리함에 웰빙 트렌드까지 접목한 소프트 인프라야말로 앞으로 주택시장의 유력한 키워드인 까닭이다.

공통분모 5. 블루오션, 일석이조의 교외·신흥도시 유력

레드오션에 피만 튀기듯, 때 묻은 시장엔 먹을 게 적다. 그래서 경쟁 없이 먹을 게 많은 블루오션이 환영받는다. 한국의 부동산시장은 이제 성숙기에 접어들었다. 어지간한 곳은 개발 붐에 한두 번씩 홍역을 치렀다. 틈새를 노려 짭짤한 수익을 거두기도 어려워졌다.

이럴 땐 눈을 크게 뜨고 멀리 내다볼 필요가 있다. 부동산이라고 왜 블루오션이 없겠는가. 찾아보면 차기주자로 떠오를 유력한 블루오션 투자대상이 적지 않다. 한국보다 앞서 부동산시장이 개발된 선진국을 벤치마킹하면 미래 트렌드를 겸비한 블루오션을 압축해낼 수 있다.

인구와 소비 패턴은 부동산 장기동향에 큰 영향을 미친다. 부동산에 투자하는 특정 연령대의 도달 시점을 아는 게 관건이다. 크게 '상업용→주거용'의 패턴이 일반적이다.

미국의 부동산시장을 분석했던 《부의 패턴》의 저자 해리 덴트에 따르면 연령별로 주택 수요가 달라진다. 16~25세 아파트 임대, 26~33세 첫 주택 구입, 34~43세 더 큰 주택 구입, 44~52세 별장 구입, 61~70세 퇴직 후 거주 주택 구입 등이다. 또한 앞으론 휴가용 주택 구입(베이비붐 세대)이 늘어나고, 상업용 부동산과 아파트 수요(베이비붐 세대 자녀들)가 커질 것으로 전망된다. 지리적인 여건 변수도 중요해진다. 온화한 날씨를 찾아 남쪽으로 이동하려는 수요가 늘어날 수 있다. 혼잡을 피해 생활비와 기업 활동비용이 저렴한 '해안→내륙'으로 움직일 확률도 높다.

블루오션의 유력 후보지는 '교외지역'이다. 앞으론 대도시 수입으로 소도시 생활을 즐기려는 수요가 많아질 수 있다. 일과 가정의 두

마리 토끼를 잡기 위해서다. 미국의 경우 벌써부터 저렴한 물가와 높은 수준의 라이프스타일이 가능한 매력적인 소도시·교외 지역으로 대거 이동하기 시작했다. 근무 방식과 장소 변화를 뒷받침하는 네트워크 혁명이 가속화하면 이 조류는 더 심화된다.

교외로 나가도 수입은 달라지지 않는다. 이는 부동산시장의 새로운 투자 기회다. 시간이 갈수록 이 흐름은 더 가시화될 확률이 높다. 소도시 생활의 최대 인센티브는 더 나은 생활조건이다. 천편일률적인 주택보단 나만의 독특한 집과 매력적인 지역사회를 찾으려는 발걸음이 계속될 수밖에 없는 이유다. 다만 이 경우 고령인구의 전원주택 수요와는 구별할 필요가 있다.

교외지역은 생활수준 향상과 함께 투자가치를 높이는 일석이조 효과가 있다. 매력적인 주택은 신도시나 준교외지역이다. 베이비붐 세대가 노후 거주용 주택을 사고 그다음 세대인 X세대가 주택을 임대하려는 곳이 좋다. 이들이 살고 싶은 지역이라면 커뮤니케이션을 비롯한 각종 편익시설이 좋을 게 확실하다.

물론 성장 활력을 띤 곳은 도시든 농촌이든 모두 투자대상이다. 삶의 질과 사업 발전 그리고 투자이득이란 3가지 측면을 고려해 최고의 잠재력을 갖춘 신흥도시를 찾아야 한다. 성공적인 신흥도시는 상호작용을 극대화하는 단지, 넉넉한 공간, 주택설계의 융통성, 안전성, 편익시설, 커뮤니케이션 인프라 등을 갖춰야 한다.

30대 부동산 승자를 위한 25가지 성공전략

겨울에 태어난 아이는 부자가 될 확률이 높다. 겨울은 에너지와 기운을 저장하는 계절이다. 명리학에선 어느 계절에 뱃속에서 나와 탯줄을 자르느냐가 사람의 기질을 정한다고 본다. 겨울에 탯줄을 자르면 저장 기운이 강해 재물을 잘 모은다. 한국의 100대 부호 중 약 40%가 양력 기준 겨울에 태어났다(《한국부자, 세븐파워의 비밀》, 문승렬 지음). 『포천』이 선정한 자수성가형 젊은 부자 40명 중 10명도 12~1월에 태어났다.

부자들의 입이 무거운 것 역시 비밀을 저장하려는 겨울 태생 특유의 습성 때문이다. 드러내놓고 재산 자랑을 하는 부자가 없는 이유다. 또 물(水)의 계절인 겨울 태생은 똑똑하다. 물이 많은 사주엔 불(火)이 재물에 해당한다. 부자들이 붉은색을 좋아하고 옆에 두는 건 같은 맥락에서 이해된다.

흔히 재물은 아내와 여자를 의미한다. 사주에 재물이 없으면 여자도 없다. '무재(無財)는 무처(無妻)'다. 부자 팔자는 배우자 복이 많을 수 밖에 없다. 아내 말 잘 들어 부자 됐다는 말도 빈말이 아니다. 실제로 통계를 보면 부자일수록 이혼율이 낮다.

부자 팔자란 게 있을까. 있다. 예를 들어보자. 100명의 사람이 있다고 치자. 이 중 부자와 빈자는 각각 10명씩이다. 나머지 80명은 중간 그룹이다. 이들에게 오늘 1억 원씩 나눠주고 1년 후 다시 수익률을 체크한다고 하자. 결과는 어떻게 될까.

부자·중간·빈자 그룹별로 수익률은 극명하게 갈린다. 똑같은 1년을 보내지만 결과는 천양지차다. 상위 10% 부자들이 평균수익을 월등히 끌어올리는 반면 하위 10% 사람들은 오히려 까먹는다.

부자들에겐 돈을 버는 특별한 뭔가가 있다. 다시 태어나도 부자가 될 수밖에 없는 다양한 사고와 습관, 행동 양태 등을 갖고 있다. 부동산을 이긴 사람들 역시 뚜렷한 공통분모로 부를 쌓았다. 그 공통분모란 뭘까. 지금부터 앞서 그 길을 걸은 이들의 성공 사례에서 공통되는 부동산 투자 전술을 찾아보자. 30대부터 이 25가지 투자 전술을 하나씩 정복해가면 부동산은 든든한 노후 안전판이 될 수 있다.

마음자세·습관, '역으로 지르되 실패는 훌훌 털어'

- **실행력** 신속하고 과감한 매매결정으로 기회를 잡은 경우가 많다. 때론 무모할 만큼 잘 저지른다. 선점은 못 해도 최소한 뒷북은 안 치기 위해서다. 평소에 내공을 쌓다가 기회가 오면 잡아채는 게 성공 스토리의 핵심이다. 실행에 집중하면 리스크가 큰 만큼 지

갑도 두툼해지는 법이다. 궁하면 통한다. 앉아서 기다릴 바에야 뛰어다니면서 기회를 만드는 적극성이 필요하다.

- **역발상** 부자들은 대중과 거꾸로 행동한다. 인기 물건보단 소외 물건을 선호하고 활황일 땐 사기보다 잘 파는 데 관심을 둔다. 유명한 경제학자인 레스터 서로는 이렇게 말했다. "돈을 모아 거부가 된 사람은 없다. 진정한 부자들은 기회를 포착하고 매우 불균형한 상황에 투자한다. 록펠러가 그랬고 빌 게이츠가 그랬다. 정성스레 돈을 모으고 안정된 상황에만 투자하는 사람은 노후의 안녕을 얻을 수는 있겠지만 결코 큰 부자는 될 수 없다." 고정관념을 깨야 기회가 있다. 대중의 생각을 거꾸로 읽으면 돈이 보인다.

- **안전판** 내 집 마련은 재테크의 첫걸음이다. 부동산 부자들도 내 집 마련을 계기로 재테크에 눈뜬 경우가 많다. 자기 집은 만족감 외에 훌륭한 담보물이자 든든한 후원자다. 특히 환금성이 뛰어난 아파트는 필수 보유 대상이다. 최소한 안전판 구실을 할 수 있다. 필요하면 무리하지 않는 범위에서 빚을 내도 좋다. 저축만으로 내 집을 사기는 어려운 상황이다. 생각을 바꿔야 한다.

- **네트워크** 부자들은 적군보다 아군이 훨씬 많다. 가령 중개업자와 친해두면 득이 많다. 신뢰까지 쌓는다면 큰돈 없이도 기회를 낚을 수 있다. 그들은 자신의 활동영역 안에 있는 물건들에 대해선 누구보다 빠삭하다. 생생한 경험담까지 수업료 없이 거저 들을 수 있다. 부자들은 초보자에게 "시간 나면 중개업소에 가서 놀 것"을 권한다. 사람 투자에 인색하면 결국엔 '소탐대실'이다. 네트워크의 또 한 그룹은 가족, 특히 배우자다. 여자는 본능적으로

부동산에 강하다. 백지장도 맞들면 나은 법이다. 부부가 콤비를 이루면 최상의 결과를 낼 수 있다.

- **정보력** 부자들은 대가를 지급하고서라도 정보를 산다. 부동산은 특히 정보력이 열쇠다. 주식과 달리 부동산 바닥엔 일반인이 잘 모르는 물밑 정보가 많다. 개발계획이 대표적이다. 밥은 걸러도 뉴스와 정보는 챙겨야 한다. 부자들은 정보를 돈으로 연관시키는 노하우를 갖췄다. 일반인의 경우 뉴스(정보)와 돈은 별개다. 이분법적인 생각 탓이다. 하지만 조금만 신경 쓰면 투자 향방을 결정짓는 나침반이 될 수 있다. 연상법을 키우는 훈련이 필요하다.
- **낙관론** 잘되면 좋지만 안 되도 그만 식의 긍정론은 대표적인 성공인자다. 머니게임은 상대방이 있는 일종의 심리전이다. 사람끼리의 게임인 탓에 룰은 왕왕 깨지고 반칙이 횡행한다. 결국 상대방의 심리를 읽는 게 결정적이다. 물론 쉽지 않다. 이럴 땐 역으로 자신을 잘 알면 되레 이기기 쉽다. 누군지도 모를 상대에게 휘둘리기보단 자신의 투자원칙을 고수하는 게 낫다. 스스로 다스리고 밝은 사고방식을 가져야 한다. 실패에 연연할 시간에 내공을 쌓는 게 현명하다.

대상 선정, '노력과 정비례하는 부동산 기회'

- **발품** 투자고수들은 앉아 있지 않는다. 구두 밑창이 닳도록 현장을 들락날락한다. 발품과 손품은 투자의 필수 요소다. 직접 보고 확인해야 장단점이 한눈에 들어온다. 바빠서 여유가 없다면 아예

투자 세계에 들어오지 않는 게 낫다. 자꾸 봐야 보는 눈도 생기는 법이다. 가령 아파트는 날씨·밤낮·사람에 따라 같은 물건도 평가가 판이하게 달라진다. 잦은 품이 유일한 해결책이다. 부동산은 할인점에서 쇼핑하는 것과 차원이 다르다. 역세권이라면 직접 걸어보며 발걸음 숫자까지 세는 신중파가 많다.

- **신중론** 전문가란 사람들의 추천이나 투자광고는 절대 믿어선 안 된다. 전문가의 투자정보는 참고자료일 뿐이다. 이들은 정보랍시고 던져주는 게 본업이다. 진짜 고급·대박 정보라면 말로 먹고살기보다 스스로 투자하는 게 이치에 맞다. 부동산 전문가 중 타워팰리스에 사는 사람은 거의 없다. 투자광고도 마찬가지다. 으레 과장과 왜곡이 기본이며, 예상수익률이라고 내거는 수치도 기대사항일 뿐이다. 진정한 고수는 노출을 극도로 꺼린다. 스스로 신중한 결정을 하도록 애써야 한다. 참고는 하되 맹신은 금물이다.
- **지도** 일이 잘 풀리지 않을 때가 있다. 어디서 꼬였는지 갈피를 못 잡을 때가 많은데 처음으로 되돌아가 원인을 분석해보면 의외로 꼬인 지점을 쉽게 알 수 있다. 한발 비켜섰기에 가능한 문제 해결법이다. 부동산 투자도 똑같다. 어디에 투자할지 자신이 없거나 세세한 입지 여건에 신경이 쓰이면 큰 조감도로 전체를 내려다보는 게 좋다. 지도의 파워란 이런 데 있다. 지도는 부동산의 어제 오늘, 그리고 내일을 암시하는 최고의 자료다. 가령 지도만 잘 봐도 길이 어떻게 뚫릴지 예측할 수 있다. 높이 나는 새가 멀리 보는 법이다.
- **불황** 불황에 올라타야 재테크에 성공한다. 고수들은 불황을 반긴

다. 경험상 재산 증식의 둘도 없는 기회이기 때문이다. 불황한파에 휘둘리는 사람은 아마추어다. 똑같이 움츠려서는 부자동네에 입성할 수 없다. 서둘러 불황 전략을 익힐 필요가 있다. 불황은 싼값에 알짜 물건을 골라잡을 수 있는 보물찾기나 다름없다. 경매가 대표적이다. 흔히 관심은 있어도 직접 경매에 뛰어드는 이는 드물다. 첫발 내딛기가 어렵지 익숙해지면 경매만큼 메리트가 큰 투자대상도 없다. 소액으로 가능한데다 시세차익이 크다. 하지만 늘 그렇듯 준비된 자만 성공할 수 있다.

- **프리미엄** 10원 아끼려다 100원 잃는 수가 있다. 웃돈은 필요악이다. 100원을 주고 110원을 번다면 웃돈은 주는 게 당연하다. 길게 보면 결코 밑지는 장사가 아니다. 웃돈을 줘야 할 상황이라면 그걸 반기는 게 낫다. 프리미엄이야말로 돈 되는 물건임을 의미해서다. 당장 부담돼도 나중에 더 큰 시세차익이 가능할 수 있다. 프리미엄은 그 자체가 호재일 확률이 높다. 웃돈은 일종의 보증수표다. 돈 한 푼 깎겠다고 더 큰 기회를 놓쳐서는 안 된다.
- **흥정** 고수들은 부동산보다 사람을 먼저 챙긴다. 아무리 좋은 물건도 입질이 없으면 무용지물이다. 부동산 흥정은 심리게임의 요약본이다. 상대방의 처지를 십분 활용해 유리한 가격으로 매매를 성사시킨 케이스가 수두룩하다. 급매물이라면 특히 그렇다. 주도권을 쥔 뒤 사정을 봐가며 어르고 달래는 심리적 압박으로 원하는 매매를 할 수 있다. 아마추어라면 약간의 심리전을 펼쳐보는 것도 좋은 경험이 된다. 물론 무리수로까지 번져선 곤란하다.

자금 조달, '대출이자 줄이고 레버리지 키우고'

- **대출** 투자 세계의 달인들은 대출을 두려워하지 않는다. 내 돈이 있어도 금융기관 돈을 빌리는 게 상식이다. 대출을 잘 활용해 부자 반열에 오른 사람도 많다. 이자보다 수익이 큰 레버리지 효과를 톡톡히 본 경우다. 무모한 듯 보여도 최소 투자와 최대 이익의 대단히 합리적인 의사결정이다. 단, 조건이 있다. 불확실성에 대한 대처 능력을 갖춰야 한다. 고수익은 고위험을 뜻한다. 위험을 다룰 줄 아는 경우에만 대출은 투자의 윤활유 구실을 한다. 같은 맥락에서 은행 등 금융기관과 친해야 한다. 돈을 만지는 곳이야말로 돈 흐름에 가장 민감하다. 금융기관을 무시하고 부자 된 사람은 없다.

- **금리** 어떤 식이든 조달비용은 최소로 줄여야 한다. 대출이자는 우대금리를 적용받아 최소로 지급하는 게 원칙이다. 부자들은 돈을 잘 빌린다. 때론 강짜를 부려서라도 이자를 줄인다. 우대금리가 많이 줄어들었다지만 여전히 말 한마디에 금리를 깎아주는 곳이 적지 않다. 금융기관은 우는 사람에게 떡 하나를 더 준다. 금리가 떨어지면 대출이자도 줄여줄 것을 요구하는 게 낫다. 주거래은행을 적극 활용해 적금·예금에 급여이체까지 한 곳에 모으면 여러모로 특혜가 주어진다. 최고 1%포인트까지 우대금리가 가능하다. 또 상담은 창구에서 하되 신청은 인터넷뱅킹으로 해도 0.5%포인트 절약할 수 있다. 뭐든 마찬가지지만 알아야 적게 내고 많이 벌 수 있다.

- **전세금** 전세금 활용은 부동산 고수들에겐 전가의 보도다. 전세만 잘 활용해도 소액으로 집을 살 수 있다. 집값의 10~20%만 있어도 충분한 곳이 많다. 극단적이지만 집값의 절반은 은행융자로, 나머진 전세로 막으면 된다. 현금 없이 부동산 자산을 늘리는 비법이다. 이런 게 몇 번 반복되면 자연스레 부가 쌓인다. 다만 복병은 있다. 소액이라지만 묻어둘 만큼 여유가 있어야 하고, 경기가 뚜렷이 하강할 때는 역(逆)레버리지 딜레마에 빠질 수도 있다.

매매방법, '예쁘게 꾸미되 어깨에서 팔아야'

- **단타** 논란의 여지가 많지만 최소한 지금까진 단타가 효과적이었다. 부동산 부자들은 엉덩이가 가볍다. 한 곳에 지긋이 앉아 있기보다 역동적인 현장을 선호한다. 실제로도 잦은 매매로 재산을 키운 사람이 적지 않다. 잦은 이사가 부동산 평가 능력을 키워줘서다. 돌발변수가 많을 땐 '치고 빠지기'로 위험을 피할 수도 있다. 단타로 큰돈을 못 벌어도 괜찮다. 어쨌든 최소한 실력과 노하우만큼은 건진다. 부동산은 연륜게임이다. 경험이 쌓일수록 기회를 포착할 확률은 그만큼 높다.
- **장타** 단타가 쏠쏠한 만큼 장타의 기대효과도 크다. 장기물건을 단타로 매매하거나 단타를 쳐야 할 걸 오래 끌면 실패 확률이 높다. 개발가치(잠재력)가 높거나 저평가된 물건은 긴 호흡이 필요하다. 재건축·재개발 아파트도 마찬가지다. 비교적 경기변동에 둔하기 때문에 시세가 좀 올랐다고 금방 팔아선 후회하기 십상이

다. 장타 물건은 참고 기다릴 줄 알아야 큰 수익이 돼 돌아온다. 단타로 치고 빠질 대상이 아니라면 시간과의 싸움에서 승기를 쥐는 게 최고다. 물론 무조건 묻어둔다고 돈 되는 시대는 이제 지나갔다. 오르는 부동산을 찾는 건 기본이다.

- **무릎과 어깨** 무릎에서 사서 어깨에서 팔겠다는 투자전략이 합리적이다. 물론 최선의 매매전략은 바닥에서 매입한 후 천장에서 파는 것으로, 수익률 극대화의 지름길이다. 지금껏 수많은 고수가 이 방법을 터득하는 데 매진했다. 하지만 결과는 '글쎄'다. 한두 번 운이 좋아 수익 극대화에 성공할 순 있겠지만 평균으로는 어림도 없다. 다 먹으려다 하나도 못 먹을 수 있다. 과욕을 부리기보단 느긋한 마음자세로 실익을 챙기는 게 결국 이득이다.

- **분식** 예쁘게 보여야 잘 팔리게 마련이다. 리모델링은 최소비용으로 최대효과를 낼 수 있는 매매전략이다. 때론 매각보다 리모델링이 더 큰돈을 벌어주기도 한다. 비용을 뽑고도 남는다면 리모델링은 선택이 아니라 필수다. 대개의 경우 리모델링 후 몸값은 오른다. 보기 좋은 떡이 먹기도 좋고 같은 값이면 다홍치마다. 한 차원 높은 가치를 창출하면 팔 때도 명품 대접을 받는다.

- **매각** 흔히 부동산을 살 땐 일일이 찾아다니며 발품을 들이지만, 팔 땐 중개업소에 전화 한 통 넣고 기다리기만 한다. 이래선 곤란하다. 잘 팔려면 어디든 찾아가고 뭐든 해야 한다. 물건을 잘 팔려면 홍보와 마케팅이 반드시 필요하다. 부동산도 마찬가지다. 잘 파는 전략을 세워야 한다. 중개인은 절대 내 편이 아니다. 여러 루트를 직접 발굴해 가치를 최대한 알려야 한다. 원하는 값을 받겠

다면 대기수요가 있는 동네까지 원정이라도 가야 한다. 살 때만큼 팔 때도 발품이 결정적이다. 발품이야말로 부동산의 꽃이다.

투자원칙, '그들만의 리그와 독점의 기술'

- **휴식** 고수들은 쉴 땐 확실히 쉰다. 쉬는 것도 일종의 투자인 까닭이다. 그렇다고 관심의 끈을 놓진 않는다. 쉬는 타이밍을 오히려 전략수립·수정의 호기로 활용한다. 요즘 부유층 사이엔 해외 이민이 유행이다. 하지만 이민을 가도 부동산만큼은 절대 팔지 않는다. 길게 봐 유망한 물건에 묻어두거나 혹은 다달이 일정 수익이 보장되는 임대형 건물에 자산을 심어두는 게 일반적이다. 나중을 생각한 조치다. 몸은 떠나되 투자자산과의 이별은 없다.
- **장벽** 부자들에겐 '그들만의 리그'가 있다. 이들의 유유상종은 때론 무서운 단합을 과시한다. 다른 이의 접근을 불가한 채 그들끼리 특별함을 나눈다. '그들만의 리그'엔 특별한 매매법이 있다. 자산을 서로 맞바꾸는 물물교환이 대표적이다. 중개업자 없이 자기들끼리 계약을 성사시킨다. 돈을 벌고 유지하는 방법도 자기들끼리만 공유한다. 부의 대물림 역시 그들만의 세상에선 어려운 게 아니다. 은밀한 담합이야말로 부를 독점하는 열쇠다. 그들만의 리그엔 돈을 버는 특별함이 있다.
- **자기복제** 돈이 돈을 부른다는 소리가 있다. 돈의 '자기복제' 능력이다. 이를 경험해본 사람은 돈의 파워를 누구보다 잘 안다. 특정 수준에만 올라서면 큰 노력 없이 부를 불리고 유지할 수 있는 이

유도 이 때문이다. 돈은 자기복제 능력을 갖고 규모의 경제를 실현한다. 많이 넣으면 많이 나오듯 단위가 크면 벌어오는 부가가치도 크다. 거액인 탓에 혜택까지 많다. 부자들은 돈이 돈을 부르는 기분 좋은 선순환에 익숙하다.

- **주식** 부동산 부자들은 의외로 주식을 기피하는 경향이 강하다. 한 우물 파기다. 잘 모르는 곳에 가봐야 고생할 게 뻔해서다. 주식은 부동산만큼 쉽지도 않을뿐더러 벌기도 어렵다. 이들에게 부동산과 주식은 절대 보완재와 대체제가 아니다. 태생 자체가 다른 별 세상 재테크다. 다만 초보자라면 이들을 추종할 이유는 없다. 게다가 길게 보고 갈 30대 노후 준비자라면 주식지식은 필수다. 주식과 부동산이 얽힐 경우 의외로 훌륭한 보완재 구실을 할 수 있기 때문이다.

- **라이프스타일** 부동산 고수들은 일찍 부동산에 눈을 떴다. 빠른 그룹은 2말3초(20대 말·30대 초)면 데뷔한다. 누구든 부자가 될 수 있다. 문제는 부자가 될 준비다. 돈에 끌려다니면 부자는커녕 평생 고생이다. 늦어도 30대에 올라타지 않으면 나중에 몇 배로 힘들다. 가속도도 붙지 않는다. 당장 판돈이 없어도 관심과 공부로 흐름을 꿰차고 있어야 기회를 잡는다. 이 과정에서 게임의 법칙도 배울 수 있다. 부동산에 대한 안목은 빠르면 빠를수록 좋다.

/
30대가 눈여겨봐야 할 부동산 대권후보
/

'그분'의 결론은 늘 부동산이다. 어떤 대화 주제라도 마지막은 부동산으로 끝난다. 경험담부터 투자전략, 시장 전망까지 2~3시간을 얘기해도 그분의 아이템은 '마르지 않는 샘물'이다. 이런 그분에게 주변에선 '부동산 전도사'란 별명까지 붙여줬다. 다음은 그분의 얘기다.

"빨리 해. 그래도 부동산만 한 게 없어. 떨어졌을 때가 오히려 더 낫지. 난 늦게 배운 게 한스럽다니까. 나중에 후회할 짓 말고 일단 시작해. 그럼 길이 보여. 어차피 한두 번 하고 말 게 아니잖아. 배워서 남 주나. 주식보다야 백번 나은 게 부동산이야."

부동산에 관심이 없으면 그분의 수다는 고문일 정도다. 그분의 '강권' 덕분에 데뷔전을 치른 후배까지 생겨났다.

그분은 커뮤니티에서 만나 친해진 40대 중반의 열렬 여성 멤버다. 30대엔 프리랜서를 하기도 했지만 전업주부에 가까운 평범한 미시였다. 그러다 40세 이후 본격적인 '외출'을 시작했다. 친구와 동업해 번

역회사를 차린데다 얼마 전엔 대학원까지 진학했다. 남편은 평범한 샐러리맨으로 그래도 좀 있는 집안의 장남이다.

그분이 부동산을 알 게 된 건 2000년대 초반이다. 우연히 투자한 강남 재건축과 용산 아파트가 연속해 대박이 나면서 눈을 떴다. 늦게 배운 도둑질이 날 새는 줄 모른다고 이젠 상가와 땅에까지 손을 댔다. 다행스러운 건 시세차익분만 투자한다는 점이다. 그럼에도 요즘 상황이 예전만 같지 않아 어디에 묻어둬야 할지 도무지 감이 안 온다고 푸념이다.

"뭐 좀 특별한 거 없어? 남들 다 아는 거 말고 말이야. 뭐가 있을 것 같은데…. 얘기 좀 해줘 봐. 앞으로 어떻게 될 것 같아? 그래도 강남 쪽은 가겠지?"

그분은 누구를 만나든 비슷한 질문을 쏟아낸다. 정보에 좀 밝다 싶으면 여지없이 연속 질문이다. 하지만 상대방은 곤혹스러운 순간이다. 필자도 비슷한 상황을 몇 번 겪었다. 오죽하면 판에 박힌 코멘트를 외우고 만날 정도다. 필자는 이렇게 반응한다.

"정답은 시장에 있는 게 아니라 투자자 본인에게 있죠. 몸에 안 맞게 투자하면 탈이 날 수밖에요. 강남이든 강북이든 되는 덴 됩니다. 자신을 먼저 다스리고 나서 시장을 보면 맘이 편해요. 단, 지금보단 두세 수를 더 보려고 노력하세요. 아무리 불황이고 거품이 꺼져도 부동산으로 돈 버는 사람은 늘 있어요. 기회는 많으니 상식을 지키되 무리하진 마세요. 마음먹고 찾아보면 묻어둬서 돈 될 만한 부동산도 없는 게 아니죠."

강남권, 절대수요 검증된 차별화의 최대 수혜지

가격이 많이 뛰었으니 상승세가 멈추거나 떨어질 것이란 생각은 판단 착오다. 현재 가격은 큰 의미가 없기 때문이다. 금융위기 이후 다소 떨어지긴 했어도 강남을 둘러싼 선입견이나 상대적 박탈감이 여전히 큰 건 사실이다. 그렇다고 당위론이나 감정론을 내세워 무조건 가격이 떨어질 것으로 판단해선 곤란하다. 이는 시장경제적인 접근이 아니기 때문이다.

중요한 건 가격이 아니라 가치다. 가격보다 가치가 크면 가격은 그 갭을 메우기 위해 오르는 게 당연하다. 부동산 가치는 크게 내재가치를 비롯해 희소성·미래(성장)성·안정성 등으로 나뉜다.

가치는 흔히 수요로 연결된다. 좋은 것을 사려는 인간의 욕구 본능이 수요를 낳는다. '한국의 피터 드러커'로 유명한 윤석철 교수는 《프린시피아 매네지멘타》에서 생존 부등식을 '제품가치 〉 가격 〉 코스트'로 정의했다. 소비자가 느끼는 가치가 반드시 지급한 가격보다 커야 하고, 또 가격은 비용보다 높아야 기업이 살 수 있다는 뜻이다.

강남 부동산도 마찬가지다. 거듭 강조하건대 강남은 초과수요 상태다. 진입하려는 대기수요자는 여전히 많은데 물건이 절대적으로 적다. 경쟁이 치열할 수밖에 없다. 가격이 뛰는 건 당연지사다. 강남 불패 신화를 주장하는 가장 큰 근거가 '가치 〉 가격' 논리다.

관건은 미래 전망이다. 앞으로는 어떨까. 상당 기간 강남권의 독주는 불가피하다는 게 중론이다. 금융위기라는 외생변수가 직전의 가격 급등과 맞물려 하락폭을 키운 건 사실이지만 기본적인 상승세는 이어질 확률이 높다. 교통·교육·환경·편의시설 등 돈 되는 부동산의 공통분모를 다 갖춘데다 강남에 필적할 경쟁 물건이 출현할 가능성도 비교적 낮기 때문이다. 되레 어정쩡한 경쟁자의 도전이 강남의 승률만 높여줄 수 있다.

무엇보다 땅이 부족하다는 게 강남의 희소성을 부각시킨다. 재건축이 아니면 신규 공급을 기대하기 어려운데 이것이야말로 집값을 올리는 큰 이유다. 국민소득 증가에 따른 주거가치의 상향이동 움직임도 강남 흥행의 근거다. 중산층의 경우 기회와 조건만 되면 강남에 진입하고 싶은 게 사실이다. 정부의 투기억제 정책에 따라 재건축을 비롯한 강남권 주택시장이 침체되기는 했지만 상황 변화에 따라 언제든 원상 복귀될 수 있다는 건 정책의 기본 속성상 당연한 판단이다.

그만큼 강남 수요는 꽤 구체적이고 현실적이다. 교육환경 등 명확한 진입 사유가 있어 가격도 우선 고려대상이 아니다. 또 살아본 사람은 웬만하면 떠나고 싶지 않은 게 강남이다. 아파트만 최고가 아니다. 회사들도 강남을 선호한다. 테헤란로의 번성은 필연이다. 임대료는 둘째 치고 정보 교류와 인프라 구축이 강북보다 낫기 때문이다. 대기업 본사가 강남으로 옮겨가는 데는 이유가 있다.

《2008 부동산 대예측》(황창서 지음)에서는 강남지역이 개발도시의 전형인 격자형 가로망 구조를 갖췄다는 데 주목한다. 반듯한 땅 모양이 이용가치를 높인다고 봐서다. 강남의 인기 비결은 도시구조에 따른 사무실과 다양한 상업시설 입지 때문이며, 대규모 오피스타운과 상업·문화 시설의 적절한 입지가 부자와 사회 엘리트를 유인한다는 분석이다. 판교·문정 등도 강남의 베드타운으로 전락할 것으로 전망된다. 강남 수요를 분산시킬 수는 있지만 결론적으로 강남권을 확대해 핵심 강남의 가치를 더 키워줄 수 있다는 얘기다.

강남시대 이후 한강라인과 수도권 남부라인 부각

만고불변의 1위는 없다. 견제와 압박을 견딘다 해도 몇십 년의 장기 독점은 여간 어려운 게 아니다. 강남의 흥행행진도 마찬가지다. 탐욕과 공포가 순식간에 장세를 휘어잡듯 강남의 인기몰이도 언젠가 마침표를 찍을 수밖에 없다. 게다가 지금의 30대가 넘볼 대상도 아니다. '그들만의 리그'로 두고 풍향계 정도로 관찰하는 것으로 충분하다.

노후 대비를 염두에 둔 30대의 장기투자자라면 '강남 이후'를 노리는 게 합리적이다. 어차피 강남은 현재 기준으로 봤을 때 내렸다 해도 여전히 가격장벽이 높다. 어지간한 강심장이 아니고선 레버리지 효과를 누리기도 어렵다. 강남만큼 확실한 투자처가 없다 해도 투자자가 감당할 수 있는 선택의 범주 밖에 있다면 대안을 모색하는 게 낫다. 증권가에도 대장주가 부담스러울 땐 2등주를 공략하는 게 정설이다.

그렇다면 제2의 강남은 어딜까. 강남시대 이후를 지배할 새로운 차기주자는 무엇일까. 강남을 뺀 선두그룹은 현재 춘추전국시대처럼 치열한 대권전쟁을 치르는 중이다. 후보군은 수두룩하다. 강남과의 접근성을 무기로 내세운 용산·목동·마포·여의도 등 강북의 한강라인부터 분당·판교·용인·평촌 등 강남권의 확대 라인까지 수없이 많다.

수요 분산을 목적으로 한 제2의 강남 후보지를 발굴하려는 노력도 후보군을 양산한다. 뉴타운, 신도시, 택지개발지구 등의 이름으로 개발되는 곳이야말로 정부가 보증하는 제2의 강남 후보지다. 이미 뜨거워진 강남에 무리하게 손댔다 상처입지 말고 앞으로 뜰 제2의 강남에 먼저 들어가 기다리는 전략이 필요한 상황이다.

용산·목동 등 도심권에 자리 잡은 제2의 강남 후보지는 입지로는 강북에 속하지만 내재가치는 강남에 가깝다. 교통·교육·환경·편의시설 등이 강남과 비슷하거나 약간 부족하지만 강남권을 대체할 수 있는 기본기를 갖춘 게 장점이다.

실제로 이들 지역은 강남권과 시차를 두고 가격의 동조화 현상을 보이고 있는 동네들이다. 앞으로 내재가치도 계속 올라갈 확률이 높다. 강남이 발이 묶인 사이 넓고 빠른 보폭으로 투자가치를 업그레이드할 수 있어서다. 정부도 강남과 강북의 균형 발전을 위해 다양한 개발 전략을 수립 중이다. 그렇게 되면 강남 수요를 끌어들일 수 있다.

대표주자는 목동이다. 법조인·금융인·교수 등 전문직 종사자가 많아 교육열이 높은 동네로 유명하다. 버블 논쟁이 일 당시 집값이 가장 많이 뛴 동네 중 한 곳이기도 하다. 중산층을 중심으로 한 중대형으로의 갈아타기 수요도 많다.

중장기라면 용산도 괜찮다. 한남뉴타운까지 끝나면 용산지역 투자가치는 한 단계 업그레이드될 전망이다. 도심은 물론 강남권 진입이 쉬운데다 한강 조망권 등이 탁월하다. 강북의 최고가 아파트가 밀집해 있고 역세권 재개발 등 주거환경 개선 요인이 많다는 점도 미래의 투자 메리트로 꼽힌다. 금융위기 이후 우여곡절이 많지만 길게 봐 개발 압력이 높은 지역이다.

도심 확장성과 재개발은 장기투자에 제격

지도로 봤을 때 강남에 인접한 아랫동네는 알토란같은 입지를 자랑한다. 도시개발의 확장성 차원에서 가장 잠재력이 크기 때문이다. 1990년대 개발된 1기 신도시 중 일산과 분당을 예로 들어보자. 지금 일산 아파트 2채 팔아 분당 아파트 1채 사기도 어려울 만큼 가격 격차가 벌어졌다. 요약하면 확장성 때문이다. 분당은 인근으로 뻗어나갈 입지요건이 일산보다 월등하다. 일산의 확장은 파주가 사실상 끝이다.

그 반면 분당은 옆으론 판교와 밑으론 용인·화성 등과 이어진다. 해리 덴트는 "주변 지역의 발전 모습을 예측하려면 현재 교외 반경보다 60%를 확장시킨 원을 그려보라"며 "최고의 교외지역은 최고의 준교외지역과 연결되는 경향이 강해 발전의 불균형은 더 심화될 수밖에 없다"고 강조했다. 도심 확장성의 힌트다.

분당·판교·용인·평촌 등 수도권 남부지역은 광범위하다. 위로는 분당·판교에서 아래로는 수원을 지나 화성까지 커버한다. 판교 붐 이후 꽤 쏠쏠한 후광효과를 보기도 했다. 여전히 개발이 진행 중이어서 앞으로 추가 상승 여지가 충분하다.

선두주자는 역시 판교·분당이다. 고평가 논란에도 판교의 내재가치는 인근 지역을 압도한다. 분당도 빠지지 않는다. 분당의 최고 강점은 계획도시답게 주거환경이 쾌적하고 강남과의 접근성이 좋다는 점이다. 판교를 비롯한 용인지역 개발과 어우러져 가격을 주도할 확률이 높다. 용인은 분당·판교와 비교해 투자가치가 다소 떨어지지만 그만큼 가격 경쟁력이 있다. 다만 난개발 우려와 교통 여건은 신중하게 살펴봐야 한다.

　재개발 프로젝트는 둘도 없는 투자 호기다. 재개발은 그 자체가 도심의 미니 신도시 조성을 뜻한다. 내재가치 검증은 기본인데다 도심이니 교통·편익시설 등을 고민할 필요가 없다. 강남 수요 이탈을 원하는 정부는 강북지역 재개발에 역점을 둘 것으로 전망된다. 난개발보단 기반시설을 적절히 확충한 계획적인 개발이 가능해진다. 특목고 설립으로 강남권 교육환경에 버금가는 여건을 만들겠다는 청사진까지 제시됐다. 소형 평형 확충 등 서울시의 정책 변화에 따라 재개발·재건축의 방향 선회가 이뤄진 건 사실이지만 무조건적인 난개발 저지 차원에선 오히려 호재가 될 여지도 있다.

　미래가치와 관련된 또 하나의 차별화 포인트는 '교통'이다. 부동산의 미래가치 중 절대지분은 '길'에 있다. 새로운 교통 노선에 따라 돈줄이 형성되기 때문이다. 도로와 전철이 뚫리느냐에 따라 개발 가능성도 달라지므로 시세는 천양지차다. 앞으로 길(사람의 발길)이 어디로 뚫리는지 체크하는 건 필수다. 상권은 교통시설의 변화에 따라 이동한다.

　같은 맥락에서 지하철 추가 라인을 주도면밀히 챙겨보면 미래의 투자 맥을 짚을 수 있다. 될 수 있으면 이미 형성된 역세권·상권보단 앞으로 사람을 끌어당길 잠재력이 있는 곳을 선택하는 게 좋다. 특히 환승 역세권이 유리하다. 수도권 복선화사업과 경전철, 지하철 연장 지역도 투자가치가 높다. 도로·철도 건설계획은 건교부나 해당 지자체 홈페이지에서 열람할 수 있다.

5장

30대 노후 대비 프로젝트 3
평생직업

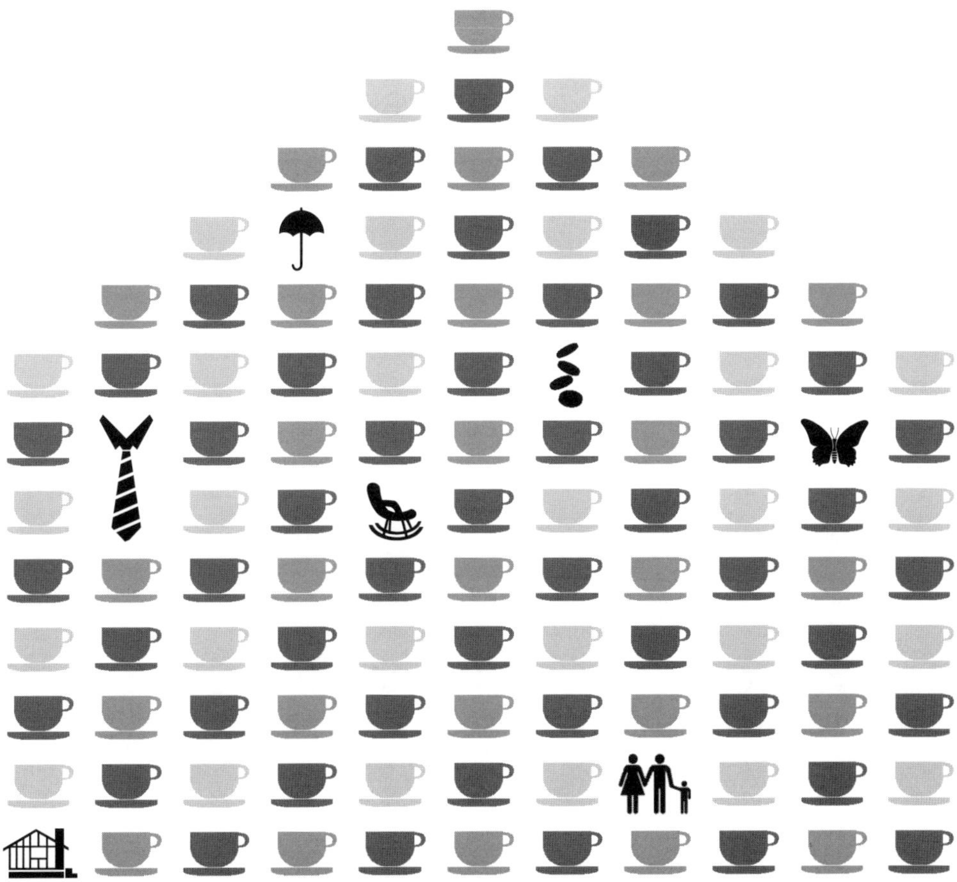

30대 최우선 노후 대책은 평생직업 찾기

'고슈(孤舟)'란 단어의 뜻을 아는가. 일본 작가 와타나베 준이치가 2010년 출간한 《고슈》라는 책 제목에서 따온 말이다. 고슈는 60세 정년퇴직 이후 제2의 인생살이를 힘겨워하는 남성을 비유한 말로, 한자의 뜻 그대로 외로운 배와 같은 신세를 뜻한다. 직장에선 밀려나고 가정에선 정 붙일 공간이 없는 중년 남성의 현실을 잘 반영한 이 책은 일본에서 10만 부 이상 팔려나가며 주목받기도 했다.

책의 스토리는 구구절절하다. 정년을 앞두고 은퇴한 주인공은 아침부터 할 일이라곤 고작 애완견 산책시키기뿐이지만, 옛 부하 앞에선 가슴을 최대한 펴고 강하게 보이려고 애쓴다. 이런 가장을 지켜봐야 하는 가족도 힘들긴 마찬가지다. 오죽하면 '남편재택스트레스증후군'이란 병명까지 나왔을까. 은퇴한 남편이 그동안 소홀했던 집안일에 일일이 간섭하자 아내가 스트레스를 받아 질병을 일으키는 것이다. 그 내용을 좀 더 살펴보자.

대형 광고회사 이사인 이이치로는 정년을 앞두고 자회사로 발령받자 끝내 퇴사한다. 그만둔 뒤엔 자신만의 시간을 즐기리라 생각했지만 회사 위주로만 살아온 탓에 변변한 취미조차 없다. 새로운 취미로 가족 서비스를 공부하는 등 두 번째 인생을 꿈꾸지만 정작 가족의 반응은 차갑기 그지없다. 남은 건 아무것도 할 게 없다는 악몽 같은 현실과 견디기 어려운 긴 하루를 보내는 것뿐이다. 지역모임에 가도 회사 임원 시절의 고압적인 태도 때문에 주변 사람과 어울리지 못한다. 그런 남편 때문에 힘들어하던 아내도 남편재택스트레스증후군에 걸려 딸과 함께 가출해버린다. 이이치로는 마침내 주변 사람들로부터 완벽히 고립된다. 곁에 남은 건 애완견뿐이다.

흔히 노후 대책의 최후 목표를 '경제적 자유'로 잡는다. 노후 대책 하면 곧 재테크를 떠올리는 것도 이런 맥락에서다. 맞는 말이다. 돈에서 자유로워야 인생 2막이 편해지는 건 당연한 얘기다.

하지만 명심할 게 있다. 노후 생활에서 돈은 전부일 수도 없거니와 돈이 모든 걸 완성해주지도 않는다는 점이다. 공자님 말씀 같지만 주변을 둘러보면 '돈≠행복'의 사례를 자주 만난다. 돈이 많아도 노후가 불행한 사람이 적지 않다. 경제적 넉넉함이 행복한 노후를 위한 필요조건은 될지언정 충분조건은 아니라는 얘기다.

그렇다면 행복한 노후를 채워줄 또 다른 조건은 뭘까. 결론부터 말하자면 '일'이다. 일이 계속될 때 노후의 행복을 보장할 수 있다. 부족한 노후자금을 벌충할 수 있거니와 몸을 움직이니 건강도 챙길뿐더러 그 과정에서 성취동기까지 느낄 수 있다. 무엇보다 은퇴 이후 직면하게 될 가족과의 낯선 관계로부터 가정의 평화를 지킬 수 있다.

에피소드 1. "이렇게 될 줄 누가 알았겠어?"

어느 교육장 풍경이다. 뒷자리부터 차기 시작한 소강당은 어느새 빈자리가 거의 없다. 20대 아가씨부터 60대 할아버지까지 공통점이라곤 전혀 없어 보이는 40여 명의 사람이 멋쩍은 듯 서로 시선을 피한다. 다들 고개를 숙인 채 서류 작성에 여념이 없다. 비디오 시청에 이어 강의가 시작됐고, 그 뒤로 1시간여가 쥐죽은 듯 지나갔다. 질문은 없었다. 사람들은 애써 무표정한 얼굴을 하고 교육장을 총총히 빠져나갔다.

이곳은 실업급여를 최초로 받는 사람들을 교육하는 장소다. 여기서 만난 20대 후반 여성의 얘기를 들어보자.

"첫 직장이었는데 회사가 부도나서 3년 만에 실업자 신세가 됐죠. 실업급여를 받게 될 줄은 꿈에도 몰랐어요. 오전에도 입사원서를 3군데나 넣었는데, 아마 안 될 것 같아요. 벌써 수십 번 겪은 일이거든요. 이젠 공무원시험이라도 준비해야겠어요."

다음은 60대 남성의 얘기다.

"이제나저제나 했는데 결국 잘렸지 뭐. 그나마 실업급여라도 준다니 다행이야. 젊었을 땐 잘나갔는데, 이렇게 될 줄 누가 알았겠어? 경비로라도 써주면 냅다 절을 할 판인데 그것도 나이 많다고 집에 가라네. 마누라는 아파서 누워 있지, 진짜 죽을 맛이야."

에피소드 2. "베이커리에 노후를 싣고…"

"그 왜 〈TV는 사랑을 싣고〉란 프로 있잖아. 난 내 인생 2막을 베이커리에 실은 셈이야. 왜 진작 안 했나 싶어. 일단 맘이 편해. 스트레스주는 사람도 없고 말이야. 내가 사장이니 언제 잘릴지 고민 안 해도 되지, 또 잘만 되면 죽는 날까지 할 수 있잖아. 물론 힘든 점도 있지. 아직은 노력 대비 소득을 생각하면 봉급쟁이 시절이 더 좋았던 것 같아. 휴일에 일하라고 강요하는 사람도 없고…. 그래도 결국 내 선택이 옳은 것 같아. 문제는 앞으론데 큰 걱정은 안 해."

T베이커리 사장 P씨는 이름만 대면 알 만한 중견기업 홍보부장 출신이다. 오랫동안 친하게 지낸 덕에 지금도 형, 동생처럼 만나는 사이다. 40대 후반으로 홍보 업무만 20년 가까이 한 우물을 팠다. 업무 처리가 깔끔해 직장에선 승승장구했다. 하지만 2002년 홀연히 사표를 던졌다. 그리고 몇 달 후 베이커리 사장 명함을 들고 나타났다.

"막막했지. 세 아이 학비 대기도 힘든 판에 홍보한다고 마신 술 탓에 건강까지 망가졌잖아. 그나마 월급 때문에 깡으로 버텼는데 더는 안 되겠더라고…. 목까지 찼지, 뭐. 그래서 내린 결론이 빵집이야. 와이프가 그전에 제빵학원 다닌 게 큰 도움이 됐어."

그는 지금 행복하다. 웃음도 되찾았다. 돈도 돈이지만 가족과 함께 하는 시간이 많아서 좋다. 그는 정년과 은퇴를 버린 대신 노후 대책과 함께 평생의 직업을 얻었다.

에피소드 3. "70세 때 뭐라도 시작할걸…"

"이렇게 오래 살 줄 알았으면 70세 때 뭐라도 시작할 걸 그랬어요. 이젠 후회만 되네요."

예전에 일본 NHK 방송의 인터뷰에서 100세 할머니가 했던 말이다. 겉으로 보기엔 80세 정도로밖에 보이지 않았다. 말투도 또박또박하고 행동거지에도 불편함이 없어 건강한 노후를 보내는 듯했다.

1990년대부터 일본은 저출산·고령화 이슈가 초미의 관심사로 부각됐다. 그 때문에 '행복한 노후'와 관련된 특집방송도 자주 방영된다. 잘 늙고 잘 죽는 방법을 소개하는 프로그램까지 있다. 국가도 늙음에 대한 연습을 돕는다. 연금·의료·개호(고령자와 장애인을 돌보는 것) 보험 등을 통해 고령화를 품에 안으려는 의지가 뚜렷해 보인다.

일을 해야 늙지 않는다는 말이 있다. 고령화 위기를 극복하려는 일본 정부의 또 다른 축은 '일자리 창출'이다. 은퇴 이후인 60~70대를 위한 일자리 프로젝트가 곳곳에서 진행 중이다. 돈은 적어도 오래 일할 수 있는 환경을 조성하기 위해서다.

또한 일본 정부는 2006년 4월부터 '고령자고용안정법'을 도입해 기업에 65세 정년연장, 정년퇴직 후 재고용, 정년제 폐지 중 하나를 의무적으로 선택하도록 강제했다. 올해부터는 사실상 강제 적용이다. 고령자(55세 이상) 취업만을 목적으로 '시니어워크센터'까지 두었다. 기업도 고령인구 취업 활동과 정년 연장에 적극적이다. 그 결과 일본의 고령자 노동인구는 대폭 늘어났다. 적어도 새로운 실질적인 정년 기준(65세)까지 일하는 사람은 거의 100%에 가깝다. 65세 이상 인구의 취업률도 높은 편이다.

일을 쉬면 건강·돈·친구·꿈도 잃어

괴테는 "노후를 산다는 건 건강과 돈, 일, 친구 그리고 꿈 5가지를 잃는 것"이라고 했다. 굳이 행복한 노후의 충분조건을 찾는다면 이 5

고령화와 일자리

고령화(수명 연장)는 다분히 이중적이다. 축복 또는 재앙일 수 있어서다. 안타깝게도 그 기준점은 '돈'이다. 돈이 많은 이들에겐 축복이지만 빈털터리 빈곤 세대에게겐 재앙에 가깝다. 특히 상대적 박탈감이 가득한 후속 세대에게 고령화는 엄청난 시한폭탄이다.

결국 노후 대책의 해법은 '경제적 자유'로 압축된다. 특히 살아갈 날이 많은 청장년층의 경우 대안 마련이 시급하다. 노후 소득원은 공적연금(국민)·사적연금(개인)·사적이전(자녀봉양)·자산소득·근로소득 등이 거론된다. 현실적으로 가장 유력한 대안은 정년 이후에도 꾸준한 일거리로 월급 루트를 확보하는 것이다.

정년 이후에도 근로소득이 필요한 이유는 절박하다. 무엇보다 고령화 심화로 인생 후반기가 그만큼 길어졌다는 점을 빼놓을 수 없다. 물론 금전적 여유가 있다면 고령화는 축복이겠지만, 실은 재앙으로 느끼는 이가 더 많은 정도로 빈곤 세대가 적지 않다. 여유가 있더라도 끝을 알 수 없는 소비생활만 지속되면 불안한 건 매한가지다. 언제 노인 질환이나 사고가 발생할지도 모르는데 아무리 돈을 쟁여둔들 불확실성은 사라지지 않는다. 정부 곳간도 바닥난 상태라 60세면 받던 공적연금은 이제 65세가 돼야 받을 수 있다. 50대 중반이면 퇴직인데 그나마 믿었던 공적연금은 65세부터 받는다니 퇴직 딜레마의 체감 정도는 심각할 수밖에 없다.

수명이 연장돼도 그것이 축복이라면 문제될 것이 없다. 하지만 대부분의 가계에 장수는 재앙에 가깝다. 노후를 즐길 여유는 둘째 치고 기초생활을 위한 필수불가결한 생활비조차 없는 경우가 많아서다. 따라서 정년 이후에도 꾸준한 근로소득이 필요하다. 게다가 근로소득이 더해질 때 3층의 연금 수혜도 비로소 빛을 볼 수 있다.

가지를 잃지 않는 것으로 요약할 수 있을 터다. 특히 중요한 건 일이다. 일을 통해 다른 넷을 얻을 수도 있기 때문이다.

사회적 관계에 익숙한 샐러리맨은 은퇴와 함께 인생의 방향이나 의미를 잃기 쉽다. 대인관계가 끊겨 우울증에 대인기피증까지 호소하는 사람도 있다. 실제로 준비 없는 은퇴는 괴테가 말한 5가지를 순식간에 잃어버릴 수 있는 중차대한 위기다. 이 위기를 기회로 만들 수 있는 솔루션이 바로 일이다.

인생 100세 시대가 코앞인데 직장생활은 잘 버텨야 60세면 끝이다. 퇴직하고도 30~40년을 더 살아야 한다. 결국 과거처럼 50~60세 수명을 기준으로 삼은 인생설계는 무의미하다.

인생 2막이든 3막이든 일을 통해 자신의 존재가치를 실현하는 게 중요하다. 일찍 평생직업을 찾지 못했다면 늦어도 40대부턴 전략적인 준비에 나서는 게 현명하다. 30대부터 준비하면 그 확률은 더욱 높아진다. 은퇴 후엔 모든 게 줄어든다. 용돈은 물론 친구도 줄고, 키까지 줄어든다. 다만 한 가지는 늘어난다. 시간이다. 시간을 해결할 유일한 해결책이 바로 평생직업이다.

환갑을 맞은 사람들을 위한 덕담도 변했다. "푹 쉬세요!"라고 하면 이젠 뺨 맞기 일쑤다. 진짜 덕담은 새로운 출발을 응원하는 "힘내세요!"다.

30대는 '일'의 복리를
실천할 마지막 기회

"제길, 때려치우든지 해야지. 못 살겠어. 어휴…."
"그렇다고 방법이 있냐. 목구멍이 포도청이지."
"계속해야 하나 싶은 게 하루 이틀 얘기야? 참는 수밖에."
"휴, 정말 미치겠어. 하루하루가 가시밭이야. 조만간 그만둘 거야."
"야, 답답한 소리 말고 술이나 드셔. 술맛 떨어져."

넥타이부대의 저녁 술자리라면 반드시 등장하는 단골 메뉴다. 시간이 길어지고 차수가 늘어질수록 한숨과 푸념은 일상다반사다. 이 주제는 사실상 마르지 않는 샘물이다. 언제 어디서든 두셋만 모이면 늘 '때려치우는 걸'로 대화는 마무리된다. '때려치우기'는 술자리의 장기 독점 아이템이다. 사람 품평과 함께 최고의 안줏거리다.

샐러리맨의 하루는 의외로 빨리 시작된다. 오전 9시 출근이니 7시에 일어나도 될 성싶지만 현실은 이를 용납하지 않는다. 늦어도 8시

30분엔 도착해야 평균치에 든다. 9시 땡 출근은 곧 그만둘 사람만 즐기는 자신감의 발로다. 이때부터 오후 6시까진 다람쥐 쳇바퀴처럼 움직인다. 깨지고 넘어지고 부서져도 다시 일어난다. 간과 쓸개는 집에 두고 출근했으니 그저 그러려니 하고 버틴다.

야근은 당연하다. 칼 퇴근은 들은 적도 본 적도 없다. 가뭄에 콩 나듯 일찍 퇴근하면 본인부터 가족까지 동시다발적인 부적응이 나타난다. 눈치 빠른 가족이면 가장의 실업 걱정으로 생각은 꼬리에 꼬리를 문다. 술자리는 샐러리맨의 거의 유일한 탈출구다. 돈 잃고 건강 잃으니 좋은 게 없다지만 상호 약자 차원에서 나누는 동질감은 그나마 버텨낼 힘의 근원이다. 대부분의 대화도 '짜증→스트레스→사표→공감→위로→파이팅'에서 벗어나지 않는다.

30대는 그 절정이다. 조직구조나 업무 경력 등을 봤을 때 허리 역할이기에 업무량도 부담도 많다. 사표 고민이 한숨 섞인 푸념으로만 끝나지 않는 이유다. 아직 뼛속까지 인이 박이지 않은 30대 샐러리맨의 상당수가 실제로 이직 또는 전직에 구체적이고 적극적이다. 한창 일할 허리 라인의 유출은 회사에서도 뜨거운 감자다. 해결책을 모색한다지만 복합적인 문제인 탓에 마땅한 방법이 없다. 일상에서 벗어나 여유가 생기는 휴가나 해외 출장만 다녀오면 짐 싸는 30대가 늘어나는 것도 같은 맥락이다. 쳇바퀴에서 벗어났기에 자아 고민이 비로소 가능해서다.

경제의 중심, 기업의 핵심, 가정의 기둥인 3040세대가 슬럼프에 빠졌다. 나날이 한숨 소리와 고민 수준이 높고 깊어진다. 이들의 하루 24시간은 슬프고 아픈 비극의 연속이다. 버텨내는 것도 한계가 있어

아슬아슬한 시한폭탄과 같다. 그런 와중에 돈 쓸 곳은 많아져 월급을 포기하기도 힘들다. 이들에게 40~50년 후의 곳간 문제를 논해봐야 미뤄질 수밖에 없다. 그만두기도 어렵거니와 사표를 던져도 곧 새로운 일자리로의 연결이 전제될 때야 가능하다.

30대는 삶의 전기를 마련하는 마지막 시간대

30대는 사회·직장 조직의 중추다. 행동반경이 확대되고 활동력은 가장 왕성해진다. 20대와 달리 업무에 익숙해지고 웬만하면 실수를 하지 않는다. 일을 둘러싼 자신감과 노하우도 쌓이기 시작한다. 그렇다고 체면과 지위를 내세우는 고리타분한 윗세대와는 다르다. 경제적으론 안정감을 쌓고 대인관계는 더 넓어진다.

이와 맞물려 직장·가정 등 인생의 주요 행사는 거의 30대에 집중돼 일어난다. 배우자를 만나 결혼하고 애들까지 태어난다. 내 집을 사기 시작하는 것도 이때부터다. 세월의 흐름을 깨닫는 나잇대 역시 30대다. 30대의 10년은 액면의 10년이 아니다. 일이 많은 까닭에 체감하는 시간의 속도가 훨씬 빠르다. 또 30대는 삶의 전기를 마련하는 마지막 세대다. 늦어도 40대 초반까진 많은 기회와 가능성이 열려 있다.

한편 30대부터 40대 초중반까진 위험하다. 눈에 안 보이는 스트레스와 고민이 켜켜이 쌓여 있다. 불안하기 짝이 없다. 맨발로 아슬아슬한 외줄에 올라탄 심정이다. 풀지 못한 화두를 짊어진 채 무거운 일상을 부둥켜안고 울부짖는다. 반복되는 일상에서 탈출하기를 끊임없이 갈구하지만 비상구가 없다. 또 있다 해도 너무 좁다. 지금 가고 있는 길이 맞는지도 헷갈리기 일쑤다. 10년, 20년 후에도 이 일을 계속해야 할지 생각만 하면 머리가 지끈거린다.

회사 안팎에선 '삼팔선', '사오정' 운운하며 목을 죄어온다. 동종업계로 옮기려는 움직임(이직)도 늘어난다. 전직을 둘러싼 열병도 심하게 앓는다. 직장을 그만두고 독립해야 하는 건 아닌지도 갈등이다. 취업이든 독립이든 열병은 적지 않은 몸서리를 동반한다.

30대 중후반이면 직장에서의 생존 여부 역시 슬슬 확인되기 시작한다. 승진할 확률이 낮으면 한층 막막해진다. 설상가상으로 하늘을 찌르던 20대의 열정도 나이 서른이면 잊혀간다. 잊고 지내던 나를 찾고자 끊임없이 스스로에게 묻지만 공허한 메아리에 그치고 만다.

그렇다고 회사를 박차고 나오기도 어렵다. 물론 30대야말로 전직·이직·독립의 마지막 타이밍이란 걸 잘 안다. 그럼에도 월급봉투는 마약이다. 버리기가 힘든데다 자칫 실패할까 두렵기 그지없다.

마약 같은 월급, 잃는 것 vs 얻는 것

하지만 30대는 버려야 한다. 버리지 않으면 그토록 불쌍히 여기던 선배들의 40대, 50대를 답습할 수밖에 없다. 버리는 만큼 얻는다. 버리는 양이 많으면 얻는 양도 많다. 전후 일본이 단기간에 고속성장을 할 수 있었던 건 전쟁으로 모든 게 폐허가 됐기 때문이다. 제2차 세계대전의 패전국인 일본, 독일, 이탈리아 등이 높은 경쟁력을 갖춘 건 첫 출발에 아무것도 없었기 때문이다. 방향이 다른데 걸어온 길이 아깝다고 되돌아가지 않으면 목표물에 영영 닿지 못한다. 방향을 틀려면 30대, 아니 늦어도 40대 초엔 결심과 실행을 해야 한다.

레스터 서로는 《지식의 지배》에서 4050세대가 푸대접을 받는 이유로 '경험의 값어치'가 떨어졌기 때문이라고 분석했다. 경험의 값어치는 고졸자가 대졸자보다 더 떨어진다. 최고효율과 최대소득을 거둔 연령대가 과거 45~54세에서 이젠 35~44세로 당겨진 탓에 고령자의 푸대접은 당연한 결과라는 것이다.

실제로 젊은 지식노동자의 급증이 이들의 몸값 상승과 함께 고령자의 대량감원을 낳았다. IT 기술이 발전하면서 경험의 값어치는 나날이 연령대를 떨어뜨리고 있다. 젊은 30대라고 안주해선 곤란하다. 핵심 인재가 되려면 다양한 부가가치 업그레이드 전략을 펼쳐야 한다.

무엇보다 경쟁력을 높여야 한다. 샐러리맨이라면 몸값을 키우는 게 핵심이다. 그래야 전직이든 창업이든 나중을 기약할 수 있다. 봉급쟁이 때 일 잘하던 사람이 독립해서도 성공하는 법이다. 떠나든 남든 경쟁력이 최우선 잣대가 돼야 한다.

조직 멤버는 3개 그룹으로 나뉜다. 높은 성과를 내는 상위 그룹 20%와 성과가 없는 하위 그룹 20%, 나머지 60%가 평범한 중간 그룹이다. 바로 2:6:2의 법칙이다. 개미 집단에서도 이 법칙이 적용돼 100마리가 있다면 그중 20마리는 리더이고, 60마리는 어정쩡한 중간, 20마리는 낙오병이다. 창조성과 도전정신, 열정으로 무장한 상위 20%라면 기회는 저절로 생긴다. 될성부를 떡잎을 찍어서 올리는 '작살형 채용'의 1순위 후보다. 자기 일을 하겠다고 독립해도 성공은 떼놓은 당상이다. 인생의 리더로 살고 싶으면 상위 20%에 드는 게 필수다.

2:6:2 법칙과 이승엽의 벗겨진 손바닥

경쟁력의 열쇠는 전문성이다. 은퇴 걱정 없이 평생토록 일하자면 전문성을 키우는 게 중요하다. 혼돈의 30대는 핵심 역량을 쌓을 수 있는 절호의 기회다. 승부를 걸겠다는 강렬한 욕망을 갖고 능력을 전문가 수준으로 끌어올리는 일은 30대에만 할 수 있는 일이면서 30대에 꼭 해야 할 일이다.

그러자면 쓸데없는 것과는 이별해야 한다. 20대 때나 용인되는 어리광과 환상, 의존 성향을 버리는 게 급선무다. 미뤄선 곤란하다. 바쁘고 힘들다는 건 핑계다. 주변과의 비교에 민감할 필요도 없다. 남의 시선을 의식해 굳이 초라함을 끄집어내느니 그 시간에 전문성을 쌓는 게 낫다. 그 편이 작지만 훨씬 의미 있는 길이다.

야구선수 이승엽은 자신을 이겼다. 팬들이 그에게 열광하는 건 홈런왕 타이틀보다 수많은 좌절을 딛고 일어선 겸손한 미소 때문이다. 그는 일본 진출 첫해 2군으로 떨어지는 치욕을 겪었다. 2003년 기록한 56개의 아시아 최다 홈런도 퇴색됐다. 하지만 그는 위기를 기회로 만들었다. 하루 1,000번의 스윙을 하며 새벽까지 강도 높은 훈련을 반복했다. 손바닥은 벗겨졌고 눈물은 말라비틀어졌다. 결국 그는 자신을 넘어섰다. 언제 어디서든 홈런을 때려내는 전문선수로 변신했다. 이것이 비교적 고령에 한국으로 돌아와 존경받는 현역으로 일을 연장시킬 수 있었던 배경이다.

30대를 잘 보내야 매력적인 중년으로 변신할 수 있다. 30대는 중심을 찾아가는 중요한 연령대다. 30대야말로 인생의 본 게임이 막 시작되는 시기다. 늦지 않았느냐고 고민할 필요도, 이유도 없다. 30대 중반이면 늦지 않다. 일이란 그때 시작해도 30~40년을 계속해야 한다. 40대라 해도 최소 20~30년 이상 함께해야 할 동반자다. 남을까 뜰까 그것이 문제겠지만 더 중요한 건 무엇을 어떻게 하며 긴 인생을 살아갈 것인가에 대한 진지한 고민과 실천이다.

술자리에서 공유하는 허무한 고민은 한때로 족하다. 갈 길이 먼 30대라면 더더욱 그렇다. 남든 옮기든 새로 열든 중요한 것은 본인의 몸값, 즉 경쟁력이다. 이것만 갖춘다면 언제 어디서든 1인분 이상의 역할을 맡고 실행할 수 있다. 경쟁력만 있다면 노후 준비는 단언컨대 불필요하다. 대접받으며 오랫동안 근로소득을 확보해놓은 마당에 굳이 추가적인 금전 축적에 나설 까닭이 없다.

30대라면 자신이 늙어 죽을 때까지 할 수 있는 '일'을 찾는 게 전부다. 그 '일'을 찾아야 경쟁력도 갖출 수 있다. 필요하면 그 '일'을 찾을 때까지 방황하는 것도 좋다. 30대의 특권이자 마지막 기회다. 좀 돌아가도 길게 보면 남는 장사란 건 선배 세대를 보면 여실히 드러난다. 복리는 금융에만 적용되지 않는다. 사람의 인생살이 전부가 복리다. 불확실하고 단편적인 단리(평생직장)보다 지속 가능하고 알찬 복리(평생직업)가 필요한 이유다.

자신 없다면 회사 문턱에 절하고 비껴라

"진작 맘 편하게 살걸 그랬어."

어느 날 선배한테서 느닷없이 전화가 왔다. 5~6년 전 조그맣게 사업을 시작해 듣기로는 큰 어려움 없이 회사를 운영하던 선배였다. 한때 직원만 10여 명을 부릴 만큼 그의 사업은 부러움의 대상이었다.

선배는 마침 근처라면서 점심을 함께 먹자며 사무실로 찾아왔다. 그런데 선배가 타고 온 차는 예전에 한 번 얻어 탄 적 있던 고급 세단이 아니었다. 잘 아는 사람의 차를 중고로 물려받았단다. 식당으로 향하며 이런저런 얘기를 나누다 선배는 "취직했다"며 문득 근황을 털어놓았다. 벌써 샐러리맨 생활을 1년 넘게 하고 있으며 오늘도 거래처에 나왔다가 생각이 나 전화했다는 것이다.

남들은 독립하지 못해 난리인 판에 왜 다시 샐러리맨 생활로 돌아갔을까. 선배가 속내를 얘기하기 시작했다.

"왜 고민을 안 했겠어. 근데 방법이 없더라고. 사업이란 게 보기보다 힘들어. 별의별 고생도 엄청나게 했어. 결국 앞으로 벌고 뒤로 깨져. 어차피 자본력이 달리는 구멍가게 아이템이란 게 다 그래. 사람 부리는 것도 장난이 아냐. 직원들은 통장에 들어오는 연봉만 생각하지만 사장 입장은 달라. 적어도 연봉의 2~3배를 비용으로 봐야 해. 그런데도 직원들은 연봉만큼만 일하려고 하거든. 마인드가 다르니 답답할 수밖에. 월급날만 다가오면 며칠 전부터 잠이 안 와. 어떻게 돈을 빌릴까 머리가 지끈거려. 집 잡혀 빌린 돈으로 월급 대는 것도 하루 이틀이지. 내가 무슨 영광을 누리려고 이러나 싶더라고."

고달픈 사장보다는 맘 편한 샐러리맨이 'OK'

반주로 곁들인 소주가 벌써 2병째지만 선배의 표정은 밝았다.

"요즘 고민은 씀씀이를 줄이는 거야. 사업할 때 멋모르고 접대하던 버릇이 남아 지금도 지출이 만만찮네. 생각해봐. 월 2,000(만 원)을 접대비용으로 써봤으니 오죽하겠어. 그중 60~70%는 사실 안 해도 될 접대였지만 말이야. 나도 놀면서 시간이나 죽이려고 썼거든."

그래도 한때 사장으로 불렸는데 미련 같은 건 없을까. 선배의 대답은 단호하다.

"마음만큼은 아주 편해. 샐러리맨은 주어진 일만 하면 되잖아. 신경 쓸 것도 적고. 속된 말로 놀고먹어도 월급은 들어오니 정말 좋아. 정년까지 버티면 이리저리 내 몸값이 한 20억 원은 될 것 같아. 집에서도 오히려 좋아해. 공기업이니 잘릴 염려 없지, 어딜 가도 대접해주지. 이름만 대면 알 만한 회사 다니니 애들도 기 안 죽고 말이야. 절대

함부로 독립하면 안 돼. 독립하는 순간 가시밭길이야."

선배가 사업을 접은 건 다른 이유도 있다. 20년 후면 시작될 노후 생활을 생각해도 재취업이 사업보다 낫다고 판단했기 때문이다.

"너도 알잖아. 정년으로 은퇴한 분들 봐봐. 마땅히 가진 것도 없으면서 자존심만 세니 누가 대접해주겠느냐고. 그러면서 누가 점심 안 사주나 기대나 하고 말이야. 피곤한 인생이지. 나이 들면 돈만 갖고 살 수 없어. 사람을 재산으로 둬야 해. 그러려면 일이 필요하고. 가능하면 좋은 사람 많이 만날 기회를 잡아야 해. 특히 봉급쟁이 때 그런 기회를 많이 만드는 게 좋지. 일로 끝나는 사람이 아니라 일을 넘어 계속 사귈 사람 말이야. 사업이야 그다음에 해도 늦지 않아."

직장인 몸값함수, '자기 능력 40%, 회사 브랜드 60%'

사표가 흔해졌다. 메뚜기처럼 철마다 회사를 옮기는 사람이 드물지 않다. 잘 아는 대기업 부장은 "주말만 쉬고 나면 누가 또 사표를 던질까 걱정스럽다"고 한다. 그만큼 샐러리맨에게 사표는 이제 일상적이다. 통계청 조사(2006년)에 따르면 15~29세 샐러리맨의 69%가 채 2년도 안 돼 첫 직장에 사표를 내는 것으로 나타났다. 3년 넘게 첫 직장에서 월급을 받은 사람은 18%에 머물렀다. 연령이 낮을수록 자발적인 사직이 많다는 얘기다. 이유도 많다. 연봉 불만과 직장 동료와의 트러블부터 비전 부재, 자아실현에 이르기까지 일일이 셀 수도 없다.

2010년 통계도 크게 다르지 않다. 15~29세 경제활동인구(425만 명) 중 무려 292만 명이 직장을 옮긴 경험이 있다. 첫 직장에서 근속한 기간은 평균 1년 7개월에 불과했다. 2006년 조사 때와 거의 유사한 결과다. 금융위기 이후 청년실업을 비롯해 취업이 힘들었다는 점을 감안하면 사실상 청년취업자의 이직 성향은 더 커진 것으로 해석된다. 이직 이유는 근로 여건 불만족(42.5%)이 가장 많고 개인·가족 문제(16.9%), 비전 문제(10.2%), 적성 불일치(7.5%) 등이 뒤를 이었다.

그럼에도 샐러리맨 생활의 마침표는 아무리 신중해도 지나침이 없다. 직장이 제공하는 여러 메리트를 절대 잊어선 안 되기 때문이다. 순간적인 감정에 욱해 사표를 던져봐야 피해는 고스란히 본인 몫이다. 이름 앞에 붙는 직장이란 수식어가 지워지는 순간 망망대해에 홀로 던져진 신세가 된다. 직장의 보호막이란 그만큼 높고 두껍다.

대기업 샐러리맨의 경우 개인 능력으로 통용되는 몸값이 40%라면 기업의 브랜드 후광 덕분에 경쟁력을 갖추는 몸값이 60%라는 통계도 있다. 자기 능력이 아닌 회사 간판 때문에 플러스 대접을 받는 게 현실이다. 사표를 던지고 나서 후회해봐야 늦다.

논란이 많긴 하지만 어떤 점에서 회사는 온정적이다. 고용 안정을 위해 버려도 될 사람까지 '기꺼이' 정년까지 함께 데려가는 경우도 적지 않아서다. 시장주의적인 판단이라면 '2:6:2의 법칙'처럼 하위 20%는 자르는 게 경제적이다. 하지만 이윤 추구가 존재 이유인 사기업조차 그렇지 않은 경우가 왕왕 있다. 능력이 없는데다 의지까지 없어도 상관없다. 오너가 아닌 바에야 어떤 경영자도 자기 손에 피를 묻히고 싶어 하지 않기 때문이다.

본인이 스스로 생각해 독립 후 경쟁력이 충분하지 않다면 회사를 버려선 안 된다. 어정쩡한 스펙이라면 잘릴 때까지 손바닥을 비비며 생존하는 게 낫다. 본인만의 몸값이 시장에서 통용될 정도의 가치가 없다면 숙이고 참으며 절차탁마하는 게 우선이다.

사표를 품에 넣고 막상 꺼내지 못하는 경우가 많다. "한 번만 더 걸면 집어던질 거야"라고 다짐해보지만 품 안의 사표는 좀체 햇빛 구경하기 힘들다. 다른 직장을 구하기 어려울뿐더러 가만히 생각하면 또 이만한 회사도 없어서다. 게다가 익숙함까지 발목을 잡는다. 대기업일수록 사표 쓰기가 힘든 건 이런 이유에서다.

그래도 절이 싫으면 중이 떠날 수밖에 없다. 단, 이때는 삼고초려에 준하는 신중함이 필요하다. 버려야 얻는다지만 버리는 데도 기술이 필요하다. 직장에서 제공받는 연봉과 안정감, 브랜드 등의 수혜보다 사표를 던진 이후 창출할 수 있는 부가가치가 더 커야 하는 건 기본이다. 물론 사표를 던져야 비로소 기회가 생긴다. 성공 확률이 절반이라도 젊다면 가능성에 베팅할 수도 있다.

하지만 그럴수록 중요한 건 철저한 준비다. 산고가 있어야 아기도 태어나는 법이다. 사표를 던진 뒤 후회하는 사람은 의외로 많다. 처음엔 해방감으로 살아갈 맛을 느낄 수 있지만 갈수록 초조감이 우울증으로 변한다. 왜 좀 더 참지 못했을까 후회해봐야 떠나버린 버스다. 대개의 경우 지금 직장보다 훨씬 나은 결정을 했다고 확신하는 경우는 그리 많지 않다.

모두가 박수를 보낼 때 떠나되 자신 없으면 절대 사표는 쓰는 게 아니다. 아니 사표를 쓰는 시늉도 해선 안 된다.

/
프로페셔널이 꿈꾸는
행복 노후의 경제학
/

"언제 술 한잔 하시죠?"

"아, 죄송해서 어떡하죠. 술보단 점심을 한번 합시다. 근처에 맛있는 데 많습니다. 술은 거의 안 하거든요. 특히 주중엔 술을 안 합니다."

'증권가의 꽃'으로 불리는 애널리스트는 유망 직종이다. 1990년대 중반 이후 '부르는 게 몸값'일 만큼 승승장구하는 직업 가운데 하나다. 기업분석과 투자전략 등을 통해 투자자에게 투자 방향을 제시하는 게 주된 임무다. 잘나가는 '베스트' 애널리스트는 평소 몸값만 억대를 웃돈다. 회사를 옮길 때 연봉 이상의 추가 보너스를 받는 경우가 비일비재하다. 똑같은 샐러리맨이지만 대접만 놓고 보면 여느 CEO 부럽지 않다. 취업준비생들이 기를 쓰고 애널리스트 명함을 손에 쥐려 노력하는 데는 다 그럴 만한 까닭이 있는 법이다.

하지만 이들의 현실은 대개 '표리부동'으로 겉과 속이 다르다. 겉으로야 증시를 쥐락펴락하는 고액 연봉자의 화려한 모습이지만 속엔 너나 할 것 없이 검게 타들어간 재를 한 움큼씩 갖고 있다. 치열한 경쟁에서 살아남기 위해 젖 먹던 힘까지 소진해야 하기 때문이다. 과로로 쓰러지는 경우가 다반사다.

세상에 공짜 점심은 없다. 이들의 자기관리는 타의 추종을 불허할 만큼 엄격하다. 별과 함께 출퇴근하지 않으면 언제 퇴출 통보서가 날아올지 모른다. 하물며 평일 술자리는 단명의 지름길이다. 당장 내일의 근무에 악영향을 주기 때문이다. 피할 수 없는 술자리라면 참을 인(忍)자 3개로 1차에 만족할 수밖에 없다. 특별한 날이 아니면 여의도 밤거리에서 애널리스트의 갈지(之)자를 보는 건 '하늘의 별 따기'다.

몸값을 높여라, 노력만큼 무서운 건 없다

앞서 나온 대화의 주인공은 김영익 한국창의투자자문 대표다. 그는 불과 몇 년 전까지 샐러리맨으로 증권사의 리서치센터를 책임지고 있었다. 언젠가 필자와 나눈 대화가 기억나 여기에 소개했다. 지금 생각해도 참으로 프로다운 답변이다. 그는 예전에 공교롭게도 《프로로 산다는 것》이란 책을 내기도 했다.

실제로 그의 삶은 배울 게 많다. 증권가에서 '입지전적'이란 단어를 쓸 수 있는 몇 안 되는 성공 스토리를 지닌 인물이다. 지금이야 잘나가는 샐러리맨을 넘어 자문사 대표직에 앉았지만 어린 시절은 지독히 가난했다. 그의 표현처럼 "꿈조차 맘대로 꿀 수 없는 산골 촌놈"에 불과했다. 돈이 없어 중학교도 다니지 못했다.

하지만 그에겐 희망과 의지가 있었다. 검정고시로 중고등학교 과정을 마쳤고 끝내 경제학박사가 됐다. 샐러리맨 시절 그의 출근시간은 새벽 6시였다. 어떤 일이 있어도 이 원칙을 지켰고 그 덕분에 자신만의 투자이론과 예측방법까지 만들어냈다. 노력만큼 무서운 게 없다는 걸 증명해낸 셈이다. 그의 얘기를 들어보자.

"머리는 기본만 있으면 돼요. 학벌은 더 말할 필요도 없죠. 하지만 부단한 노력 없이는 절대 성공할 수 없다는 게 내 철칙이에요. 남들과 똑같은 노력은 의미가 없습니다. 남들을 넘어선 노력, 내가 가진 모든 걸 투자할 수 있는 노력만이 성공의 유일한 열쇠입니다."

그의 목표는 '철학을 지닌 노익장 분석가'가 되는 것이다. 40대 애널리스트가 천연기념물인 증권가라지만 일단 그의 꿈은 이뤄진 셈이다. 신분만 바뀌었을 뿐 여전히 애널리스트이자 투자전략가로 한국 증시를 종횡무진 누비고 있기 때문이다.

프로로 산다는 건 노후 대책의 최고 경지

흔히 "가진 게 없어 노후 대비는 엄두도 못 낸다"고 한다. 틀린 말은 아니다. 눈앞의 호구지책만 생각해도 갑갑한 판에 나중을 대비하라니 이만한 어불성설도 없다. 하지만 넋 놓고 시간을 흘려보내기엔 인생이 너무 길어졌다. 다람쥐가 도토리 저장해두듯 겨울나기를 준비해야 한다. 겨울은 순식간에 찾아오는 법이다.

겨울을 대비하는 방법은 여러 가지가 있다. 물론 궁극적으론 돈을 벌어 '경제적 자유'에 이르는 게 최대 목표다. 이때 '경제적 자유'에 이르는 길은 다양하다. 처음부터 돈을 목적으로 저축과 투자의 선순환 고리를 만들 수도 있고, 아니면 더 많은 돈이 저절로 붙도록 자기 몸값(부가가치)을 높여 오랫동안 일하는 것도 방법이다.

어느 투자고수는 "푼돈으로 재테크를 하기보단 그 돈으로 자기계발을 한 뒤 자연스레 몸값을 높이는 게 가장 좋다"며 "특히 2030세대라면 무조건 돈을 불려보겠다고 나서기보단 자기 분야에서 명성을 쌓아올리는 게 우선"이라고 강조한다. 일에서 프로가 되는 게 먼저라는 것이다. '돈' 대신 '일'이라는 투자전문가의 답변은 좀 의외지만 지날수록 고개가 끄덕여지는 코멘트다.

새뮤얼 스마일스의 《자조론》에 "생각을 심으면 행동을 낳는다. 행동을 심으면 습관을 낳는다. 습관을 심으면 성격을 낳는다. 성격을 심으면 운명을 낳는다"라는 말이 있다. 결국 생각이 운명을 좌우한다는 논리다. 인생 2막 40~50년은 육체노동과 그 수입만으론 살 수가 없다. 육체를 움직여도 최소한에 머물러야 한다. 그래서 자산 운용이 필요한 것이다. 불로(不勞)에 가까운 금융소득이 가능해서다.

다만 이것만으로는 행복한 노후를 완성할 수 없다. 완성한다 해도 아주 먼 길을 걸어야 한다. 이럴 때 자신의 부가가치가 업그레이드돼 있다면, 다시 말해 프로 인생을 이뤄냈다면 근로소득과 자산소득에서 모두 '경제적 자유'에 이르는 시간을 대폭 줄일 수 있다. 시간에 비례해 경력과 숙련에 따른 가속도가 붙기 때문이다. 바로 복리효과다.

프로가 되면 장점이 많다. 수입이 늘어나는 건 물론 삶의 키를 본인이 쥘 수 있다. 샐러리맨이란 사실 기계에 가깝다. 본인 의지와 무관하게 움직일 수밖에 없다. 매달 마약처럼 주어지는 월급에 인생을 압류당한 채 사는 게 일반적이다. 자영업자라고 다르지 않다. 경쟁력 없는 자영업자라면 세파에 휘둘리는 게 당연하다.

하지만 프로로 변신하면 모든 게 바뀐다. 격(格) 자체가 달라진다. 당장 자율적인 삶의 주인공이 될 수 있다. 프로 샐러리맨에겐 선택의 가짓수가 많다. 직장에서 붙박이를 해도 승진 확률이 높고 이직·전직을 해도 그저 그런 남들과는 출발점부터 다르다. 궁극적으론 명성까지 얻을 수 있다. 직장이 아니라 직업의 파워를 실현한 까닭에서다.

다만 프로에 이르는 길이 쉽지만은 않다. 한때 "프로는 아름답다"는 CF 문구가 유행했던 적이 있다. 하지만 이 말은 틀렸다. 나중에 아름다울지는 몰라도 지금은 결코 아름답지 않다. 누구보다 고단한 삶을 살아야 하기 때문이다.

프로가 되는 방법은 뭘까. 해답은 전문가로 변신하는 데 있다. 지금은 지식사회다. 피터 드러커는 "미래 사회는 토지, 노동, 자본의 유형자산에 의존하기보다는 무형자산인 지식에 기반을 둔 사회로 나아갈 것"이라고 내다봤다. 이땐 각 분야의 전문가만이 생존할 수 있다.

미래 사회에선 오늘 전문가라도 내일의 전문가가 될 수 없다. 자기계발이야말로 습관처럼 옆에 두고 실천해야 할 과제라는 얘기다. 목표를 명확하게 설정해 자신의 품질을 향상시켜야 한다. 열심히 일만 한다고 프로가 될 수는 없다. 즐기고 잘하는 걸 찾아 매진해야 프로에 이를 수 있다.

그러려면 엄격한 자기관리가 필수다. '프로로 산다'는 건 노후 대책의 최고 경지에 오른 이들의 공통분모다. 30대라면 프로가 되기 위한 간절한 바람과 빠른 첫걸음이 중요하다. 행복한 노후는 이후 저절로 완성된다.

짐 싸는 30대가 명심해야 할 포인트

브루스 툴간의 《인재쟁탈전》에 따르면 샐러리맨의 입·퇴출 방식은 크게 3가지다. 첫째는 업 오어 아웃(Up or Out), 즉 '승진하거나 탈락하거나'다. 조직 내부의 승진에서 탈락하면 퇴사하는 일명 '승진 지상주의'를 말한다. 둘째는 그로 오어 고(Grow or Go), 즉 '성장하거나 떠나거나'다. 조직 내부에서 성장이 어려우면 이직을 고려하는 자기계발 중심적 사고방식이다. 셋째는 두 번째와 표현은 같지만 조직 내부의 성장 열매를 챙기면서 몸값을 올려 이직하는 것이다.

역시 샐러리맨의 지향점은 세 번째가 합리적이다. 회사라는 울타리 안에서 본인의 시장가치를 높인 뒤 점프하는 게 다소 이기적이긴 해도 효과적인 선택이다. 물론 가장 중요한 포인트는 평생 할 수 있는 일인가다. 경쟁사로 옮기든 전혀 다른 직장에 도전하든 그 일은 '평생 직업'이 돼야 한다. 평생직업의 확보야말로 둘도 없는 운용 전략이자 노후 대비 프로그램이다. 어정쩡한 이유로 퇴사해선 곤란하다. 짐을 싼다면 평생직장 여부가 최대 관건이 돼야 한다.

이직 케이스, "2년 안에 홍보대행사 사장 명함 팔 것"

그는 나이 서른다섯에 직장만 벌써 다섯 번을 옮겼다. 거의 1년 6개월에 한 번씩 명함을 새로 판 셈이다. 지금은 유명 홍보대행사의 팀장으로 일한다. 그와 알고 지낸 지는 6~7년 됐는데, 메뚜기처럼 직장을 옮겨 다니긴 해도 성격이 밝고 싹싹해 주변 평가가 썩 좋다. 어느 누구와도 금방 친해지는 뛰어난 친화력도 그의 장점이다.

그는 2년 안에 홍보대행사를 차려 독립할 예정이다. 그간의 이직도 모두 독립을 위한 수순이란 게 그의 설명이다. 20대 후반엔 2년간 기자생활도 해봤다. 기자생활과 홍보대행은 공통분모가 많단다. 차근차근 경험과 노하우를 쌓는다는 심정으로 일을 배우고 있다. 목표의식이 뚜렷하니 야근도 힘들지 않다. 오히려 기회를 주는 회사가 고맙다.

"기자든 홍보전문가든 다들 수명이 짧잖아요. 적성에 맞는 일을 골라 오래 하면 좋죠. 독립하면 적어도 20~30년은 할 텐데 이것저것 잘 배워서 나가야죠. 그래서 제대로 된 홍보대행 서비스를 할 겁니다. 결혼도 독립한 다음에 할 거예요. 배울 게 너무 많아 시간이 없어요. 직장에서 돈 벌면서 독립 준비까지 할 수 있으니 일석이조 아닌가요. 준비가 모두 끝나면 멋지게 도약할 겁니다."

전직 케이스, "한의원 열어 80세까지 일할 것"

K씨는 스스로 "운이 좋다"고 평가한다. 만나본 적은 없지만 지인의 소개로 전화했더니 자신은 그저 운이 좋았을 뿐이라며 겸손해한다.

그는 서울 소재 유명 한의대 3학년생이다. 10년간의 직장생활을 때려치우고 삼수 끝에 입학했다. 물론 쉽지 않은 선택이었다. 당장 먹고 살 게 걱정이었다. 불혹(40세)을 넘긴 그에겐 딸린 처자식만 셋이다. 자녀가 어려 교육비 부담은 아직 적지만 생활비에 허덕일 수밖에 없다. 부모형제와 의논해 상속으로 본인 몫을 일찍 받은데다 집까지 팔았지만 역시 돈이 골칫거리다. 아내도 취업전선에 뛰어들어야 했다. 그는 자신을 이해해주고 도와주는 아내가 고마울 따름이다.

그에겐 희망이 있다. 한의사 자격증을 따면 바로 한의원을 열 생각이다. 그 목표를 위해 온갖 반대를 무릅쓰고 안락한 삶을 버린 그였다. 고비가 없지 않았지만 지금까지 잘 버텨왔다.

"직장생활이란 게 사실 희망이 없잖아요. 나이 들고 직위가 높을수록 더 그렇죠. 돈 몇 푼 더 받고 옮겨봤자 고민이 없어지지도 않고요. 좀 돌아가도 길게 가고 싶어 방향을 틀었어요. 늙어 죽을 때까지 맘 편히 할 수 있을게 뭘까 고민하다 한의사를 선택했죠. 졸업하면 고향에 내려가 개업할 겁니다. 고생만 시킨 가족한테도 두고두고 최선을 다해야죠. 애들에게 자연과 흙의 소중함을 가르치고 또 등산을 좋아하는 아내랑 주말이면 약초도 뜨으러 다닐 거예요. 지금은 힘들지만 미래는 분명 행복할 겁니다. 내 선택에 후회는 없어요."

좋아하는 일에 매진하면 노후 대책은 저절로

샐러리맨 둘 중 하나는 이직 또는 전직을 원한다는 통계(스카우트)가 있다. 자신의 일에 만족을 느끼지 못하는 봉급쟁이가 그만큼 많다는 얘기다. 이는 사회 진출의 첫 단추를 잘못 끼운 경우가 비일비재하다는 반증이기도 하다.

하지만 이직과 전직은 신중해야 한다. 감정적인 이유와 순간적인 판단에 따른 사직은 득보다 실이 많을 수 있어서다. 스트레스를 피하려고 던진 충동적인 사표가 실직에 따르는 공포와 미래에 대한 불안감만 낳을 수도 있다.

짐을 잘 싸는 사람이 성공한다. 딴 회사로 옮기든, 방향을 새로 틀든 짐을 잘 싸야 이후에 닥칠 시행착오를 줄일 수 있다. 무엇보다 짐을 싸는 건 장기 스케줄에 따라야 한다. 장기 스케줄은 본인의 욕구에 충실해야 하는 건 물론이다. 더 편한 근무환경, 더 나은 보수 등 눈앞의 단기적인 메리트 때문에 짐을 싼다면 재고할 필요가 있다. 그래 봐야 나중에 또 짐을 싸야 할 수 있어서다. 그러다 본인의 고용가치가 떨어지는 어느 날 영원히 풀지 못할 짐을 쌀 수도 있다.

장기 스케줄은 명확히 해둘 필요가 있다. 뚜렷한 인생 목표가 있으면 변화의 두려움도 없앨 수 있다. 거듭 강조하건대 지향점은 '평생직업'이다. 이직과 전직은 평생직업의 큰 카테고리 안에서 결정해야 한다. 자신이 좋아하는 일을 찾아 끝까지 매진할 때 노후 대책은 저절로 마련된다. 자신의 일을 즐긴다면 샐러리맨 생활만으로도 노후 대책이 가능하다. 퇴직 후 얼마든지 관련 분야에서 새 출발을 할 수 있다. 전문성도 저절로 쌓인다. 이직하든 전직하든 짐 싸는 이유는 '죽을 때까지의 밥벌이'라는 출사표에 근거해야 한다.

풀을 뜯든, 짐승을 잡든 일자리의 핵심은 평생직업의 마련이다. 이게 바로 짐을 잘 싸는 30대의 기술, 즉 직(職)테크다.

화려한 창업을 완성하는 30대 독기의 힘

"왜 그랬어? 그냥 샐러리맨 생활하는 게 나을 텐데…."
"돈 많아? 도대체 얼마 갖고 시작하는데?"
"부럽네. 그래, 나이 마흔 전에 저질러야 실패해도 일어설 수 있지."
 출판사 편집담당자로 10년간 한우물만 판 김세진(37세) 씨가 느닷없이 사표를 냈다. 평소 누구보다 열심히 직장생활을 해온 그였기에 주변 사람들은 놀라움을 감추지 못했다. 그의 손에서 탄생한 베스트셀러도 한둘이 아니었다. 그의 거취는 회사 사람은 물론 업계에까지 관심 대상이었다.
 몇 달 뒤 그는 출판사 사장으로 업계에 데뷔했다. 그리고 독립 선언 두 달째 첫 작품을 선보였다. 나름대로 오랫동안 준비했다지만 1인 출판사였던 탓에 첫 책은 고전을 면치 못했다. 하지만 그의 얼굴은 그 어느 때보다 밝고 건강해 보였다. 그의 말엔 절망보단 희망이 많았다.
 물론 몸은 월급쟁이 때보다 훨씬 바쁘다. 주말까지 반납한 채 일에 매달린다. 그렇다고 매달 안정적인 수입이 들어오는 것도 아니다. 그럼에도 그는 성공을 확신한다.

"주변에선 기대 반 염려 반이에요. 그럴 수밖에요. 하지만 첫술에 배부를까요. 천천히 갈 겁니다. 꾸준히 하다 보면 뭔가 보이겠죠. 돈도 저절로 따라올 거고요. 스트레스야 왜 없겠습니까. 그래도 내가 컨트롤할 수 있는 스트레스니 괜찮아요. 인생 하루 이틀 살고 끝낼 것도 아닌데 왜 진작 시작하지 않았는지 그게 후회라면 후회네요. 사실 옛날부터 내 출판사를 꼭 해보고 싶었어요. 그걸 이뤘으니 한편으론 대견하기도 하네요. 난 행복한 축에 속하죠. 출판사가 안착하면 그거야말로 둘도 없는 노후 대책 아닙니까."

첫술에 배부를까, 천천히 오래갈 것

샐러리맨이라면 누구나 독립을 꿈꾼다. 한두 번쯤 '화려한 독립'을 상상해보지 않은 직장인은 아무도 없을 것이다. 평생직장이란 개념이 옅어지면서 독립에 대한 욕구는 더 높아졌다. 쓴맛 단맛 다 본 중고참 샐러리맨의 독립 의지가 특히 높다.

하지만 정작 '탈(脫)샐러리맨' 선언은 어렵다. 독립엔 그만큼 위험이 뒤따르기 때문이다. 하물며 독립 성공은 난제 중의 난제다. '낙타가 바늘허리 통과하는 확률'이란 말까지 들린다. 그래도 독립만큼 직장인의 고질적인 고민을 풀어줄 파워풀한 대안은 없다. '잘만 하면'이란 전제가 붙지만 도전해볼 만한 충분한 가치가 있기 때문이다.

어느 취업사이트(파워잡) 설문조사를 보면 직장인 10명 중 9명이 독립을 생각해본 적이 있다. 경제적 안정(30.3%)과 비전 차이(23.1%), 조직생활 한계(20.3%) 등이 주된 이유로 꼽힌다. 하지만 대부분의 독립은 상상에 머물고 만다. 그 가장 큰 이유는 현실과 이상의 괴리감, 즉 걱정과 두려움 때문이다.

실제로 독립은 성공 확률이 극히 낮다. 일례로 통계를 보면 새로 개업한 식당의 80%는 망한다. 나머지 20%는 현상 유지이고, 그중 단 5~7%만 돈을 버는 것으로 알려졌다. 그만큼 리스크가 크다는 뜻이다. 다른 업종도 사정은 크게 다르지 않다. 그럼에도 리스크가 두려워 독립을 포기할 수는 없다. 리스크는 준비에 반비례한다.

독립 후 성공하는 사람은 분명 따로 있다. 성공 DNA를 갖춘 사람들이다. 이들은 어디서 뭘 해도 성공한다. 회사에 남아도 CEO 자리를 움켜쥘 수 있고 독립해도 단기간에 회사를 최고로 키울 수 있다. 단순히 운이 좋다고 치부할 일이 아니다. 운이 좋을 수도 있지만 그것보단 그 운을 잡을 수 있는 능력과 타이밍이 더 중요하다.

그 반면 직장생활도 제대로 해내지 못하는 사람이 자기 사업으로 성공한다는 건 어불성설이다. 엄청난 수업료를 지급해야 하는 건 물론 사람 잃고 돈 잃는 밑질 수밖에 없는 장사가 태반이다. 창업해서 성공할 사람은 창업 이전에 이미 평판으로 확인된다.

실행력이야말로 최후의 성공 DNA

독립을 하자면 독기를 품어야 한다. 막연한 생각과 의욕만 갖고선 독립해봐야 끝이 뻔하다. 역시 솔루션은 철저한 준비다. 인생은 끝까지 달려야 할 마라톤이다. 독립도 마찬가지다. 시간을 갖고 실전에 준하는 예행연습을 반복할 필요가 있다.

그런 점에서 직장은 둘도 없는 기회의 장소다. 독립 후엔 예상치 못한 함정과 장해물이 곳곳에서 덤빈다. 과감한 도전정신만큼 정교한 경험과 노하우가 있어야 이를 극복할 수 있다. 이론과 실제는 다른 법이다. 확실한 비교우위를 갖췄을 때 독립해도 늦지 않다. 마음가짐 역시 CEO처럼 무장해야 한다. 사장으로 산다는 건 분명 다르다. 돌아올 수 없는 강을 건너는 심정으로 독립해도 성공할까 말까다. 정신무장은 기본이다.

그렇다고 차일피일 칼만 갈아선 안 된다. "언젠가 그만둬야지"라고 말하는 사람 치고 정말로 그만두는 사람은 없다. 너무 늦으면 위험도 커진다. 잃어도 회복이 불가능해진다. 같은 맥락에서 준비된 독립은 빠를수록 좋다. 떠나는 두려움은 철저한 준비로 커버할 수 있다.

잭 웰치는 《끝없는 도전과 용기》에서 리더십의 핵심을 4E로 정의했다. 몰입하는 열정(Energy)과 남에게 활력을 불어넣는 격려(Energize), Yes와 No의 의사결정을 분명히 전달하는 결단력(Edge), 마지막으로 실제 행동으로 옮기는 실행력(Execution)이다.

이 넷 중 제일 중요한 건 실행력이다. 정교한 계획보단 실천하는 실행력이야말로 독립투사들에게 필요한 최후의 성공 DNA다. 독립을 꿈꾼다면 준비와 실천을 아우르는 독기가 필수다. 그래야 30대 창업도 40~50년짜리 평생직업이 될 수 있다.

직업을 업그레이드시키는 10가지 기술

　부자가 되는 가장 빠른 길은 뭘까. 늘 갈구하지만 이 물음만큼 정답이 없는 경우도 드물다. 사람마다 답변이 각양각색이기 때문이다.
　《부자 아빠 가난한 아빠》의 저자 로버트 기요사키는 "돈을 벌려면 자기 사업에 나설 것"을 권한다. 확률적인 계산까지 곁들여 창업만큼 확실한 돈벌이가 없다고 덧붙인다. 한편 월가의 투자고수들은 주식투자를 꼽는다. 가치투자처럼 몇 가지 전제조건만 지킨다면 말이다.
　만약 최근까지 부동산 불패 신화를 경험한 한국의 수많은 부동산 부자에게 이 질문을 던지면 어떨까. 당연히 부동산이야말로 가장 정직한 투자대상이라고 입에 침이 마를 정도로 칭찬할 것이다. 그럼 종잣돈은커녕 노하우도 없고 투자할 용기까지 없는 평범한 샐러리맨들은 애초부터 부자의 꿈을 포기해야 하는 것일까.
　아니다. 오늘의 봉급쟁이가 내일의 부를 움켜쥘 '경우의 수'도 적지 않다. 차라리 샐러리맨이 부자가 될 확률이 어정쩡한 재테크 승률보다 더 높다. 게다가 안전하고 효과적이기까지 하다.

도대체 그 '경우의 수'란 뭘까. 바로 '몸값'이다.

증권사 영업직원인 K선배는 억대 연봉자다. 탁월한 영업실적을 내세워 몇 군데 증권사를 옮겨 다니는 동안 몸값이 천정부지로 치솟았다. 한 해 4억 원에 달하는 수입을 올린 적도 있다. 자산 규모를 밝히진 않지만 어림짐작하건대 20억~30억 원은 가뿐히 넘길 것이다.

K선배에게 최고의 재테크는 치밀한 몸값 관리다. 능력을 업그레이드시켜 장기간 안정적인 수입을 챙기는 게 적성에도 맞다. 그는 늘 "샐러리맨의 재테크는 경쟁력을 키워 몸값을 높이는 일부터 시작해야 한다"며 "투자는 그다음에 생각할 일"이라고 조언한다.

경쟁력으로 몸값이 오르면 자산 운용의 압박에서도 한층 자유롭다. 최대 고민거리인 노후자금 문제가 원천적으로 해결되기 때문이다. 지금부터 샐러리맨이 몸값을 올리는 구체적인 방법, 직테크를 알아보자.

샐러리맨 재테크는 몸값 높이기가 시작

직테크 1. 무엇보다 나 자신을 이겨라!

가장 강력한 적은 자신이다. 자신을 이겨야 뭐든 이길 수 있다. 무엇보다 자신의 능력과 한계를 명확히 아는 게 우선이다. 그래야 부족한 부분을 알고 또 보완할 수 있다. 복싱선수가 '몸'을 만들기 전에 '저울'에 올라가는 것도 자신을 알기 위해서다. 체중을 재야 얼마나 뺄지 찌울지 알 수 있는 법이다.

자신의 위치나 상황, 성향에 따라 직테크 전략은 달라진다. 이직·

전직·독립 등 직테크의 성공 열쇠는 자신이 쥐고 있다. 자신을 믿고 관리하며 포장해야 한다. 가치를 높이기 위한 자기계발은 필수다. 끊임없는 동기부여로 자신을 격려하고 자극해야 기회를 낚을 수 있다.

그다음은 인생의 마스트플랜을 세우는 일이다. 나침반이 없으면 헤맬 수밖에 없다. 10년, 20년 후의 모습을 상상하라. 마스터플랜을 통해 일관된 방향을 유지하면 반드시 '풍성한 노후'를 완성할 수 있다.

직테크 2. 벤치마킹할 멘토를 찾아라!

멘토는 후원자이자 지도(조련)자다. 성공한 사람들에겐 모두 멘토가 있다. 가족이든 직장 동료든 한두 명씩 멘토를 정해놓고 벤치마킹해온 덕분에 성공할 수 있었다. 따라서 벤치마킹할 인물을 선정하고 가르침을 받을 필요가 있다.

용장 밑에 약졸은 없다. 높은 성과를 내는 인물을 모델로 삼아 사고방식이나 노하우, 리더십 등을 배우자. 멘토와의 만남은 일상적일수록 좋다. 자주 만나야 학습효과와 동기부여도 높아진다. 그렇다고 꼭 주변에서 찾을 필요는 없다. 역사적인 인물도 상관없고, 상대방이 멘토임을 몰라도 무관하다. 동기부여와 자극만 받을 수 있다면 누구든 멘토로 삼을 수 있다.

직테크 3. 길거리의 1만 원짜리는 줍지 마라!

눈앞에 100원짜리 동전이 떨어져 있으면 줍지 않는 사람이 꽤 많다. 하지만 그게 1만 원짜리 지폐라면 얘기는 달라진다.

예전에 일본에서 1엔짜리(약 8원) 동전을 줍는 행위가 가져올 경제적

효과를 알아보는 실험을 했다. 그러자 줍지 않는 게 칼로리 측면에서 낫다는 결과가 나왔다. 동전 쪽으로 다가간 뒤 그것을 주워 주머니에 넣는 데 소모되는 칼로리가 1엔의 가치보다 더 컸기 때문이다. 칼로리 측면이 아니더라도 눈앞의 돈은 줍지 않는 게 낫다. 1만 원짜리 지폐라도 마찬가지다. 돈을 줍기 위해 엎드린 동안 다른 중요한 걸 못 보는 실수를 저지를 수 있기 때문이다.

단기간에 많은 걸 이루려 해선 곤란하다. 일확천금보다 평생토록 해도 좋아할 수 있는 일을 선택해야 한다. 돈을 좇지 말고 자신을 좇으란 얘기다. 평생직업은 투기가 아닌 투자다. 긴 호흡을 갖고 평생직업에 한발 한발 다가서야 한다.

직테크 4. 네트워크를 효과적으로 구축하라!

살다 보면 사람만큼 파워풀한 무기가 없다는 걸 깨닫는다. 실제로 능력보다 인맥이 결정적인 역할을 하는 경우가 비일비재하다. 훌륭한 인적 네트워크를 보유한 사람은 이미 성공한 것과 마찬가지다.

많은 정보와 기회가 사람한테서 나온다. 인맥관리는 최우선 과제다. 지금 굳이 필요하지 않아도 네트워크엔 늘 기름칠을 해둬야 한다. 만나는 사람이 모두 경쟁력의 원천이 될 수 있기 때문이다. 되도록 많은 모임에 참석해 '꽃보다 아름다운 사람'을 일찌감치 챙겨두자.

특히 해당 분야의 전문가라면 더 공을 들여 관리하는 게 좋다. 이들의 말 한마디야말로 성공 확률을 한층 높여주기 때문이다. 물론 네트워크의 기본은 가족이다. 가화만사성을 잊지 말자.

직테크 5. 블루오션의 뉴 비즈니스에 도전하라!

피터 드러커는 20세기에 일어난 사건들 가운데 가장 영향력이 큰 것으로 '인구혁명'을 꼽았다. 인간의 삶의 모습을 근본적으로 변화시킨 핵심 요인이라고 봐서다. 그에 따르면 인구혁명은 양적으로는 평균수명을 늘렸고 질적으로는 지식근로자를 낳았다.

평생의 밥벌이를 원한다면 미래지향적인 블루오션에 도전하는 게 이롭다. 때 묻지 않은 진공상태에 있는 시장이라면 그만큼 열매가 달다. 그러려면 미래 키워드를 읽는 신사고와 신지식이 필요하다.

그렇다고 너무 앞서도 곤란하다. 시장은 '불행한 천재'를 받아주지 않는다. 방향 전환이 잦아서도 안 된다. 선택과 집중으로 자신만의 분야에서 승부를 걸어야 한다. 《100년 기업의 조건》을 쓴 케빈 케네디는 "타성은 기업 실패의 흔한 원인"이라며 "가만히 있는 리더들은 스스로 무덤을 파는 것과 마찬가지"라고 주장했다.

직테크 6. 멀티플레이형 전문가를 지향하라!

축구로 따지면 '리베로'가 돼야 한다. 앞으론 어떤 일을 해도 수비부터 공격까지 다양한 업무를 커버하는 멀티플레이어 선수가 주목받는다. 샐러리맨이라면 영업은 기본이요, 기획·경리까지 다 해야 생존력이 높아진다. 이른바 멀티플레이형 전문가 시대의 도래다.

부단한 자기계발로 전문가 반열에 오를수록 몸값은 천정부지로 올라간다. 어떤 일이든 상관없다. 노하우만 쌓는다면 누구나 전문가로 인정받는 시대다. 한번 명성을 얻었으면 자신만의 철옹성을 쌓아야 한다. 될 수 있으면 경쟁이 적은 분야에서 승부를 거는 게 효과적이다. 인터넷 역시 아마추어에서 전문가로 변신하는 데 좋은 수단이다.

직테크 7. 도전과 실패를 두려워하지 마라!

만고불변의 1위란 없다. 패권은 도전과 응전의 역사에서 결정된다. 어떤 업종이든 늘 새로운 경쟁자가 등장해 패권 다툼을 벌이는 게 다반사다. 도전과 실패를 두려워해선 안 된다. 기존의 1위 앞에서 기죽을 필요는 없다. 질 수도 있고 이길 수도 있다.

문제는 마음가짐이다. 경험과 지식을 활용해 성공 확률을 높이는 방향으로 나아가야 한다. 새로운 일에 도전장을 던지면 모든 게 낯설 수밖에 없다. 정보 수집과 예행연습을 거쳐 경험 부족에서 오는 부담을 줄이는 한편 멘토와 네트워크를 활용해 자신감을 쌓는 게 좋다.

레스터 서로 교수의 말을 기억하라.

"뛰어드는 사람이 더러 패배하는 경우도 있다. 하지만 도전하지 않는 사람은 항상 패배자일 뿐이다. 부는 용기 있는 자의 편이다."

직테크 8. 동료를 믿고 팀워크를 중시하라!

다 안다고 나대지 말자. 득보다 실이 많다. 자신감과 자만심은 구분돼야 한다. 말 한마디에 동료를 적으로 만드는 사람이 있다. 천 냥 빚은 못 갚을지언정 이래선 곤란하다.

아는 것과 잘 아는 것은 천지차이다. 어떤 일을 하든 독불장군은 망하기 쉽다. 혼자 힘만으로 할 수 있는 건 몇 가지 없다. 팀워크를 중시하고 동료들에겐 신뢰를 보내야 한다. 필요 이상 겸손할 것까진 없지만 그래도 고개를 숙일수록 뭔가 생기게 마련이다.

직테크 9. 순발력을 내세워 기회를 만들어라!

연예인의 생명은 짧다. 반짝 떴다가 몇 달 뒤 커튼 뒤로 사라지는 벼락 스타가 많다. 그 반면 경쟁력이 높아 보이진 않지만 오래도록 사랑받는 스타도 많다. 이들의 공통점은 특유의 재치 넘치는 순발력을 갖췄다는 점이다. 이 순발력이 내공으로 승화된 케이스다.

사회생활을 하다 보면 전망이 불투명한 경우가 많다. 일이 꼬여 한 치 앞이 보이지 않는 최악의 상황이 닥치기도 한다. 이런 위기는 순발력으로 메워야 한다. 잘못된 일은 서둘러 전환해 기회로 삼는 게 좋다.

존 챔버스 시스코시스템스 회장은 "덩치가 크다고 작은 기업을 항상 이기는 건 아니지만 빠른 기업은 느린 기업을 언제나 이긴다"고 말했다. 순발력은 미래 사업과 직업의 핵심 키워드다.

직테크 10. 최선을 다하되 결코 포기하지 마라!

쉽고 편하게 또 공짜로 얻으려 해선 곤란하다. 샐러리맨을 하든 창업활동을 하든 발품은 필수다. 쉽게 손에 넣은 건 쉽게 빠져나간다. 축적된 노하우 없이 주워들은 얘기만 갖고 결정을 내려선 안 된다.

'제대로' 해야 '제대로' 얻는 법이다. 흘린 땀이 많을수록 나중에 크게 웃을 수 있다. 포기는 선택 가능한 최후·최악의 결론이다. 포기를 생각할 바엔 처음부터 내딛지 않는 게 속 편하다. 포기하느니 다른 새로운 탈출구를 모색하라. 후회는 패자의 몫이다.

6장

30대 노후 대비 프로젝트 4
인간관계

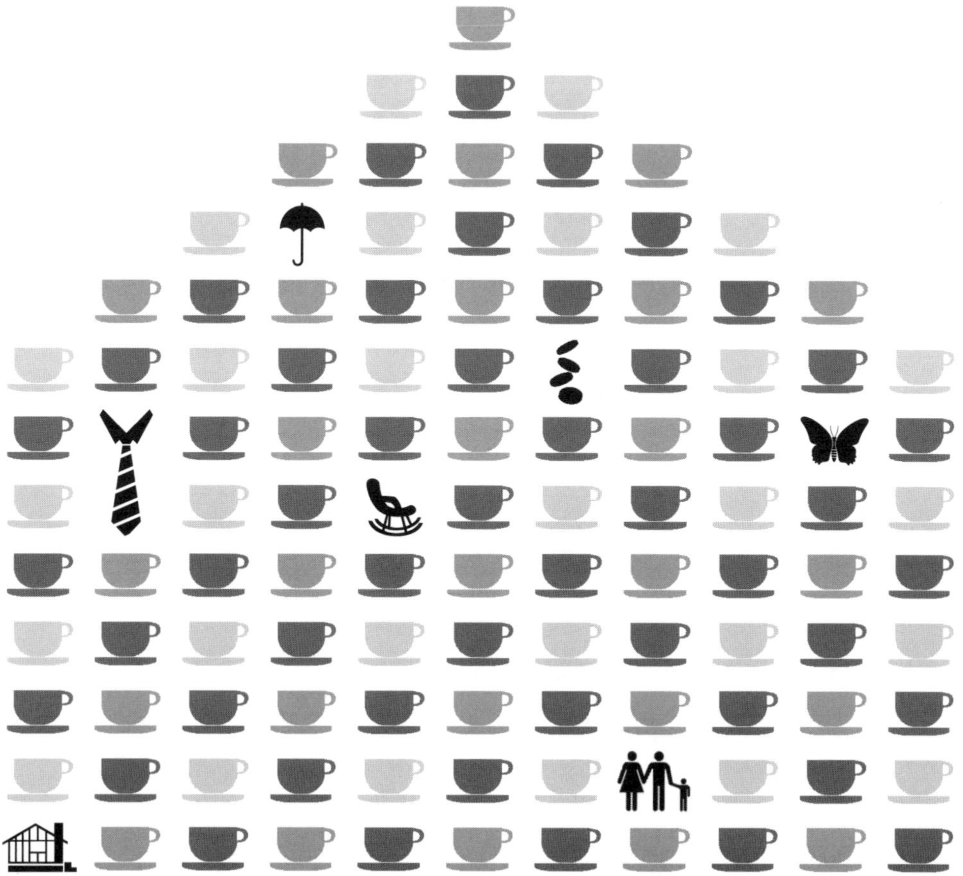

30대 당신에게 필요한 건
평생친구 5명

"우린 다시 만날 거야. 잘나간다고 쌩까는 년 있으면 찾아가서 응징할 거고, 못산다고 주눅 드는 년 있으면 잘살 때까지 못살게 굴 거야. 죽을 때까지, 아니 죽어서도 우리 써니는 영원하다."

영화 〈써니〉에 나오는 명대사다. 이 영화가 히트한 이유는 명확하다. 타깃으로 했다는 40대의 마음과 통(通)했기 때문이다. 40대는 그동안 빡빡한 인생살이를 살면서 많은 것을 잊어버렸다. 그런데 이 영화는 그들이 잊고 산 따뜻한 추억거리를 끄집어냈다. 학창 시절 옛 친구들과의 우정과 고민, 순수, 사랑, 아픔 따위를 40대의 삶의 무게와 맞물려 상품화한 것이다.

아직 30대라면 이 영화에 100% 공감하지 못할 수도 있다. 성장기를 되돌아보고 눈물을 흘릴 정도로 답답한 삶의 무게를 40대만큼 구체적으로 실감하지는 못해서다. 하지만 '곧'이다. 시위 떠난 화살처럼 순식간에 흘러가는 세월의 속도와 떠밀려온 삶의 궤적에 대한 복잡한 심경은 갈수록 심화될 수밖에 없다. 의무적으로 하루하루를 살아내다 보면 자신을 통제하지 못해 비관과 우울에 빠지게 된다.

삶에서 가장 중요한 것은 무엇일까. 사람마다 다양한 가치기준이 있겠지만 어떤 선택이든 최종 지향점은 '행복'일 확률이 높다. 행복에 다다르는 길은 사람마다 다르다. 수명, 건강, 재산, 명예, 관계 등 많은 가치가 있을 수 있다. 하지만 〈써니〉의 메인 타깃이었던 40대 이후의 중년세대라면 모르긴 몰라도 하나의 가치로 수렴될 듯하다. 바로 관계(인간관계)다.

은퇴 이후의 노후 준비를 위한 과제로 대부분 돈의 자유를 첫손가락에 꼽는다. 그래서 자산소득·근로소득 등 경제적 안전망을 차근차근 준비하자는 시대의 요구가 강조된다. 그런데 돈의 자유는 종착지가 아니라 행복을 실천하는 수단에 불과하다. 노후 행복을 완성하는 성공함수엔 돈의 자유와 함께 반드시 들어가야 할 항목이 있다. 주변과의 통하는 인간관계다. 가족, 친지, 친구, 동료 등 노후를 함께할 대화 상대와 파트너가 꼭 필요하다.

〈써니〉의 흥행 이유, 노후와 친구의 상관관계

고령국가 일본의 노인 문제 중 최대 이슈는 빈곤노인이다. 평균적으론 엄청난 부자지만 편차에서 벗어나는 절대빈곤이 적지 않아서다. 그런데 몇 년 전부터 또 다른 노인 문제가 민감한 화젯거리로 떠올랐다. 바로 쓸쓸한 노년과 외로운 죽음이다. 일본에서는 무연(無緣)사회라는 말이 2010년 유행어로 선정될 정도로 인연이 깨진 현대 사회의

병폐가 거듭 조명되고 있는데 그 선두주자가 노인그룹이다.

무연의 반대말은 유연(有緣)으로, 인연과 네트워크에서 비롯되는 커뮤니케이션의 힘이다. 도시화, 현대화, 공업화, 핵가족화가 찢어버린 인간관계의 복원이 최대 과제로 떠오른 것이다. 돈 있는 고독보다는 돈 없는 공유가 더 낫다는 연구 결과도 속속 발표됐다. 공유와 커뮤니케이션만 있으면 돈은 일정 부분 해결할 수 있어서다.

사람과 사람으로 연결되는 관계 유지와 복원은 노후 안녕을 위해 꼭 필요한 과제다. 늙어서 추억을 나누고 고민을 응원해줄 상대방의 존재감은 건강한 삶을 마치는 데 필수불가결한 키워드다. 굳이 일본 사례를 들지 않더라도 늙을수록 연(緣)이 중요하다는 건 고령국가의 공통분모다. 연은 미리 준비하지 않으면 쌓기 어렵다. 역시 이것도 복리 메커니즘이 작용하기 때문이다.

30대라면 인간관계에 매진할 필요가 있다. 가족관계도 중요하지만 평생친구가 될 수 있는 상대를 적어도 5명 이상 확보해두는 게 좋다. 평생을 살며 언제 어디서든 터놓고 삶을 공유할 수 있는 친구가 5명만 있다면 그 인생은 행복할 수밖에 없다. 행복한 노년 생활의 최소 기반은 갖춘 셈이다. 나머지 문제는 부수적이다. 때론 찐하고 때론 말랑말랑한 인연은 인생 2막을 살아가는 필수영양제란 점을 잊지 말자.

사람은 인생을 살면서 수많은 만남을 반복한다. 그 인연은 짧게 끝나기도 하고 평생에 걸쳐 가족처럼 길게 남기도 한다. 특히 사회·경제 활동이 활발한 30대부터는 인연을 맺을 기회가 급증한다. 이런 만남을 결코 소홀히 해서는 안 된다. 인연은 어떤 경우에든 영향을 끼치며 삶의 궤적에 흔적을 남기기 때문이다. 인연이 굳건하고 친구가 많을수록 오래 산다는 연구 결과도 있다. 돈과 명예, 권력보다 친구의 존재감이 수명 연장에 더 큰 영향을 미친다는 의미다. 친구가 많을수록 건강하고 부유하다는 결론과도 자연스레 연결된다.

독불장군 K씨, "퇴직 이후에야 친구를 깨닫다"

중학교 영어 교사였던 K씨는 62세 때 옷을 벗었다. 남의 일로만 여겼던 은퇴였다. 그래도 걱정하지 않았다. 내 집도 있고, 월 200만 원이 넘는 든든한 교원연금도 있었다. 자녀들도 일찍 출가해 홀가분한 데다 부부의 건강 상태도 좋았다. 욕심만 부리지 않으면 '행복한 노후'를 충분히 꿈꿀 수 있었다. K씨는 여행도 다니고 그동안 못해본 일들을 해보겠다는 계획을 세웠다.

하지만 그 계획은 계획으로 그쳤다. 문제는 다른 데서 터졌다. 일을 그만둔 뒤 밀려드는 외로움이 불씨의 단초였다. 아침에 일어나도 갈 데가 없으니 온종일 뭘 하며 보내야 할지 몰랐다. 처음 몇 개월은 아무 일도 하지 않으니 불면증까지 K씨를 괴롭혔다. 40년 가까운 라이프스타일을 버리기란 그만큼 어려운 일이었다.

설상가상으로 그에겐 친구조차 없었다. 나름대로 잘 살아왔다고 자부했지만 필요할 때 옆에 있어줄 친구가 아무도 없었다. 성향 자체가 외골수에 독불장군이기도 했지만 손해 보고는 못 사는 짠돌이 기질에 친구들이 하나둘씩 떨어져 나간 것이다. 돌려받지 못할 부조는 아예 하지 않았고 밥을 사도 세 번 얻어먹어야 한 번 낼까 말까였다. 엉망인 인간관계를 정작 그 자신만 몰랐다. 집에만 있다 보니 부부불화까지 불거지기 시작했다.

퇴직 후 2~3년까지 K씨는 '홀로' 살았다. 하지만 더는 버티기 어려웠다. 결국 그는 마음을 고쳐먹었는데, 주변에선 이를 '개과천선'이라고 표현할 정도였다. 먼저 소식이 끊겼던 친구들을 수소문 끝에 찾아가 관계를 복원하려고 애썼다. 술도 사고 모임도 만드는 등 적극적으로 손을 내밀었다. 교사 모임에도 열성적으로 참여해 동료들의 선입견을 바꿔놓았다. 이웃이나 친지와의 관계 역시 새삼 중요성을 깨닫고 공을 들였다.

이렇게 몇 년을 뛰어다니다 보니 지금은 하루해가 언제 졌는지 모를 만큼 짧다. 봉사 모임까지 결성해 기분 좋은 노후를 보내는 중이다. 이런 K씨 얘기를 들려준 지인은 "부조금 몇 푼 아끼려다 친구들 다 잃느니 적으나마 손해 보며 인맥을 다지는 게 결국 남는 장사"라고 덧붙였다.

인생은 5개의 공을 던져 받는 저글링이라고 한다. 자신, 가족, 친구, 일, 건강이 5개의 공이다. 그런데 이 중 고무공으로 된 건 일뿐이다. 나머지 4개의 공은 모두 유리로 만들어졌다. 결국 일은 떨어뜨려도 튕겨 올라오기 때문에 얼마든지 다시 잡을 수 있다. 하지만 나머지 4개는 놓치는 순간 산산조각 깨져버린다.

국민연금관리공단이 제시한 노(老)테크 5계명은 건강, 일, 돈, 친구, 취미다. 우선 건강한 몸을 바탕으로 나만의 직업을 갖고 살되 즐길 수 있을 만큼의 돈을 마련해야 한다. 또 취미생활로 삶의 질을 높이고 인생을 함께 즐길 진정한 친구(가족)를 옆에 둬야 한다. 이렇게만 되면 '행복한 노후'는 손에 잡히는 무지개가 될 수 있다.

30대, 능력보다 인맥이 중요한 이유

노(老)테크는 인(人)테크다. 인테크란 노테크는 물론 재테크까지 아우르는 포괄적 의미의 '삶의 기술'이다. 좋은 인간관계야말로 삶을 풍요롭고 행복하게 하는 첫 단추인 것이다. 데이비드 마이어스는 《마이어스의 주머니 속의 행복》에서 행복한 사람들을 다음의 4가지로 정의했다. 자신을 아주 사랑하는 사람, 낙천적인 사람, 외향적인 사람, 종교에 열심인 사람. 특히 이들 4가지 유형은 하나같이 인간관계가 좋다는 공통분모를 가졌다. 남을 항상 따뜻하게 대하니 사교성이 높아지고 그러니 짝도 빨리 찾으며 직장에서도 인기가 높다는 얘기다.

좋은 인간관계는 그 자체가 성공이요 돈이다. 투자 현장의 대가들도 하나같이 인맥과 네트워크의 달인들이다. 모르는 사람이 없을 정도로 오지랖이 넓다. 특히 큰 부자일수록 사람 관리에 탁월하다. 적재적소에 인맥을 심어두거나 자신의 네트워크에 속하는 전문가를 동원해 투자결정을 내리니 승률은 높아질 수밖에 없다. 한 투자고수는 "훌륭한 재테크는 돈을 좇는 게 아니라 사람에 투자하는 것"이라고 강조한다. 인간관계만 잘 쌓아두면 돈은 저절로 들어온다는 논리다.

사업도 마찬가지다. 사업 실패는 십중팔구 인간관계의 실패. 아이템과 타이밍은 인간관계 그다음의 문제다. 실제로 카네기멜론대학 연구에 따르면 성공 요인의 85%는 인간관계에서 찾을 수 있다. 실직 원인의 95% 이상이 인간관계의 기술 부족이라는 연구 결과도 있다. 능력보단 인맥이 중요하다는 말도 같은 맥락에서 이해된다.

인테크는 정신적인 영역까지 지배한다. 앞서 소개한 K씨처럼 노년은 돈만으로 살 수 없다. 삶의 기쁨을 나눌 수 있는 친구와 건강, 취미 활동도 중요하다. 물질과 정신이 서로 교감해야 '행복한 노후'를 누릴 수 있다. 무미건조한 삶은 사람을 갉아먹는다. 독불장군의 노후는 여러 위험에 무방비 상태로 노출된다. 고비가 닥치면 손잡고 울어줄 친구도 없다. 수명이 단축되는 건 물론이다. 기혼자가 독신자보다 행복하며 또 오래 산다는 조사통계도 많다.

1명을 챙기면 신뢰관계는 250명으로 번져

사회학자 솔라 풀은 연구보고서에서 "사람이 평생 중요하게 알고 지내는 사람의 수는 3,500명"이라고 주장했다. 또 다른 연구 결과에선 한 사람의 지인은 최대 5,000명이라고 한다. 결국 평생 사귈 수 있는 사람이 3,000~5,000명이란 얘기다. 생각보다 엄청난 숫자다. 3,500명은커녕 350명만 내 편으로 만들어도 대단한 네트워크가 아닌가.

다만 곰곰이 생각해보자. 이들 중 내게 힘을 실어줄 사람은 몇 명이나 될까. 또 평생친구라고 부를 만한 사람은 몇 명일까. 당장 고등학교 동창 중 바로 연락이 되는 친구를 떠올려보자. 가깝게는 대학교 동기만이라도 손에 꼽아보자. 추론이 틀리지 않다면 대부분 10명을 넘기지 않는 게 현실이다. 상황이 이럴진대 사회에서 만난 이들 가운데 터놓고 지내는 인맥은 과연 몇 명이나 될까.

선배라면 후배에게 빠뜨리지 않고 해주는 조언이 있다. "처음 3년간 받은 명함이 이후 30년간 받을 명함보다 더 많다"고 말이다. 설마 하겠지만 지나고 보면 틀리지 않다. 산전수전 겪은 현장선배의 경험

30대에게 들려주는 중년 선배의 사람 철학

20~30대에는 몇 년에 한 명씩 젊은 친척이나 동창, 친구들이 세상을 떠납니다. 대부분 불치병이나 사고로 말입니다. 그러다 40대에 접어들면 가까운 친척과 친구들이 2~3년에 한 명씩 세상을 떠납니다. 그러면서 인간관계를 다시 돌아보게 됩니다. 도움을 주고받아서가 아니라 사람의 소중함을 알게 돼서입니다. 연락이 두절되거나 세상을 떠나는 친구가 많아지면서 이들의 빈자리를 더 크게 느낍니다.

잊지 마세요. 우리는 원치 않아도 가까운 사람을 잃을 수 있습니다. 외롭다는 것이 얼마나 삶의 의욕을 잃게 하는지 아직 30대인 사람들은 모를 겁니다. 물론 부모님에게 용돈 드리고 친척이나 지인들의 경조사비를 챙기다 보면 사람의 소중함보단 경제적 부담감이 먼저 다가올 겁니다. 하지만 나중에는 깨닫게 될 겁니다. 인간에게 최소한의 경제력은 필요하겠지만, 조금 더 잘 먹고 조금 더 잘사는 것보다 사람이 더 중요하다는 걸 말입니다.

며칠 전 동창 모임에서 이런 얘기를 했습니다. 모두 12명이었는데, 자기가 먼저 죽는 것도 걱정되지만, 하나둘 세상을 떠나고 맨 나중에 혼자 남는 것도 걱정된다고요. 그러다 보니 친구들 하나하나가 얼마나 소중한지 다시 한 번 깨달았습니다. 외로움은 삶을 버리게 할 만큼 힘든 것입니다. 부디 적은 돈 때문에 소중한 인간관계를 망치지 말기 바랍니다.

지금은 실감이 안 날 30대도 40대에 접어들면 달라질 겁니다. 가까운 사람이 세상을 떠나기 시작하면 인생관도 달라집니다. 저도 동갑내기 친척 한 명이 세상을 떠난 뒤에 비로소 절실히 느꼈습니다.(중략)

*출처: 다음카페 '맞벌이부부 10년 10억 만들기' 중 살얼음(ID)의 글, 필자 정리

에서 나온 법칙이니 설득력이 높다.

인맥을 쌓자면 많은 사람과 자주 만나는 게 지름길이다. 사람은 저마다 성격과 행동, 취향이 다르므로 모든 이들과 친구가 될 수는 없다. 어떤 연구 결과에 따르면 사람은 첫 만남에서 호감과 비호감이 결정된다. 또 첫 만남에서 호감을 느끼는 경우는 46%뿐이며, 나머지 54%는 무관심이나 반감을 느끼는 탓에 지속적인 인간관계를 맺기 어렵다. 46% 중에서도 나중에 관계가 단절되는 경우가 비일비재하다. 그만큼 평생에 걸친 인맥으로 승화하기란 쉽지 않은 과제다.

좋은 인맥을 쌓으려면 일단 많은 사람과 만나야 한다. 100명을 만나 1명만 자기 네트워크에 들어와도 괜찮다. 그래도 두고 보면 남는 장사다. 젊어서부터 인적 네트워킹에 투자할 필요가 있다. 다양한 사회활동을 펼치며 평소에 네트워크를 가꿔나가야 어려울 때 도움이 된다.

'나 홀로'는 결코 행복할 수 없다. 30대라면 평생을 함께할 친구로 최소한 5명만 만들어두자. 이들과 만들어낼 노후는 그야말로 건강하고 튼튼하며 무궁무진하다. 100세 시대에도 행복하지 않을 이유가 없다.

인맥의 힘을 끌어내는
30대의 사교 기술

제임스 서로위키가 지은 《대중의 지혜》에 이런 얘기가 나온다. 지금부터 약 100년 전 영국의 한 시골마을 가축시장에서 퀴즈 행사가 열렸다. 살찐 황소 한 마리의 무게가 얼마나 될지 맞혀보는 공개 이벤트였다. 사람들은 각자 6펜스를 내고 번호표를 받은 뒤 자신의 이름과 황소 무게를 적어서 냈다. 이 행사엔 푸줏간 주인, 일반인 등 모두 787명이 참여했다. 응모가 끝난 뒤 황소 무게를 재어보니 1,198파운드(540킬로그램)였다. 하지만 정답자는 아무도 없었다. 그런데 재미난 건 787명이 제각각 적은 황소 무게의 평균을 내봤더니 정답에서 딱 1파운드 모자라는 1,197파운드였다는 사실이다.

그러면 직장을 새로 구할 때 가장 크게 도움이 되는 사람은 누굴까. 답은 가족도 절친한 친구도 아니다. 사실은 그렇게 친한 사람이 아닌 경우가 더 많다. 1974년 사회학자인 마크 그래노베터가 발표한 논문 〈직장 구하기〉에 따르면 개인적 연고를 통해 일자리를 찾은 사람들 가운데 자주 만났던 사람이 도와준 경우는 16.7%에 불과했다. 오히려 간혹 만났거나(55.6%), 어쩌다 드물게 만나던 사람(28%)으로부터 새 직장에 대한 정보를 얻었다.

그 이유는 간단하다. 자주 만나는 사람들은 서로 생활환경이 비슷해 대부분의 정보가 겹치고 내가 모르는 정보를 알고 있을 확률이 낮다. 그 반면 그저 아는 정도인 '약한 유대관계'의 경우 연결점은 있을지언정 그다지 비슷한 환경에 살지는 않기 때문이다.

남녀가 사귈 때 진도가 어느 정도 나갔는지는 일반적으로 스킨십을 보면 알 수 있다. 가벼운 손잡기부터 팔짱끼기, 포옹, 키스에 이르기까지 스킨십에 따라 친밀도가 구분된다. 처음엔 쑥스러워 손도 못 잡다가 차츰 교감이 통할수록 스킨십의 농도는 짙어지게 마련이다.

스킨십은 비단 남녀관계에만 있는 게 아니다. 인맥 안에서도 친소관계에 따라 허용되는 스킨십은 달라진다. 가령 동기 모임에서도 서로 끌어안으며 한두 대씩 가벼운 주먹을 나누거나 뺨을 비비며 입 맞추려는(장난이지만) 친구가 있는가 하면 멋쩍은 악수로 반가움을 대신하는 친구도 있다. 사람마다 느끼는 건 다를지언정 스킨십의 정도는 여러 가지를 생각하게 한다. 자신을 향한 상대방의 감정을 느낄 수 있는 힌트가 되기 때문이다.

친해지려면 목욕탕에 함께 가야 한다는 말은 괜히 나온 게 아니다. 가린 것 없이 다 내놓고 이를 공유할 때 진정으로 신뢰할 수 있기 때문이다. 이왕 인맥을 쌓겠다면 목표는 악수가 아닌 그 이상이어야 한다. 남자라도 스킨십은 될 수 있으면 진한 편이 좋다. 호칭이라면 호형호제 정도는 돼야 네트워크란 말이 나오지 않을까.

인맥의 부가가치, 개인은 몰라도 집단은 정답을 안다

강인선 기자가 쓴 《힐러리처럼 일하고 콘디처럼 승리하라》는 세계 최고의 정치 엘리트가 모인 워싱턴의 성공법칙을 엮어서 화제를 모았다. 이 책은 총 3부로 나뉘는데, '인생은 저지르는 자의 것이다'로 시작되는 2부에 정치 엘리트들의 성공법칙이 집중적으로 소개된다.

먼저 성공법칙의 상당수는 '인맥 활용'으로 압축된다. 앞서 소개한 두 에피소드도 집단과 네트워크의 파워를 단적으로 비유한 것이다. 이 책에서는 "아는 사람이 많아야 능력 있는 사람"이라며 "일이 잘 안 풀리는 것도 결국 사람의 문제로 귀결된다"고 주장한다. 제아무리 서류를 뒤적여봐야 책상머리 앞에서는 솔루션을 찾을 수 없어서다.

인맥의 부가가치, 즉 네트워크의 에너지는 실로 파워풀하다. 개인은 약하지만 집단은 강하다. 개인은 아무것도 모르지만 무지한 개인으로 구성된 집단은 정답을 안다. 결국 인생의 성공은 무엇을 배웠느냐가 아니라 누구와 연결됐느냐에 달렸다고 해도 과언이 아니다. 아는 사람을 통해 자신이 원하는 걸 언제든 얻을 수 있기 때문이다.

합리적인 사회라는 미국도 연줄을 빼놓고 얘기할 수 없다. 필요에 따라 만들어진 네트워크도 수두룩하다. 예를 들어 예일대에서 대통령이 많이 나온 건 우연이 아니다. 미국의 상류사회를 촘촘히 엮고 있는 엄청난 인맥이 예일대를 대통령 사관학교로 키웠다. 어디를 가도 거대한 네트워크의 힘을 빌릴 수 있다. 상황이 이럴진대 혈연·지연·학연으로 얽히고설킨 대한민국에서 인맥 없이 성공하기란 사실상 거의 불가능하다고 봐도 무방하다.

물론 무분별한 인맥 활용은 실패 확률이 높다. 사람의 경제학은 본인 스스로 '사람'이 돼야 빛을 발하게 마련이다. 인테크는 한마디로 다른 사람의 힘을 공유하는 것이다. 그 힘이 지식이든 정보든 내 것이 아닌 남의 것을 빌려 뜻을 이뤄야 한다. 그러려면 본인부터 힘을 갖춰야 한다. 부끄럽지 않을 만큼 능력을 갖춰야 대등한 인맥을 형성할 수 있다.

술과 골프, 취하고 졌을 때를 조심하라

무조건 비비고 부탁하는 시대는 지나갔다. 진짜 인맥일수록 인생을 나눌 수 있어야 한다. 그게 진국이다. 특정 목적을 위해 의도적으로 친한 척 접근하거나 주는 것 없이 받기만 하면 그 인맥은 오래갈 수 없다. 이해관계를 떠나 평소에 상생(Win-Win)할 수 있는 신뢰관계를 구축하는 게 무엇보다 시급하고 중요하다.

매력적인 인맥은 계산을 하지 않는다. 그 대신 대가 없는 '자기희생'을 당연하게 여긴다. 같은 맥락에서 인맥이 넓다고 무조건 시너지를 내는 건 아니다. 흔히 인맥관리 하면 스킬이나 비법을 떠올리는데 잘못된 것이다. 단기간에 약효는 있을지언정 길게 보면 부작용이 더 크다. 인간관계의 기본은 정직과 신뢰다. 솔직히 드러내놓고 끝없이 믿을 수 있어야 그게 인맥이다.

스킨십을 쌓으려면 자주 만나는 게 묘수다. 만나지 않으면 소원해지는 게 당연하다. "눈에서 멀어지면 마음에서 멀어진다"는 말도 있지 않은가. 네트워크는 잠시만 신경 쓰지 않으면 금방 시들어버린다. 살아 움직이게 하려면 계속해서 관심과 노력을 기울여야 한다.

앞서 소개한 강인선 기자는 미국에서 취재활동을 할 때 밥 한 끼도 이벤트로 활용했다. 인기 레스토랑을 순위별로 정리한 가이드북 『자갓 서베이(Zagat Survey)』를 1년에 한 권씩 사서 취재원들과 만날 때마다 유명한 레스토랑을 섭렵하고 다녔다. 취재원과의 특별한 만남을 더욱 의미 있게 만들기 위해서다. 이처럼 상대방을 귀하게 대접하니 진입하기 어렵다고 소문난 워싱턴 정가 인맥도 차츰차츰 쌓일 수밖에 없었단다. 식사를 통한 인맥 다지기인 셈이다.

흔히 술과 골프야말로 인맥을 맺는 데 가장 좋은 방법으로 꼽힌다. CEO든 샐러리맨이든 대부분 술과 골프가 사람을 사귀는 데 가장 효과적이라고 믿는다. 사회생활을 해봤다면 일정 부분 동의할 만한 대목이다. 술자리는 짧지만 강력한 친밀감을 맺게 한다. 분위기가 좋아지면 술의 힘을 빌려 진솔한 대화도 나눌 수 있다. 골프 역시 적어도 3~4시간 이상 함께 라운딩하며 많은 얘기를 나눌 수 있어 친밀해질 가능성이 높아진다.

다만 잘못되면 '최악의 인맥'으로 전락할 개연성도 충분하다. 술에 취했을 때, 골프에 졌을 때 어떤 행동을 보이느냐에 따라 사람 됨됨이가 그대로 드러나기 때문이다. 현명한 사람들은 단지 친해지기 위해 술을 마시거나 골프를 치진 않는다. 지속적인 인맥이 가능한지 미리 상대방의 품성과 속내를 알기 위한 의도도 많다.

사람이 돈을 불러오는
투자시장 비밀논리

"돈 벌려면 사람한테 투자하라."

맞는 말이다. 돈 좀 벌었다는 사람 치고 이 말에 동의하지 않는 이는 거의 없다. 반대로 인테크에 실패한 사람 치고 돈 벌었다는 얘기도 못 들어봤다. 투자고수에게 사람은 곧 돈이다. 얼마나 많은 사람을 알고 있느냐에 따라 축적된 부의 규모가 달라진다. 네트워크가 탄탄할수록 투자승률이 높아지는 건 당연지사다.

부자라면 대부분 엄청난 인맥을 보유한 '마당발'이다. 전혀 관계가 없는데다 어울릴 것 같지 않은 사람까지 두루 알고 있는 경우가 많다. 개인적으로 잘 아는 투자고수는 물론 부유층을 상대하는 금융기관 PB 관계자 얘기를 종합해봐도 '돈=인맥'은 명확한 사실이다. 어느 투자전문가는 "인맥이 넓고 탄탄할수록 돈을 벌어들이는 레벨이 다르다"고 강조한다.

부동산 거부 P씨, "인맥만 있으면 안 되는 게 없다"

상고를 졸업한 P씨는 자수성가했다. 지금 40대 초반이지만 자산 규모는 100억 원대를 가볍게 넘는다. 물려받은 돈 없이 모두 본인이 일군 재산이다. 타워팰리스에 살면서 매달 몇천만 원의 임대료가 나오는 빌딩만 2채를 보유했다. 그중 한 건물 1층엔 아내가 식당을 열어 운영하고 있다. 여기서 나오는 수입만 해도 일반인의 상상을 초월한다.

하지만 P씨의 20대는 암울했다. 가방끈이 짧으니 애초부터 제대로 된 직장 구하기는 어려웠다. 겨우 들어간 첫 직장인 부동산 시행회사에서 처음엔 사장의 운전기사로 일했다. 박봉이었지만 열심히 일한 덕분에 정식 스태프가 됐고 이후 부동산에 눈뜨기 시작했다. 돈 버는 구조를 하나둘 익혀나가면서 자신감이 붙자 곧 독립했다. 하지만 결과는 참패였다.

돈 버는 구조는 꿰고 있었지만 누구도 P씨를 믿어주지 않았다. 돈도 돈이지만 무엇보다 인맥이 빈약하다는 것을 뼈저리게 배웠다. 다시 비슷한 시행회사에 취직한 뒤 본격적인 인맥관리에 사활을 걸었다. 한번 만난 사람은 결코 놓치지 않겠다는 심정으로 엄청난 공을 들였다. 그는 34세에 다시 독립할 때까지 거의 10년을 와신상담했다.

재차 승부수를 띄운 후 P씨는 승승장구했다. 돈이 부족하면 금융권 지인을 통해 저리로 대출받았고 법률문제가 생기면 호형호제하는 변호사에게 전화 한 통으로 해결했다. 세금 문제든 민원 분쟁이든 인맥 안에서 모든 게 해결됐다. 나중엔 가만히 있어도 인맥들이 움직여 사업 기회를 던져줬다.

"다 본인 하기 나름이에요. 제아무리 철옹성이라도 안에서 문을 열어주면 피 흘리지 않고 입성할 수 있잖습니까. 법이나 규칙을 어기지 않고도 얼마든지 문제를 해결할 수 있죠."

사람들이 도와주니 성공 확률이 높아지는 건 당연하다. 그는 이제 인맥관리의 달인이 됐다. "1~2명만 거치면 대한민국에서 못 만날 사람이 없다"는 말도 빈말은 아니다. 그의 스케줄표엔 빈칸이 거의 없다. P씨와 식사 한 번 하자면 두세 달은 족히 기다릴 판이다.

벤처기업 사장 L씨, "돈보단 사람이 재산목록 1호"

"글쎄요, 사업과 무관한 개인적인 인맥만 200~300명은 될걸요. 대부분 절친하다고 자부하는 사람들이죠. 지난 추석 연휴 땐 종일 안부전화만 돌렸는데도 사흘이나 걸리더라고요. 다 전화한 것도 아닌데 말입니다. 그중 40~50명은 3~4개월에 한 번씩은 볼 정도예요. 집안 사정은 물론 부부끼리 친한 경우도 많죠. 돈을 다스리려면 먼저 사람을 장악할 줄 알아야 해요. 당장 도움이 안 돼도 꼭 필요할 때가 있거든요. 설사 큰 도움을 주고받지 않아도 맘 편하게 소주 한잔 할 수 있으면 그걸로 충분해요. 다만 나중에 어디서 어떻게 부딪힐지 모르는데 최선을 다해야죠. 사람 일은 모르잖아요."

솔루션 관련 제품을 만드는 벤처회사 사장인 L씨는 수소문 끝에 찾은 인물이다. 그는 굉장한 부자로, 어지간한 재테크 전문가보다 경험과 식견이 깊다. 주식이면 주식, 부동산이면 부동산 등 모든 투자자산에 탁월한 안목을 자랑한다. 무엇보다 성격이 유쾌하고 사람을 편하게 해주는 특별한 테크닉을 갖췄다.

L씨 역시 성공 인자는 인맥관리에 있다. 현재 회원으로 참석하는 정

기 모임만 9개다. 사교부터 투자정보 모임까지 종류도 천차만별이다. 아파트 이웃끼리 결성한 모임도 있다. 회장을 맡은 모임만 4개다. 짧게는 2주에 1회, 길게는 분기마다 1회씩 정규 모임을 가진다.

그의 인맥엔 직업군만 수백 개에 이른다. 인맥관리 차원에서 직업군을 분류해봤더니 도저히 관리가 불가능할 정도로 다양했다. 그의 본업과 관계없는 사람들만 봐도 프리랜서 작가부터 은행원, 애널리스트, 중개업자, 세무사, 변호사, 공무원, 교수, 컨설턴트 등 이루 헤아릴 수 없을 정도다. 문제는 깊이다. L씨는 인맥의 양적 팽창보단 질적인 탄탄함에 승부를 걸었다.

인적 네트워크에 속한 '내 사람'에겐 엄청난 공을 들인다. 집에 초대해 파티를 벌이는 일도 다반사다. 워낙 줄이 넓고 깊다 보니 인맥끼리 소개해도 뒤탈이 없다. L씨의 소개라면 '보증수표'로 통할 정도다. L씨는 "이대로라면 나이 들어 늙어도 심심할 틈이 없다"며 "돈보단 사람이 재산목록 1호"라고 말을 맺었다.

인맥이 있는 한 나이 들어도 투자 기회는 무궁무진

백지장도 맞들면 낫다. 여럿의 힘이 동원되면 시너지 효과를 낼 수 있어서다. 이 논리는 투자시장에서도 그대로 통한다. 재테크의 성공과 실패는 인맥을 어떻게 얼마나 구축하고 있느냐에 달려 있다. 인맥관리야말로 최고의 재테크 비법이다.

성공 재테크의 열쇠는 사실 정보력에 있다. 알짜 정보가 적절한 타이밍에 올라타면 큰돈이 된다. 그런데 모든 정보를 한 사람이 쥘 수는 없다. 날고 긴다는 월가의 투자고수조차 마찬가지다. 왜 피터 린치가 친지 중에 백화점 점원이 없다는 걸 한탄했겠는가. 정보란 그만큼 광범위하다. 돈을 번 사람들의 공통점은 주변에 사람이 많다는 점이다. 그것도 여러 분야의 전문가들이 포진해 있다. 이들의 조언과 정보를 듣고 투자하니 승률이 높을 수밖에 없다.

인테크엔 각고의 노력과 시간이 필수다. 재테크에 성공하려면 적어도 법률, 세무, 주식, 부동산 등 투자 분야를 잘 아는 전문가들과 두루 친해둘 필요가 있다. 없다면 하루라도 서둘러 인맥을 쌓아야 한다.

관심과 열정만 있으면 방법은 많다. 자기 인맥이 닿지 않는다면 남의 인맥도 활용할 수 있다. 인맥이란 방사선 모양처럼 부지불식간 퍼질 수 있어서다. 1명의 사람에서 시작되는 네트워크의 파워란 이런 데서 비롯되는 법이다. 네트워크가 잘 가동되면 인맥 규모는 산술급수가 아닌 기하급수로 늘어난다. 인적 네트워크가 확장될수록 부를 부르는 지식과 정보의 양도 무한대로 확대된다. 그만큼 재테크의 성공 가능성도 높아지는 셈이다.

잘 쌓은 인맥은 평생토록 지속된다. 재테크의 핵심이 일찍 시작해 오래 굴리는 것임을 감안하면 탄탄한 인맥이 가져다주는 부가가치는 끝이 없다. 인맥이 존재하는 한 늙어서도 계속 투자 기회가 제공되기 때문이다.

한번 맺은 인연은 무덤까지 가져간다는 각오를 해야 한다. 그러려면 부지런해야 한다. 인맥관리의 가장 치명적인 적은 게으름이다. 게으른 부자가 없듯 부지런한 인맥관리야말로 부를 쌓는 지름길이다.

/
젊을수록 돈은 좇기보다 쓰기가 관건
/

　학생들을 가르치다 보면 족집게에 가깝게 그들의 행보를 예측할 수 있다. 평소 모습을 보면 사회 진출 후의 미래가 적잖이 보이기 때문이다. 고백하건대 성적과 취업은 절대 비례하지 않는다. 그것보다 중요한 것은 사람의 됨됨이다.
　교수 입장이 돼보면 공감하는 게 공부만 잘하는 모난 학생보단 공부는 좀 못해도 잘 웃고 친근한 학생에게 훨씬 정이 간다. 점수를 줄 때도 평소 수업 내용을 반영하는 항목에선 아무래도 신경이 더 쓰이는 게 인지상정이다. 후자의 경우 수업에 적극적으로 참여할 뿐 아니라 동료관계도 좋다. 그 반면 전자는 아쉬운 점이 적지 않다.
　대학의 기능이 망가지고 있다. 청년실업이 사회 이슈로 부각될 정도로 일자리를 구하지 못하는 20대가 수없이 많다. 상담을 청해와도 십중팔구는 취업과 관련된 내용이다. 그러니 입학과 함께 취업 준비에 들어가는 게 전혀 이상하지 않다. 스펙 관리는 필수요, 전공교재보다 중시하는 게 토익문제집이다. 대학원조차 연구가 아닌 취업 재수를 포장하려는 의도가 많다. 일부는 재테크 붐에 편승해 일찍부터 투자에 나서기도 한다. 그와 관련된 동아리마저 문전성시라니 서글픈 현실이다.

젊다면 은행보다 술집에 가라

 필자는 기회가 될 때마다 학생들에게 이렇게 강조한다. 평생 행복하게 일하고 즐기려면 은행 대신 술집에 가라고 말이다. 평소에 책의 참맛과 가치를 깨달아야 한다고 얘기하면 들은 척도 하지 않던 학생들이 일단 관심은 보인다. 골치 아픈 은행보다 떠들썩한 술집에 가라고 하니 솔깃했던 모양이다.
 투자 현장을 비유한 은행보다 사람들과의 만남을 비유한 술집에 가라는 이유는 명쾌하다. 술집에는 수많은 삶의 기회가 숨어 있기 때문이다. 사람과 인맥은 인생을 살아가는 데 결정적인 역할을 한다. 사실상 거의 모든 결과물이 인간관계에서 비롯된다 해도 과언은 아니다.
 취업을 원해도 인간관계를 바탕으로 삼은 전략이 필요하다. 아등바등 힘들게 공부해도 공채 구멍을 통과하기 어렵다면 방향을 바꾸는 게 현실적이다. 가령 중소기업에 들어간 뒤 경쟁력과 인맥을 키워 대기업으로 넘어가는 경우도 비일비재하다. 취업 재수생으로서 편견이나 고독과 싸우느니 좀 돌아가도 그 길이 훨씬 효과적이다.
 이럴 때 결정적인 열쇠가 사람이다. 길을 귀띔해주고 안내해줄 인연을 옆에 둔다면 대기업 공채 관문 통과자보다 오히려 더 빨리 성공할 수 있다. 이 때문에 학생 신분으로 무리하게 투자에 나서느니 그 시간에 선배나 지인을 찾아가 조언을 구하고 관계를 쌓으며 술 한잔 하는 게 낫다. 이걸 반복하면 길은 보이게 마련이다. 이직과 전직으로 방황하거나 미래를 고민하는 30대도 마찬가지다.

필자가 참석하는 대학 동아리 모임이 있다. 1년에 2~3회 정기 모임을 여는데 종종 재학생들과 자리를 함께하기도 한다. 워낙 나이 차이가 많이 나다 보니 처음엔 서먹서먹해했지만 지금은 좋은 관계로 만나고 있다. 선후배끼리 많은 얘기와 정보를 나누며 서로를 알 수 있는 기회가 흔하지 않기 때문이다.

정수와 민호도 이 모임에서 알게 된 후배다. 둘은 졸업을 앞두고 소원해졌다. 3학년 때까지만 해도 바늘과 실처럼 붙어 다니며 수업도 같이 듣고 동아리 활동과 아르바이트도 같이했다. 나중에 종합상사에 들어가 무역을 해보고 싶다는 비전도 똑같았다.

그런데 최근 둘은 헤어진 연인처럼 껄끄러운 관계로 바뀌었다. 졸업반이 되면서 살벌한 현실에 눈뜨기 시작했기 때문이다. 정수는 4학년 1학기 때 일찌감치 취업이 결정돼 출근한 반면, 민호는 여전히 도서관에 파묻혀 입사 공부에 매달렸다. 처음에야 축하하고 위로하며 친구로 남을 수 있었지만 갈수록 미묘한 냉기류가 둘 사이를 감돌았다. 급기야 서로 처한 상황이 다르니 가치관과 지향점까지 금가기 시작했다.

다만 선배로서 곰곰이 되돌아보니 정수와 민호는 처음부터 꽤 달랐다. 소원해진 원인은 애초부터 다른 성향과 가치관 때문이었다. 실제로 지켜봤을 때 둘은 많이 달랐다. 친구라지만 대등한 관계라기보다 정수가 끌면 민호가 마지못해 따라오는 식이었다. 정수가 바늘이라면 민호는 실이었다. 정수의 장점이 도전정신과 리더십이라면 민호의 장점은 꼼꼼함과 철저함이었다.

적극적인 인맥 활용 vs 도서관에서 실력 쌓기

사람을 대하는 방식과 자세도 달랐다. 민호가 낯을 가리는 반면 정수는 처음 만난 사람과도 금방 친해지는 친화력이 돋보였다. 알고 지내는 지인 규모도 판이하게 구분된다. 정수는 학생 신분에 어울리지 않게 꽤 넓은 네트워크를 가졌다. 선배들만의 OB 모임까지 자발적으로 연락해 주선할 정도로 인맥관리에 남다르다. 당연히 찾는 사람도 많다. 그 반면 민호의 휴대전화는 늘 조용하다.

정수가 금방 취직된 건 실은 인맥 덕분이었다. 평소 친하게 지내던 선배와의 술자리에서 구인정보를 들은 게 기회가 됐다. 선배가 다리를 놔준데다 그 회사의 지인에게 부탁까지 해둔 덕에 형식은 공채였지만 특채로 입사할 수 있었다. 입사 후에도 신입사원답지 않게 업무를 능숙하게 처리했는데 이 역시 주변 지인의 도움이 주효했다. 거래회사에서 일하는 선배를 설득해 계약조건을 유리하게 이끌면서 유망사원 입지를 완전히 굳혔다는 평가다.

한편 민호는 높은 취직 장벽을 실감하고 장기전에 돌입했다. 취업 재수까지 받아들일 각오다. 하루도 빠짐없이 도서관에 가 취업 준비 중이다. 부모님에게 손 벌리기 부담스러워 간간이 아르바이트도 할 생각이지만 입에 맞는 자리는 거의 없다. 지금이라도 선배들에게 기대볼까 싶지만 자존심이 허락하지 않는다. 그래서 생각한 게 주식투자다. 경제논리도 배우고 돈도 벌 겸해서 용돈을 털어 주식투자를 시작했다. 하지만 이 역시 만만치 않아 고민이 더욱 깊어지고 있다.

2030 인맥, 일찍 쌓아 자주 오래 만나라

2030세대는 살아온 날보다 살아갈 날이 훨씬 더 길다. 바꿔 말해 그만큼 잠재력과 기회가 무궁무진하다. 실패와 좌절, 굴욕조차 아름다울 수 있는 나이다. 첫 단추를 잘못 끼웠어도 걱정할 이유는 없다. 얼마든 다시 시작할 수 있지 않은가.

하지만 같은 값이면 다홍치마라고 실패와 실수는 줄이는 게 좋다. 2030세대는 해야 할 일이 많다. 직업과 직장을 선택해야 하고 장기 비전을 염두에 둬야 한다. 평생의 내공을 쌓는 첫 번째 무대에서 데뷔전을 잘 치러야 무난한 인생살이가 가능해진다. 꾸준히 연마된 내공 없이 강호에 뛰어들어봤자 생존 능력만 떨어진다.

내공 쌓기는 재테크든 커리어든 취업이든 마찬가지다. 늘 갈고 닦고 기름 치는 심정으로 쌓아가야 한다. 20대와 30대를 어떻게 보내느냐에 따라 노후의 행복과 불행이 결정된다. 정작 본인들은 몰라도 지나본 선배라면 누구나 절감하는 문제다.

2030세대는 시간을 친구로 만들어야 한다. 사회 초년생의 최대 무기는 시간이다. 시간만 잘 활용하면 누구든 성공할 수 있다. 재테크의 핵심 논리가 복리 마법에 숨겨져 있듯 인테크도 똑같다. 잘 쌓은 인맥은 시간이 지날수록 엄청난 파워를 자랑한다. 나무를 키우듯 오랫동안 정성을 기울여야 비로소 진정한 인맥으로 거듭난다. 자주 오래 만나는 건 그만큼 중요하다.

같은 맥락에서 젊은 재테크는 인맥 쌓기부터 시작하는 게 바람직하다. 당장 열매가 떨어지진 않지만 길게 보면 사람 투자만 한 장사도 없다. 섣부른 재테크에 연연하기보단 나중에 힘이 될 우군을 적재적소에 심어두는 게 현명하다.

인맥사회 대한민국, 피할 수 없으면 즐겨라

미안한 얘기지만 대한민국은 인맥사회다. 어쩔 수 없다. 겉으론 실력만이 최고 잣대라고 강변할지 모르지만 현실은 그렇지 않다. 법 앞에 평등할진 몰라도 인맥 앞에선 불평등이 다반사다. 낙하산도 능력이란 말까지 있지 않은가.

조직사회에서 인맥은 거의 모든 걸 초월한다. 일례로 사람을 뽑을 때 듣도 보도 못한 일류대 출신을 뽑기보단 절친한 인맥이 추천한 이류·삼류대 졸업자를 택하는 게 엄연한 현실이다.

인맥의 경제학엔 부작용도 있지만 그 이상의 메리트도 존재한다. 인맥의 부가가치가 업무에 반영되면 시간과 비용 등 경제적인 효과가 기대되는 경우가 많다. 지연과 혈연, 학연이 3차원적으로 융합돼, 이른바 잘나가는 사람이 더 잘나가는 케이스도 비일비재하다.

가령 언론 업종 역시 기자 개인의 인맥에 따라 특종 여부가 갈리는 대표적인 인맥사회다. 다양하게 얽힌 선후배를 고급 취재원으로 갖고 있으면 기사의 질이 뛰어난 건 당연지사다. 신입기자를 뽑을 때 당사자가 아니라 가족이나 학력을 비롯한 주변 후광을 챙길 수밖에 없는 이유다. 강남 부모들이 눈에 불을 켜고 자녀들을 일류대에 보내려는 이유도 인맥의 파워를 실감하기 때문이다.

한 취업 사이트가 예비 취업자를 대상으로 취업을 결정하는 포인트에 관한 설문조사를 한 적이 있다. 결과는 뻔했다. 첫째가 인맥이요, 성격과 실력, 외모는 현격한 차이로 후순위에 올랐다. 재미있는 건 실제로 회사에서도 인맥만 있고 실력부터 성격까지 나쁘더라도 웬만하면 잘리지 않는다는 점이다.

20대라면 어설픈 재테크를 위해 은행에 들락거리기보다 많은 사람과 사귈 수 있는 다양한 기회를 만드는 게 낫다. 필요하다면 술집에 자주 가는 것도 방법이다. 일에는 우선순위가 있고, 인생엔 완급 조절이 필요하다. 젊을수록 사람에 투자하자. 그러다 보면 인맥은 저절로 쌓인다.

어차피 인맥을 부정할 수 없는 대한민국에서 살아야 한다면 일찍부터 차근차근 인맥을 쌓아두는 게 최선이다. 피할 수 없다면 즐기는 게 낫다. 현명한 2030세대라면 당장 전화부터 걸어 '사람'을 '인맥'으로 만들 약속부터 잡을 일이다.

친구의 친구가 안겨주는 네트워크 파워

'기자'만큼 선입견이 많은 직업도 없는 듯하다. 특히 마감이란 특성 탓에 늘 바쁘고 시간에 쫓길 것이란 추정이 그렇다. 단언컨대 그렇지 않다. 바쁜 건 사실이다. 새로운 사실을 정확히 파악한 후 짧은 시간에 뱉어내야 하니 '정석대로라면' 시간이 모자란다.

그런데 의외로 한가한 기자도 많다. 느긋하게 살살 취재하며 '숙제'를 마친다. 대면취재가 기본인데 잘 움직이지도 않는다. 걸려오는 전화나 거는 전화도 없다. 기사의 품질은 '노코멘트'다. 이렇게 몇 년을 보내면 결과는 어떻게 될까. 추측은 어렵지 않다. 스스로 옷을 벗거나 버틴다 해도 '투명인간' 신세로 전락하기 일쑤다.

잘나가는 기자와 그렇지 않은 기자는 종이 한 장 차이다. 하지만 시간이 갈수록 엄청난 차이가 벌어진다. 그 차이를 만드는 핵심은 인맥 관리다. 물론 인맥이 좋다고 평판과 성과가 뛰어난 건 아니다. 다만 호평을 받을수록 인맥이 좋다는 건 맞는 말이다. 남들이 좋게 봐주는

데 나쁜 성과가 나올 리 만무하다.

다음은 필자의 기자 시절 경험담으로, 인맥관리의 달인으로 불리는 J선배 얘기다.

인맥의 달인, 귀가 어두워진 특별한 이유

J선배의 인맥관리는 타의 추종을 불허한다. 그와 한 번이라도 만나 본 이들은 그가 지닌 방대한 인맥과 네트워크에 놀랄 따름이다. 경제지 데스크(부장) 출신임에도 네트워크는 경제인에 한정되지 않는다. 정치권은 물론 멀리 해외 인맥까지 두루 갖췄다.

웬만한 CEO나 핵심 경영진과는 터놓고 지내는 경우가 많다. 비슷한 나잇대면 십중팔구 말을 놓는 친구 관계인데다 연배가 뚜렷하면 기본 호칭이 형님아우다. 50대 초반이지만 위아래로 각각 20년은 커버하는 엄청난 인맥 풀을 확보했다.

J선배는 귀가 조금 어둡다. 늘 휴대전화를 끼고 살기 때문이다. 또한 아날로그 세대인 그는 수첩을 재산목록 1호로 여기는데 여기저기 손때와 함께 보수작업을 한 티가 역력하다. 한눈에 봐도 난삽하게 기록돼 있지만 찾는 데 불편함은 없어 보인다.

무슨 약속과 모임이 그리 많은지 밥이라도 한번 먹자면 차례를 한참 기다려야 한다. 새벽 조찬 모임은 기본에 저녁식사만 두세 번 하는 일도 있단다. 하루에도 몇 번씩 한강을 건너다니는 건 일상이다.

J선배의 인맥관리엔 특별한 노하우가 있다. 먼저 120%의 관심과 정성이다. 100%만으론 진정한 인맥이 될 수 없다는 판단에서다. 특히 A

급 인맥일수록 세세한 가정사는 물론 취향과 입맛까지 줄줄 꿴다. 주말 라운딩은 필수요, 해외여행까지 함께 간다. 아내끼리도 친분이 두텁다. 결혼 적령기 자녀가 있으면 맞선 주선도 기꺼이 'OK'다. 고민이 있으면 네트워크를 총동원해 해결사 노릇을 자처한다. 그것도 그 자리에서 전화해 즉각 해결하거나 방향을 찾아주니 상대방이 좋아하지 않을 수 없다. 워낙 '마당발'이기에 가능한 일이다.

또 하나 돋보이는 인맥관리 노하우는 '끊임없는 확장'에 있다. 인맥은 넓을수록 좋다고 생각해 늘 소개를 부탁하고 또 스스로 소개해준다. 소수의 사람과 깊이 사귀는 것도 좋지만 그것보단 다수의 사람을 얕게라도 아는 게 먼저라고 판단해서다. 그래야 선택과 집중도 가능해지기 때문이다. 흔히 자기 인맥이 떨어져 나갈까 봐 남에게 소개하기를 꺼리는 이가 많은데 J선배는 오히려 정반대 전략으로 효과를 봤다.

무엇보다 J선배는 인맥관리의 룰로 통하는 '기브 앤 테이크(Give & Take)' 원칙을 포기했다. 조금씩 단타를 때리기보단 나중에 한방을 치는 게 효과적이기 때문이다. 그래서 늘 먼저 잃어주고 밀어준다. '대가 없는 행동'처럼 보이는 J선배의 전략은 그만의 트레이드마크다. 사람들이 J선배 주변에 많이 몰리는 가장 큰 이유다.

6명만 거치면 누구든 아는 사이

세상 참 무섭다. 일면식도 없는 사람에게 자신의 됨됨이에 대한 평가까지 듣는 시대다. 그래서 절대 적을 만들지 말라는 충고가 뼈 있게 다가온다. 책을 읽다가 재미난 실험 결과가 있어서 소개한다.

미국에서 있었던 실험이다. 전혀 알지 못하는 어떤 사람에게 연락하려면 중간에 몇 명을 거쳐야 하는지 알아보기 위해 무작위로 실험 대상자들을 골라 그들과 전혀 모르는 다른 주에 사는 사람들에게 편지를 전달하도록 했다. 그러자 어떤 사람이라도 평균 6명만 거치면 연락이 닿았다. 같은 실험을 한국에서도 했더니 3.5명만 거치면 누구와도 연락할 수 있었다. 인맥의 힘이 얼마나 대단한지 보여주는 사례다. 한때 이와 비슷한 방송 프로그램까지 있었던 걸로 기억된다.

인맥의 파급력과 후폭풍은 실로 엄청나다. 때로 상상을 초월하는 영향력을 가진다. 함수로 풀이하면 일대일이 아닌 다대다 대응에 가깝다. 이 때문에 한번 퍼진 평판과 이미지는 무차별적으로 '확대재생산' 된다. 특정 인물과 친해지는 건 그 사람의 인맥과 연락망에 속하는 수십 수백 명과 사귀는 걸 뜻한다. 반대로 한 사람을 잃는 건 그 사람의 전체 인맥까지 다 잃는 것과 같다. 인맥이 서로 교감되면 우군의 규모는 기하급수적으로 확산된다. 이런 게 바로 인맥의 가지치기, 즉 '네트워크'다. 네트워크는 때로 불가능을 가능하게 만들기도 한다.

성공적인 인맥과 네트워크 형성은 한 명 한 명을 소중하게 관리하는 데서 시작된다. 혼자서 1만 3,000여 대의 차를 판 미국의 전설적인 자동차 판매왕 조 지라드는 영업을 하면서 경험적으로 한 가지 사실을 알아냈다. 한 사람이 미칠 수 있는 인간관계의 범위가 250명이란 것이다. 그는 이 '250명의 법칙'을 영업에 적용해 단 한 명의 고객을 만나도 250명을 대하듯 정성을 다해 신뢰관계를 쌓아갔다. 이처럼 귀인 대접을 받은 고객은 얼마 후 '충성고객'으로 거듭났다. 인맥이 인맥을 소개하는 자발적인 네트워크 확대가 이뤄진 것이다.

NQ를 높이는 18가지 방법

1. 꺼진 불도 다시 보자.
   지금 힘이 없다고 우습게 여기지 마라. 나중에 큰코다칠 수 있다.
2. 평소에 잘하라.
   평소에 쌓아둔 공덕은 위기 때 빛을 발한다.
3. 네 밥값은 네가 내고 남의 밥값도 네가 내라.
   기본적으로 자기 밥값은 자기가 내는 것이다. 남이 내주는 것을 당연하다고 생각하지 마라.
4. 고마우면 고맙다고, 미안하면 미안하다고 큰 소리로 말하라.
   마음으로 고맙다고 생각하는 것은 인사가 아니다. 남은 네 마음속까지 읽을 만큼 한가하지 않다.
5. 남을 도와줄 때는 화끈하게 도와줘라.
   처음에 도와주다가 뒤에 미적미적하거나 도와주는 데 조건을 달지 마라. 괜히 품만 팔고 욕먹는다.
6. 남의 험담을 하지 마라.
   그럴 시간 있으면 팔굽혀펴기나 하라.
7. 회사 밖 사람들도 많이 사귀어라.
   회사 사람하고만 놀면 우물 안 개구리가 된다. 회사가 너를 버리면 고아가 된다.
8. 불필요한 논쟁을 하지 마라.
   회사는 학교가 아니다.
9. 회사 돈이라고 함부로 쓰지 마라.
   모두가 다 보고 있다. 네가 잘나갈 때는 그냥 두지만 결정적인 순간에는 그걸로 잘린다.

10. 남의 기획을 비판하지 마라.

    너나 잘해라. 네가 쓴 기획안을 떠올려봐라.

11. 가능한 한 옷을 잘 입어라.

    외모는 생각보다 훨씬 중요하다. 할인점 가서 열 벌 살 돈으로 좋은 옷 한 벌 사 입어라.

12. 조의금은 많이 내라.

    부모를 잃은 사람은 가엾다. 슬프면 예민해진다. 2만~3만 원 아끼지 마라. 나중에 다 돌아온다.

13. 수입의 1% 이상은 기부하라.

    마음이 넉넉해지고 얼굴이 확 핀다.

14. 수위 아저씨, 청소부 아줌마에게 잘하라.

    정보의 발신지이자 소문의 근원일뿐더러 네 부모의 다른 모습이다.

15. 옛 친구들을 챙겨라.

    새로운 네트워크를 만드느라 지금 가진 최고의 재산을 소홀히 하지 마라.

16. 네 자신을 발견하라.

    너를 잃어버리지 마라. 일주일에 1시간이라도 좋으니 혼자 생각하는 시간을 가져라.

17. 지금 이 순간을 즐겨라.

    지금 이 순간이 네 인생의 가장 좋은 추억이다. 나중에 후회하지 않으려면 마음껏 즐겨라.

18. 배우자를 사랑하라.

    얼마나 좋은 사람이냐? 너를 참고 견디니.

*출처: 《NQ로 살아라》

NQ와 공존효과, 네트워크는 인간관계의 혁명

한때 김무곤 동국대 교수가 쓴 《NQ로 살아라》가 화제에 오르면서 'NQ'란 단어가 유행했다. NQ는 공존지수를 뜻하는 'Network Quotient'의 약자로, 다른 사람들과 더불어 잘 살 수 있는 능력을 말한다. 김 교수는 21세기를 네트워크 사회로 보고 이 사회에서 성공하려면 NQ가 필수라고 강조한다. 그는 "네트워크야말로 인간관계의 혁명"으로 정의하고 "기존의 폐쇄적인 인맥을 벗어버리고 남과 더불어 사는 NQ에 충실할 때 공존·공생할 수 있다"고 주장한다.

진짜 인맥은 NQ가 높을 때 형성된다. 제대로 된 인맥이라면 더불어 사는 힘의 실체를 공유한다. 인맥의 달인들 치고 NQ가 낮은 사람은 별로 없다. 공존의 시너지 효과를 경험적으로 깨닫기 때문이다. 그렇다고 다른 인맥에 소극적이거나 폐쇄적이지도 않다. 단순한 학연·혈연·지연 관계는 인맥 쌓기의 출발점은 될지언정 종착점은 아니다.

또한 김 교수는 NQ의 원조는 예수라고 말한다. 남을 위해 모든 걸 내준데다 끊임없이 관심을 쏟으니 방대한 네트워크가 자연스레 구축됐다는 논리다. 자신을 낮춰 중원을 정복한 유비나 적의 마음마저 사로잡은 김춘추 등도 마찬가지다.

/
관계의 달인에게 듣는 인맥관리 십계명
/

오늘 당장 돈 1,000만 원이 필요하다. 그런데 수중엔 한 푼도 없다. 핏줄 섞인 가족이나 친척 말고 당신에게 이 돈을 빌려줄 사람은 과연 몇 명이나 있을까. 거꾸로 생각해 내가 흔쾌히 1,000만 원을 빌려줄 수 있는 사람은 또 몇 명일까.

사람마다 다르겠지만 1~2명만 있어도 다행일 것이다. 당장 떠오르는 사람이 전혀 없는 경우도 비일비재해서다. 살다 보면 혼자 해결하기 힘든 절체절명의 순간은 반드시 있다. 인맥은 이럴 때 파워를 발휘한다. 닥치고 나서 후회해봐야 소용없는 법이다.

인생은 길고 위기는 많다. 돈으로 해결 안 되는 위기도 상당하다. 인맥관리의 인테크는 '노후 행복'을 완성하는 마침표이자 위기를 기회로 반전시키는 에너지원이다. 인테크 노하우를 서둘러 익혀야 한다. 특히 30대라면 사람을 재산으로 만들 절호의 시기다. 그리고 사실상 승부를 결정짓는 마지막 단계다. 또 30대에 쌓은 인맥일수록 시간이 지남에 따라 더 진해지고 더 깊어질 수 있다. 우연히 만났어도 얼마든지 평생지기가 될 수 있다.

지금부터 인테크 달인들이 털어놓는 인맥관리 전략을 알아보자. 다음에 소개하는 10가지 인테크는 30대라면 늘 가슴속에 품고 실천하면 좋은 액션 플랜이다.

인테크 1. 돈과 시간을 아끼지 마라

세상은 정직하다. 들인 만큼 뽑고 뿌린 만큼 거둔다. 인맥의 경제학도 그렇다. 공을 들인 만큼 나중에 부메랑이 돼 돌아온다. 기회만 되면 밥과 술을 사라. 인색해선 곤란하다. 어느 건설회사 부장은 교제비로만 월평균 200만 원을 쓴다. 그래도 이득이란 게 그의 오랜 경험이다. 철면피가 아니라면 어떤 식으로든 되돌려주게 마련이다.

젊다면 돈을 빌려서라도 인맥을 쌓아야 한다. 물을 어떤 그릇에 담느냐에 따라 모양이 달라지듯 사람은 누구를 사귀느냐에 따라 운명이 달라진다. 돈독한 인맥은 거저 생기지 않는다. 손해를 볼수록 인맥은 탄탄해진다. 나를 낮추자. '특별한 당신'을 '최고로 대접'한다는 이미지를 심어주자. 요즘은 인터넷을 활용하면 최저 비용으로 최대 효과를 낼 수 있지 않은가.

스팸메일로 오인받기 딱 좋은 상투적 메시지는 오히려 부작용이 많다. 다수에게 동시에 띄운 메일이 손으로 쓴 편지를 따라가겠는가. 문자보단 전화 통화가 번거롭지만 더 효과적이다. 전화 통화보다는 직접 찾아가 만난다면 감동은 당연한 결과다.

인테크 2. 명함을 줄 때는 그냥 주지 마라

몇 년 전에 독립해 프리랜서 아나운서로 활동하는 한 선배는 명함에 얼굴 사진을 인쇄했다. 정치인도 아닌데 굳이 얼굴까지 넣을 필요가 있는지 물었더니 "같은 값이면 특별한 인상을 주고 싶어서"라고 짧게 대답했다.

명함은 비즈니스의 최대 무기다. 단시간에 강렬한 인상과 함께 자신의 매력을 최대한 어필하는 게 좋다. 온갖 디자인의 명함이 우후죽순 쏟아지는 것도 이런 차별화를 위해서다. 《블링크》의 저자 말콤 글래드웰은 "순간적인 이미지가 중요한데 대체로 첫인상은 2초면 결정된다"고 강조했다. 그만큼 첫 만남을 중시하라는 뜻이다.

순간의 만남이 운명을 바꿀 수 있다. 좋은 명함보단 좋은 사람을 얻어야 한다. 계속 만난다는 점을 전제로 솔직하고 편하게 상대방을 대하면 상대방도 코드가 통한다는 느낌을 받아 가슴을 연다. 작고 사소한 만남이 중요한 것이다.

인테크 3. 눈높이를 올려 윗사람을 장악하라

골키퍼 있다고 골을 못 넣는 건 아니다. 이 말은 애인이 있는 사람도 충분히 사귈 수 있다는 우스갯소리로 자주 회자되는데 인맥관리에선 아주 중요한 테크닉이다.

《만 원짜리는 줍지 마라》를 쓴 야스다 요시오는 "좋은 애인을 구하려면 솔로보단 이미 짝이 있는 사람을 고르는 게 좋다"며 "정말 좋은 물건은 시장이 놔두지 않기 때문"이라고 설명한다. 누구도 사지 않는 물건보단 어쨌든 검증된 게 낫다는 판단에서다. 단, 무모한 약탈보단 헤어졌을 때를 예약하는 게 에티켓이다.

가능하다면 이미 경험과 인맥이 상당한 윗사람을 장악하는 게 좋다. 30대의 그만그만한 인맥만으론 부족하다. 어렵고 부담스러워도 윗사람을 내 편으로 만들어야 한다. 비전이 통하면 좋고 멘토로 삼을 수 있으면 금상첨화다.

〈오프라 쇼〉의 주인공인 오프라 윈프리는 인맥을 200% 활용해 오늘의 자리에 올랐다. 윈프리는 늘 자신의 가치를 높여줄 사람을 중심으로 인맥을 형성했다. 자신보다 똑똑한 사람으로 주위를 채워야 절호의 기회를 얻어 성공할 수 있는 것이다.

인테크 4. 소개의 기술을 배워라

유태인은 민족 전체가 하나의 거대한 인맥이다. 탄탄한 내부 결속을 무기로 최강의 부자 민족으로 진화해왔다. 유태인은 소개 없이 사람을 만나지 않는다. 거의 모든 일이 소개로 이뤄진다. 상대에 대한 믿음과 신뢰란 그만큼 두텁다. 어릴 때부터 '소개의 기술'도 자연스레 배운다. 네트워크의 시너지를 누구보다 잘 알기 때문이다.

인맥은 퍼질수록 파워풀하다. 내 편이 많아야 성공할 수 있다. 내 인맥을 소개해주는 건 잃는 게 아니다. 다른 인맥을 내 편으로 만드는 기회다. 단, 잘못 소개하면 후폭풍이 거세다. 신뢰할 수 있는 인맥을 소개해줘야 한다. 잘못하면 양복 한 벌은커녕 뺨 석 대를 맞을 수도 있다.

인맥이라면 흔히 회사 밖의 사람을 떠올리는데 이는 짧은 생각이다. 내부 조직원과 신뢰를 쌓는 게 우선이다. 지금 있는 곳에서 잘해야 입소문도 난다. 그리고 입소문은 내부 동료로부터 외부에 발신된다.

인테크 5. 돈을 벌려면 부자 줄에 서라

증권사 지점장인 L씨는 이른바 '폼'나게 산다. 부티가 철철 흘러넘친다. 늘 명품 양복과 구두로 차려입고 움직일 땐 일제 중형차를 탄다. 약속장소는 십중팔구 호텔이다. 특별회원에게만 허용되는 멤버십카드도 많다. 비행기를 탈 때도 꼭 비즈니스 클래스를 고집한다. 돈이 많아서일까.

아니다. 동년배에 비해 연봉수준이 높긴 하지만 그렇다고 부자도 아니다. 모두 '품위 유지'와 '영업 확장'을 위해서다. 그는 "돈 있는 잠재고객을 만나기 위한 처절한 발악"이라고 말한다. 돈 벌려면 돈 있는 곳에 가야 하듯 부자가 되려면 부자 줄에 서야 한다고 봐서다. 이것이 L씨가 부자와 친구가 되기로 결심한 이유다.

부자들의 네트워크 안으로 들어가자니 앞서 말한 것처럼 투자가 필요했다. 부자들처럼 보수적이고 은밀한 '그들만의 인맥'은 손쉽게 공략되지 않는다. 긴 시간 동안 많은 노력을 쏟아내야 비로소 그 작은 문이 열린다. 하지만 한번 뚫으면 탄탄대로다.

인테크 6. 정답은 늘 사람에게 있음을 인지하라

'기술의 혼다'를 키운 창업자 혼다 소이치로는 독특한 인맥관리와 활용으로 유명하다. 모든 관점을 일보단 사람에게 맞췄다. 매년 7월 혼다 가문에선 은어 낚시회를 여는데 그 목적은 친구와 인맥을 배려하기 위해서다.

그의 인맥관리 포인트는 3가지로 압축된다. 좋은 인상을 주고 약속시간은 반드시 지킬뿐더러 상대방이 돈을 벌게끔 배려한다는 점이다.

사람을 얻어야 세상을 얻는 법이다. 일이 잘 되든 못 되든 원인은 항상 사람에게 있다.

이혼 사유 1순위는 '성격 차이'다. 요즘은 대놓고 경제 문제를 들기도 하지만 이것도 따져보면 갈등을 극복할 수 없을 정도의 성격 차이에서 비롯된다. 즉 이혼 사유가 사람에게 있다는 뜻이다. 인맥을 다루듯 배우자를 대하면 깨질 이유가 별로 없다.

인맥은 논리보다 감성 코드로 구축하고 확장해야 한다. 촘촘하게 깔리는 네트워크 사회는 갈수록 심화될 것으로 전망된다. 이럴 때는 연결고리가 가장 중요하다. 혼자 잘나고 똑똑해봐야 문제가 꼬이면 풀기 어렵기 때문이다. 효과적인 건 주변과의 협력이다.

인테크 7. 상종하기 싫어도 앞에선 웃어라

인생의 기술 중 90%는 내가 싫어하는 사람과 잘 지내는 방법에 관한 것이란 말이 있다. 세상은 생각보다 좁다. 몇 명만 소개받으면 누구든 연결되지 않는가.

살다 보면 상종하기 싫은 하류 인간들과 만나지 않을 수 없다. 말 섞기조차 싫은 직장 동료와 일해본 경험도 있게 마련이다. 하지만 정작 이런 사람들과의 만남에 더 신경 써야 한다. 내가 아는 사람보단 누가 나를 아느냐가 중요하다.

절대로 적을 만들어선 안 된다. 쓸데없이 악연을 쌓을 필요는 없다. 적을 만들지 않는 게 최고의 인맥을 쌓는 지름길이다. 1명의 적이 다 된 밥에 코 빠뜨리게 하는 법이다. 뒤통수를 맞지 않으려면 적을 만들어선 곤란하다. 첩보전은 전쟁전략 중 가장 수준이 높다. 잘 키운 첩자 하나가 백만 대군의 손발을 묶어두기 때문이다.

인테크 8. 내 장례식에 찾아오게 만들어라

뜬금없이 웬 장례식이냐고 반문할지 모르겠다. 이왕 인맥을 쌓겠다면 평생 사귀겠다는 심정으로 만나야 한다. 내 장례식에 와서 술 한 잔 쳐줄 수 있는 사이여야 진짜 인맥이다. 죽고 나서 안 온다고 누가 뭐랄까. 하지만 진짜 인맥은 내 가족까지 보살펴줄 수 있는 사람이다.

인맥이라고 다 똑같은 인맥이 아니다. 끝까지 믿고 기댈 수 있어야 한다. 인생 2막처럼 일에서 떠났을 때 함께 노년을 즐길 수 있으면 더욱 좋다. 그러려면 상대방의 배경이나 타이틀보단 사람 자체를 보고 만나야 한다.

평소 같은 배를 탔다는 동지적 유대감을 높이자. 같은 맥락에서 인맥을 쌓는 과정은 시간의 길이보단 신뢰의 깊이가 중요하다. 양보다 질인 셈이다.

인테크 9. 모임을 만들어 궂은일을 자처하라

어느 모임이든 연락책이 있다. 총무든 간사든 모임 장소나 확인 전화를 하는 사람이 있게 마련이다. 특히 30대라면 1~3개 정도의 모임에는 속하게 된다. 이럴 때 총무는 대단히 중요하다. 빛이야 회장에게 쏠리겠지만 총무 없는 회장은 사실상 무용지물이다. 연락책이야말로 근황과 정보를 독점할 수 있기 때문이다. 또 이런 사람이 추후 모임의 중핵을 맡는 게 수순이다.

인테크의 달인은 예외 없이 모임의 달인이다. 사람들을 엮어 모임을 만들뿐더러 잘 운영되도록 돕는다. 그러다 보니 원하든 원하지 않든 '타이틀'도 많이 강요당한다. 그 반면 평범한 30대는 대개 회사나 가정 핑계를 대며 되도록 피하려 한다. 하지만 이는 잘못된 판단이다. 이왕 참석하려면 스스로 적극적인 관계 형성에 나서는 게 좋다.

30대라면 모임을 꾸려 궂은일을 자처하라. 연락책은 시간도 많이 뺏기고 귀찮은 일도 도맡아 해야 한다. 일일이 멤버를 챙기자면 여간 고단한 일이 아니다. 하지만 궂은일을 할수록 자신에게 도움이 된다. 당장은 손해일지 몰라도 길게 보면 결코 밑지는 장사가 아니다. 일대일로 접촉하니 모든 멤버와 친해질 수 있는데다 정보 공유와 기회 포착의 또 다른 부가가치도 누릴 수 있다.

인테크 10. 경쟁력을 갖춰 인맥이 오게 하라

무엇보다 중요한 건 자신의 경쟁력이다. 세상은 냉정하다. 권력이 있을 땐 100미터 앞에서 인사하며 아부하던 사람이 끈이 떨어짐과 동시에 지나가는 개만도 못하게 쳐다보는 경우가 비일비재하다. 나부터 쓸 만한 인맥이 돼야 한다. 격이 맞아야 상대방도 인정해준다. 능력도 없으면서 인연만 강요하면 반칙이요 민폐다.

아무나 넘볼 수 없는 탁월한 경쟁력을 갖춰야 타인과의 네트워크를 수립하기 쉽다. 고마운 사람보단 필요한 사람이 되자. 필요한 사람은 반드시 관리된다. 단, 너무 완벽한 모습만 보여도 곤란하다. 약간은 빈틈이 있고 실수도 있어야 인간적이다. 쓸데없는 거리감은 폭넓은 인맥을 가로막는다. 사람 냄새가 날수록 오래갈 수 있다.

카페라테 효과

1판 1쇄 인쇄 2012년 6월 25일
1판 1쇄 발행 2012년 6월 30일

지은이 | 전영수
발행인 | 곽철식
발행처 | 다온북스

출판등록 | 2011년 8월 18일 제110-92-16385호
주소 | 서울시 은평구 갈현동 327-132 윤성빌라 301호
전화 | 070-7516-2069   팩스 | 02-332-7741

출력 | 안문화사
종이 | 한솔PNS(주)
인쇄 · 제본 | 영신CTP

값 16,000원
ISBN 978-89-967847-1-5 (03320)

이 책은 저작권법에 따라 보호를 받는 저작물이므로 무단전재와 복제를 금하며,
이 책 내용의 전부 또는 일부를 사용하려면 반드시 저작권자와 다온북스의 서면 동의를 받아야 합니다.

＊잘못되거나 파손된 책은 구입하신 서점에서 교환해 드립니다.